北大版长期进修汉语教程

高级汉语阅读教程 I

周小兵　总主编
张世涛　主　编

图书在版编目(CIP)数据

高级汉语阅读教程 I/张世涛主编. —北京:北京大学出版社,2009.1
(北大版长期进修汉语教程)
ISBN 978-7-301-14710-8

Ⅰ.高… Ⅱ.张… Ⅲ.汉语—阅读教学—对外汉语教学—教材 Ⅳ.H195.4

中国版本图书馆 CIP 数据核字(2008)第 189723 号

书　　　　名：	高级汉语阅读教程 I
著作责任者：	张世涛　主编
责 任 编 辑：	吕幼筠
封 面 设 计：	毛　淳
标 准 书 号：	ISBN 978-7-301-14710-8/H·2165
出 版 发 行：	北京大学出版社
地　　　　址：	北京市海淀区成府路 205 号　100871
网　　　　址：	http://www.pup.cn
电 子 邮 箱：	lvyoujun99@yahoo.com.cn
电　　　　话：	邮购部 62752015　发行部 62750672　编辑部 62752028　出版部 62754962
印　刷　者：	北京飞达印刷有限责任公司
经　销　者：	新华书店
	787 毫米×1092 毫米　16 开本　15.5 印张　390 千字
	2009 年 1 月第 1 版　2012 年 10 月第 4 次印刷
定　　　价：	40.00 元

未经许可,不得以任何方式复制或抄袭本书之部分或全部内容。
版权所有,侵权必究　举报电话:010—62752024
　　　　　　　　　　电子邮箱:fd@pup.pku.edu.cn

前 言

一、对高级阅读的理解

阅读是:"从广义书面语言中提取、建构意义的过程。阅读对象为'广义书面语',包含各种标牌、屏幕中展示的语言形式。方式为'提取'、'建构',将被动、主动的阅读心理过程包括进去。"(周小兵《怎样教阅读》,2007)

第二语言阅读又不同于母语阅读,除了掌握识字能力之外,语言本身也是学习的内容,阅读技能是重要的语言交际技能之一。因此,语言能力不足常常是阅读的首要问题。语言能力跟语言知识密切相关。语言能力和知识,包括词汇、语法、语义、语用、语篇等各个方面的知识和使用它们的能力。

阅读能力通常包括以下几种:

1. 单词识别(word recognition),包括文字识别、语音知识、词义提取等。
2. 语言能力(language),主要指句法分析能力。
3. 背景知识(background knowledge),包括文本内容、任务形式、读者、语言水平、知识图式等。
4. 语篇能力(literacy),包括对衔接与文本结构等的识别能力。

字、词、句的理解是阅读的基础,只有对字、词、句做准确的理解之后才能理解阅读材料的内容。因此,我们也把训练学生对字、词、句的理解当做初级阅读的重点。

从对字、词、句的理解到对语篇进行理解是初级阅读与中级阅读的区别。这一阶段的阅读能力,表现在能够更多地理解超越字、词、句并超越字、词、句。首先,能够从低一级材料提供的信息推导出更高一级内容的意义,如从字到词、从词到句、从句到篇。而对语篇的理解和把握是这一阶段重要内容。

高级阶段的阅读已经跨越了对字、词、句、篇的孤立理解,它突出表现在更高层次上对阅读材料的理解和鉴赏,能够清楚洞悉作者的观点并感知作品的情感,了解作者叙述的手法,欣赏作品的风格,体会作品的意境,并感知文字以外的趣味。

就是说,正确理解事实是基础,无论是细节还是主旨。在此基础上,能对阅读内容进行判断、推理、分析和综合概括,领会其隐含的意思,并了解作者的观点和态度、篇章结构、修辞技巧、作品风格,就是更高一级的阅读能力。

一般的文章除了阐述基本事实外,都包含作者对某个事件的态度:支持、反对;赞美、批评;崇敬、鄙视,等等。也都会表现出作者的基本情绪,如愉快、痛苦、愤怒、恐惧、惊奇妒忌、谄媚、害羞、内疚、悲喜交加、悔恨交织等,阅读时要能够体会。文章同时也能反映出作者的某些个性,如热情、冷淡、幽默、严肃、谦虚、高傲、克制、任性、机智、呆板等,如果我们能从作品中看到这些,那对我们更好地了解作品是有帮助的。

如果说初中级阅读是读懂文章的话,高级阅读就是在读懂的基础上品味文章了。与初中级阅读技能更多地训练学生掌握正确的阅读习惯,高效、准确地获得信息不同的是,高级阅读更多的是训练超越阅读材料来把握文本中的情感,体会文本中蕴含的文化、风格、意境,感受作者情感。

二、高级阅读技能的训练

相对而言,初中级阅读技能是实在的,不管是猜词的技巧还是获取文章主旨的途径,技术性的成分比较多。而高级阅读的技巧就要虚得多,感受文章的韵味、体会作者的感情,常常是在语篇之外感知到的,而感知的线索就散布在字里行间,若隐若现。

我们编写这本《高级汉语阅读教程》就是尝试把高级的"虚"落到实处来,通过对文章的一些形式化的分析,让外国学生读懂,再看出一点儿文章的门道,学着在更高层面理解汉语的内涵和风格,能从字里行间和风格中理解文章的真正含义,欣赏和品味作品的意趣。

我们尝试从文体、语体、风格、意境、文言与白话等几个切入点,介绍这些因素在文章中的表现,让学生从一些外在的形式感知汉语文章的基本特点,并从这些地方去深入理解汉语文章超语篇以外的韵味。

三、选材

本教材在选材上遇到了一些困难,主要是趣味、实用、现代的选材标准和高级阅读注重培养学生品味作品的能力间产生了矛盾。因为有鲜明风格特征的作品常常表现在文学作品里,而我们并不想把这个高级阅读变成一个文学读本,那样会减少学生对阅读的兴趣,不利于课堂教学。于是我们采取了一个妥协,就是在技能训练部分选材多用风格鲜明的作品,而在基本阅读部分则考虑到阅读文本与趣味性、实用性、现代感相结合,平衡两者间的矛盾。妥协就意味着放弃,这样的妥协自然要放弃一些对风格的追求而偏向适应学生的阅读兴趣,我们认为这个妥协是值得的。阅读材料主要是现代社会中经常读到的类型,但并不以时代为主要选择对象,可以是前人作品,甚至如白话小说,只要是现代社会常常出现的文本,就作为选择对象。

阅读材料除了改短以外并没有对字、词、句的难度做修改,尽量保持阅读其原始性,每篇在一千字左右,长度适合高级阅读。

四、教材体例

本教材体例是:第一部分:(一)概述。这部分主要介绍对文章的基本分析,如文体、语体、风格、意境、文言与白话等。(二)技能训练。这部分是对前一部分的训练,让学生对介绍的技能有一个训练的过程,大多数是通过阅读几篇篇幅短小的文章片段后完成相应的练习。第二部分:阅读训练。这部分是由三篇文章构成一组阅读材料,综合了技能训练和基本的阅读理解训练,形式为多项选择和简单回答,与汉语水平考试(高级)部分的阅读理解一致。本书每课收录参考词语十个左右,都是文本出现的重点词语,用汉语注释,凡列入国家对外汉语教学领导小组办公室编写的《高等学校外国留学生汉语教学大纲(长期进修附件)·词汇等级大纲》中的初、中级词,本书不再收录,而是有选择地收录所出现的高级词。

虽然阅读技巧是阅读能力的一个重要标志,但实际的教学经验也告诉我们,在培养学生阅读技巧的同时,不能放弃对学生基本阅读能力的训练,字、词、句、篇的理解要通盘考虑。理解是阅读技能训练的基础,没有基本的理解,阅读技能的训练也就成了一句空话。因此,我们的阅读训练中依然非常注意学生阅读理解的训练。先读懂,再读出门道是我们的希望。

五、教材使用

我们是以每周四学时完成一课的进度来设计的,第一、二部分各用两个学时,教师也可根据学生的情况灵活安排教学,增加或减少内容。

课堂上,技能介绍和练习的时候可以仔细些,速度不要求太快。而阅读训练部分的速度则不能太慢,每篇阅读材料的阅读和练习时间最好不要超过十分钟,应该尽量避免把阅读课上成精读课的倾向。课前不需要预习,而课后再对阅读材料进行进一步的全面理解是必要的。这样,用两个学时完成三篇阅读材料,完成相应的练习,并对材料中的字、词、句、篇的问题再做深入一些的分析,是合适的。

目 录

第一课 1
  一、阅读技能　文章的体裁(1) 1
  二、阅读训练 8
    阅读1　在北京开餐厅 8
    阅读2　再谈五四运动 11
    阅读3　中国人民代表大会制度 14

第二课 18
  一、阅读技能　文章的体裁(2) 18
  二、阅读训练 24
    阅读1　感觉秋天 24
    阅读2　女朋友就是"情人"的学名 27
    阅读3　《龙须沟》节选 30

第三课 33
  一、阅读技能　文章的体裁(3) 33
  二、阅读训练 37
    阅读1　性格和食物的关系 37
    阅读2　我有一个梦想 39
    阅读3　世界经济分析：次贷危机是什么？ 42

第四课 46
  一、阅读技能　文章的语体(1) 46
  二、阅读训练 51
    阅读1　离婚 51
    阅读2　中国人的精神支柱 54
    阅读3　中华人民共和国国籍法 57

第五课 ··········· 61
- 一、阅读技能　文章的语体（2） ··········· 61
- 二、阅读训练 ··········· 66
  - 阅读1　关于北冰洋的主权归属问题 ··········· 66
  - 阅读2　孔乙己 ··········· 69
  - 阅读3　外国人来中国大陆需要签证吗？ ··········· 72

第六课 ··········· 76
- 一、阅读技能　文章的语体（3） ··········· 76
- 二、阅读训练 ··········· 80
  - 阅读1　美国政治制度 ··········· 80
  - 阅读2　胡锦涛主席在早稻田大学的演讲 ··········· 83
  - 阅读3　老人与海 ··········· 86

第七课 ··········· 90
- 一、阅读技能　文章的风格（1） ··········· 90
- 二、阅读训练 ··········· 94
  - 阅读1　变色龙 ··········· 94
  - 阅读2　拿来主义 ··········· 97
  - 阅读3　旧上海 ··········· 100

第八课 ··········· 104
- 一、阅读技能　文章的风格（2） ··········· 104
- 二、阅读训练 ··········· 108
  - 阅读1　断背山 ··········· 108
  - 阅读2　端午的鸭蛋 ··········· 112
  - 阅读3　象坟的秘密 ··········· 115

第九课 ··········· 118
- 一、阅读技能　文章的风格（3） ··········· 118
- 二、阅读训练 ··········· 121
  - 阅读1　中国人 ··········· 121
  - 阅读2　液态奶知识 ··········· 125
  - 阅读3　奥运会开幕式、闭幕式和颁奖仪式 ··········· 129

第十课 ··· 132
   一、阅读技能　文章的意境(1) ··· 132
   二、阅读训练 ·· 136
      阅读1　中国石拱桥 ·· 136
      阅读2　周瑜火攻赤壁 ·· 139
      阅读3　凤凰树 ·· 143

第十一课 ··· 147
   一、阅读技能　文章的意境(2) ··· 147
   二、阅读训练 ·· 151
      阅读1　秋收 ·· 151
      阅读2　一只特立独行的猪 ·· 154
      阅读3　响尾蛇的"热眼" ·· 158

第十二课 ··· 161
   一、阅读技能　文章的意境(3) ··· 161
   二、阅读训练 ·· 165
      阅读1　瓦尔登湖 ·· 165
      阅读2　年龄 ·· 168
      阅读3　从母亲到外遇 ·· 172

第十三课 ··· 176
   一、阅读技能　文言文与白话文(1) ··· 176
   二、阅读训练 ·· 181
      阅读1　螺蛳姑娘 ·· 181
      阅读2　《春香传》介绍 ·· 184
      阅读3　打猎 ·· 188

第十四课 ··· 191
   一、阅读技能　文言文与白话文(2) ··· 191
   二、阅读训练 ·· 196
      阅读1　焚书坑儒 ·· 196
      阅读2　三碗不过冈 ·· 199
      阅读3　美国的网速 ·· 202

第十五课 …………………………………………………………………… 206
　一、阅读技能　文言文与白话文(3) ……………………………… 206
　二、阅读训练 ……………………………………………………… 210
　　阅读1　朱买臣 ………………………………………………… 210
　　阅读2　思想解放 ……………………………………………… 214
　　阅读3　四川藏区 ……………………………………………… 217

参考答案 …………………………………………………………… 221
词汇总表 …………………………………………………………… 227

第一课

一、阅读技能 文章的体裁(1)

(一) 概述

形式和内容总是相辅相成的,文章的形式也不例外。某些情感和内容适合某种形式的文章表达,也可以说某种体裁的文章往往也就表达了某种情感。比如诗歌一般来说充满感情色彩,而科学论文则很少表现出感情色彩。文章的形式我们一般称为体裁。体裁的分法很多,一般可以分为记叙文、说明文、议论文和应用文四大类。了解文章的体裁,是我们了解文章的第一步,也就是第一印象。以下我们就分别介绍几种文章的体裁。

1. 记叙文

记叙文的种类主要有:散文、小说、新闻通讯、传记、回忆录、报告文学等。记叙文的要素是:时间、地点、人物、事件等,又可以分为写人记事和写景状物两类。

(1) 散文

散文指不讲究韵律的散体文章,包括杂文、随笔、游记等。

> 曲曲折折的荷塘上面,弥望的是田田的叶子。叶子出水很高,像亭亭的舞女的裙。层层的叶子中间,零星地点缀着些白花,有袅娜地开着的,有羞涩地打着朵儿的;正如一粒粒的明珠,又如碧天里的星星,又如刚出浴的美人。微风过处,送来缕缕清香,仿佛远处高楼上渺茫的歌声似的。这时候叶子与花也有一丝的颤动,像闪电般,霎时传过荷塘的那边去了。
>
> (节选自朱自清《荷塘月色》)

朱自清的《荷塘月色》是一篇著名的散文,文字优美隽永。作者通过对夜晚月色中荷塘的生动描写,抒发了作者细腻、淡雅的情怀,把那种置身于良辰美景而生出的"淡淡的喜悦",以及社会带来的又终究难以排遣的"淡淡的哀愁"的复杂心情无与伦比地表现了出来。

(2) 杂文

杂文是散文的一种，是随感式的杂体文章。一般以短小活泼、犀利为其特点。内容无所不包，格式丰富多样，有杂感、杂谈、短评、随笔、札记等。它与议论文有相似的地方，其更多的是以叙述和抒情为主，更倾向于表达作者的强烈感情。

> 中国的"圣人之徒"，最恨人动摇他的两样东西。一样不必说，也与我辈绝不相干；一样便是他的伦常，我辈却不免偶然发几句议论，所以株连牵扯，很得了许多"铲伦常"、"禽兽行"之类的恶名。他们以为父对于子，有绝对的权力和威严；若是老子说话，当然无所不可，儿子有话，却在未说之前早已错了。但祖父子孙，本来各各都只是生命的桥梁的一级，绝不是固定不易的。现在的子，便是将来的父，也便是将来的祖。我知道我辈和读者，若不是现任之父，也一定是候补之父，而且也都有做祖宗的希望，所差只在一个时间。
>
> （节选自鲁迅《我们现在怎样做父亲》）

鲁迅在这篇杂文中，对中国传统文化忽视个人的独立人格、父母绝对控制子女、子女必须绝对服从父母的旧观念，进行了尖锐的批判和辛辣的讽刺。"若是老子说话，当然无所不可，儿子有话，却在未说之前早已错了"更是切中要害，把这种旧观念荒谬的本质表露无遗。

(3) 小说

小说属于叙事性文学体裁，以刻画人物形象为中心，是通过完整的故事情节和具体的环境描写来反映现实的叙事性作品。下面是英国作家丹尼尔·笛福的小说《鲁滨逊漂流记》的一段：

> 一六五九年九月三十日
>
> 我，可怜而不幸的鲁滨逊·克罗索，在一场可怕的大风暴中，在大海中沉船遇难，流落到这个荒凉的孤岛上。我且把此岛称之为"绝望岛"吧。同船伙伴皆葬身鱼腹，我本人却九死一生。
>
> 整整一天，我为自己凄凉的境遇悲痛欲绝。我没有食物，没有房屋，没有衣服，没有武器，也没有地方可逃，没有获救的希望，只有死路一条，不是被野兽吞嚼，被野人饱腹，就是因缺少食物而活活饿死。夜幕降临，因怕被野兽吃掉，我睡在一棵树上。虽然整夜下雨，我却睡得很香。

《鲁滨逊漂流记》是英国作家丹尼尔·笛福的代表作，是世界文学宝库中一部不朽的名著。该书被誉为英国文学史上的第一部长篇小说，故事情节引人入胜，叙事语言通俗易懂。作者丹尼尔·笛福更被称为"现代小说之父"。作品塑造了一个坚毅，勇敢，充满劳动热情的鲁滨逊，体现了资产阶级上升时期的创造精神和开拓精神。

2. 说明文

　　说明文是以说明为主要表达方式来解说事物、揭示概念并说明事物特征、本质及其规律、介绍某种知识的文章体裁。一般都会从介绍事物的性质、形状、特点、成因、关系、功能几方面入手，说明事物的原理、含义、特点和演变等。

　　说明文包括事理说明文（介绍科研成果、事物的道理等）和事物说明文（介绍一个物件、事物等），它的实用性很强，包括广告、说明书、提要、提示、规则、章程、解说词和科学小品等。

　　一般来说，说明文不需要表现感情色彩，但是一些科学小品却带有比较强的文艺性。

羽毛球发球规则

1. 合法发球

1.1 发球时任何一方都不允许非法延误发球。

1.2 发球员和接发球员都必须站在斜对角发球区内发球和接发球，脚不能触及发球区的界线；两脚必须都有一部分与地面接触，不得移动，直至将球发出。

1.3 发球员的球拍必须先击中球托，与此同时整个球要低于发球员的腰部。

1.4 击球瞬间，球拍杆应指向下方，从而使整个拍头明显低于发球员的整个握拍手部。

……

　　这就是羽毛球规则中的发球部分，清楚说明正确发球的方法。

3. 议论文

　　议论文主要是辨正误、发表见解等的文章。议论文是一种辩论性文体，它主要是证明自己的论点是正确的，或证明别人的论点是错误的。它一定要具有如下三个要素：论点、论据、论证。只有具备了上述三个要素，才能被称之为议论文。通常作为政论、文论、社论等讨论严谨内容的文体，所以常常要求其观点要具有正确性、客观性、科学性、代表性，就是通过摆事实、讲道理来证明自己的观点。

> 你对于某个问题没有调查,就停止你对于某个问题的发言权。这不太野蛮了吗?一点也不野蛮。你对那个问题的现实情况和历史情况既然没有调查,不知底里,对于那个问题的发言便一定是瞎说一顿。瞎说一顿之不能解决问题是大家明了的,那末,停止你的发言权有什么不公道呢?许多的同志都成天地闭着眼睛在那里瞎说,这是共产党员的耻辱,岂有共产党员而可以闭着眼睛瞎说一顿的吗?
>
> （节选自毛泽东《反对本本主义》）

这是中国共产党领导人毛泽东在1930年写的文章,目的是为了反对当时红军中流行的教条主义思想。当时红军中有些人在处理问题时都习惯在马克思、列宁的理论中寻找现成的方法,毛泽东认为这种态度是不对的。

4. 应用文

应用文指日常生活或工作中经常应用的书信、计划、报告、合同、总结、说明书、申请书、证明书、便条、条据（借条、收条）、通知、启事等等。调查报告、科学研究报告、工作总结等也是应用文。

> 国务院：
>
> 　　本月8日,国务院港澳事务办公室转来全国政协有关本人被提名为全国政协副主席建议人选的通知。
>
> 　　自去年第三季度以后,我一直在思考辞去行政长官职务的问题。一方面,香港经济已出现了良好的复苏势头,并形成了一个相对稳定的发展趋势,政治和社会状况也逐渐稳定下来;另一方面,由于年岁渐高,我已明显感到自己的健康状况大不如前。基于对香港、对国家负责的态度,我经过慎重考虑,现向中央政府正式提出辞去香港特别行政区行政长官职务的请求。
>
> 　　恳请中央政府体察我的实际情况,批准我的辞呈。
>
> 　　　　　　　　　　　　　　　　香港特别行政区行政长官 董建华
> 　　　　　　　　　　　　　　　　二〇〇五年三月十日

这是中国香港特别行政区首任行政长官董建华写给中央政府请求辞去香港特别行政区行政长官职务的报告,格式体例都符合应用文中公文的规范。

应用文与记叙文、议论文、说明文的关系复杂些,因为它们并不是并列或归属关系,而是属于两种分类标准不同的文体分类体系。

记叙文、议论文、说明文是从表达手法来分的;应用文则是一种独立的分类系统,它是从文章的社会实用功能来分的,就是说它是用来在社会交往中实际应用的实用文,到不一定是它的表达手法。应用文与记叙文、议论文、说明文,是一种相互交叉、渗透和重叠的关系。

比如回忆录、日志、大事记、简历等,从功能上说是应用文,但是它们的写作体裁却常常是记叙文,讲了故事,塑造了形象。而解说词、说明书、工具书条目、教科书、书籍内容提要、登记表、统计表、一览表、证书、广告、文摘、教案等,是应用文,但是就写作的手法来说却是说明文。而演讲稿、声明、社论等,是应用文,但写作手法是议论文。

因此一个特定的文体,有时既可以是应用文的一种形式,同时也是记叙文、议论文、说明文的一个种类,这是很常见的。

不过一般来说文章是可以分成不同类型的。我们在接触一篇文章时,首先要能够区分这篇文章的基本类型,在此基础上对这篇文章做更深入的理解。

(二) 技能练习

1. 阅读下列文章片段

> 第二十四条　在历史文化名城、名镇、名村保护范围内禁止进行下列活动:
> (一) 开山、采石、开矿等破坏传统格局和历史风貌的活动;
> (二) 占用保护规划确定保留的园林绿地、河湖水系、道路等;
> (三) 修建生产、储存爆炸性、易燃性、放射性、毒害性、腐蚀性物品的工厂、仓库等;
> (四) 在历史建筑上刻画、涂污。
> (节选自《历史文化名城名镇名村保护条例》(国务院令第 524 号))

(1) 这段文字应该是:
  A. 广告　　　　　　　　　B. 法规
  C. 风景区介绍　　　　　　D. 通知

(2) 这段文字是:
  A. 记叙文　　　　　　　　B. 议论文
  C. 说明文　　　　　　　　D. 应用文(法律法规、广告)

(3) 这段文字主要的内容是:
  A. 什么是历史文化名城、名镇、名村
  B. 历史文化名城、名镇、名村保护的意义

C. 哪些机构有保护历史文化名城、名镇、名村的责任

D. 如何保护历史文化名城、名镇、名村

2. 阅读下列文章片段

> 威尼斯的夜曲是很著名的。夜曲本是一种抒情的曲子，夜晚在人家窗下随便唱。可是运河里也有：晚上在圣马克方场的河边上，看见河中有红绿的纸球灯，便是唱夜曲的船。雇了"刚朵拉"摇过去，靠着那个船停下，船在水中间，两边挨次排着"刚朵拉"，在微波里荡着，像是两只翅膀。唱曲的有男有女，围着一张桌子坐，轮到了便站起来唱，旁边有音乐和着。曲词自然是意大利语，意大利的语音据说最纯粹、最清朗。听起来似乎的确斩截些，女人的尤其如此——意大利的歌女是出名的。
>
> （节选自朱自清《威尼斯》）

(1) 这段文字应该是：
    A. 小说　　　　　　　　　B. 散文
    C. 风景区介绍　　　　　　D. 旅行指南

(2) 这段文字一定不是：
    A. 记叙文　　　　　　　　B. 议论文
    C. 应用文　　　　　　　　D. A 和 B

(3) 这段文字主要是：
    A. 作者对威尼斯的评价　　B. 介绍了威尼斯的历史
    C. 作者在威尼斯的感受　　D. 对比了威尼斯与秦淮河的不同

3. 阅读下列文章片段

> 门捷列夫根据原子量的变化，制定了元素周期表，有人赞同，有人怀疑，争论不休。尔后，根据元素周期表发现了几种元素，它们的化学特性刚好符合元素周期表的预测。这样，元素周期表就被证实了是真理。哥白尼的太阳系学说在三百年里一直是一种假说，而当勒维烈从这个太阳系学说所提供的数据，不仅推算出一定还存在一个尚未知道的行星，而且还推算出这个行星在太空中位置的时候，当加勒于一八四六年确实发现了海王星这颗行星的时候，哥白尼的太阳系学说才被证实了，成了公认的真理。

(1) 这段文字应该是在：
   A. 介绍了一些著名科学家　　B. 报道一个新闻
   C. 告诉我们一个新的科学发现　　D. 阐明某种观点
(2) 这段文字是：
   A. 记叙文　　B. 议论文　　C. 说明文　　D. 应用文
(3) 这段文字里介绍的科学家的发现：
   A. 到现在都不被人承认　　B. 开始时不被人们接受
   C. 开始时就被人们承认　　D. 到现在也有人承认有人不承认

4. 阅读下列文章片段

> 最高法院依法组成合议庭，经复核认为，被告人王××身为国家工作人员，利用职务上的便利，索取他人人民币275万元，非法收受他人人民币230万元、澳币1万元，共计折合人民币517.1万元，为有关单位和个人谋取利益，其行为已构成受贿罪；王××对价值人民币480.58万余元的财产不能说明合法来源，差额巨大，其行为已构成巨额财产来源不明罪。一审判决、二审裁定认定的事实清楚，证据确实、充分，定罪准确，量刑适当，审判程序合法。遂依法核准山东省高级人民法院维持一审对被告人王××决定执行死刑、剥夺政治权利终身，并处没收个人全部财产的刑事裁定。
>
> (法院判决书)

(1) 这段文字应该来自：
   A. 法律文书　　B. 报纸新闻
   C. 民间传说　　D. 小说
(2) 这篇文章是：
   A. 记叙文　　B. 议论文
   C. 说明文　　D. 应用文
(3) 这段文字说了：
   A. 王××犯罪的原因　　B. 王××犯罪的事实
   C. 王××犯罪的后果　　D. B和C

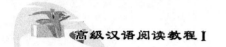

二、阅读训练

 阅读 1

在北京开餐厅

餐厅里的服务员许兴丽对老板林百惠说:"我妹妹下来了。"

林百惠一下子没理解:"下来了?从,从哪儿?"

许兴丽说:"从老家呀。"

林百惠这才明白过来。许兴丽的老家在张家口一带,他们那儿的人大概说话时心目中总有张地图,所以就管上北京叫做"下来"。许兴丽前几天就念叨过"我妹妹要下来,要下来",当时林百惠也问过这是什么意思,但转眼就忘了。

餐厅里的员工从哪儿来的都有,因此也就说什么话的都有。有个从东北来的女服务员,第一天上班,客人向她要醋,她说:"您稍等,我给您求去。"这里的"求"读三声。

办餐厅有很多麻烦事,时常令林百惠心情不好。林百惠又比较自律,知道自己不能无端向服务员们发火,因此纠正方言就成了她转移焦虑的手段。她一不高兴,就板起脸来,告诉服务员这不能说那不能说,像个指桑骂槐的老年家庭妇女。其实林百惠才三十来岁,过去是个老师。她过去的职业给她留下了纠正方言、推广普通话的习惯,也给她留下了虚伪。

凡虚伪的人都站在矛盾的位置上:他们既要控制别人,手中又没有强权。林百惠明白这一点,所以她也想摆脱虚伪的枷锁。她现在是老板了,按她过去根据道听途说得来的对老板的理解,那简直就是个土皇帝,看谁不顺眼就可以辞谁。餐厅虽小,舍我谁大?真当上老板才发现:虽然在这小小的餐厅里自己是位置最高的人,但却还得受规律的制约。如果她因为服务员不讲普通话就将其辞退,她就将面临没有服务员可雇的局面。也就是说,要想不虚伪,仅仅是老板还不够,得是造物主才成,要能造出又会讲普通话又能干脏活儿累活儿一个月只接受三百块工资的服务员来。只有到了那一步,才不必虚伪。

林百惠因此就只能借纠正方言来发泄她的不满情绪,而服务员们却偏偏是些只认强权的,他们看透了她,知道她不能因为讲方言就把自己解雇,因此不但照说不误,而且还时常会跟她据理力争。比如林百惠痛恨"好爽啊"、"哇噻"之类的话,但服务员们坚持认为这不是方言,他们很清楚自己老家的人并不这么说话。"这不是方言,"他们说,"这是我们在北京学的,是北京话。"

　　说这话时他们还会悄悄地瞥她一眼,那意思是说:你连北京话都不懂,你真的是北京人吗?

　　林百惠头脑清楚时就痛斥这些言论,坚决否认它们是北京话。但有时她的思路也会被服务员们拉过去,就会顺着话茬儿说:"北京话怎么了?北京话不等于普通话。"服务员听了这话,更觉得林百惠这人不可思议,出尔反尔,竟然连北京话就是普通话都不承认了。那你让我们跟谁学普通话呢?如果不是跟北京人学,难道还是跟一种看不见摸不着的普通人学吗?林百惠于是失去了威信,至少是在语言方面。

（节选自王芫《北京人》,标题为选编者所加）

参考词语

1.	念叨	niàndao	（动）	不停地说
2.	自律	zìlǜ	（动）	自己约束的言行
3.	无端	wúduān	（副）	没有原因地做一件事
4.	指桑骂槐	zhǐsāng-màhuái		表面在批评某个人或事,其实是在批评另一个人或事
5.	枷锁	jiāsuǒ	（名）	原来是刑具,后用来形容控制人们行为和思想的事物
6.	道听途说	dàotīng-túshuō		通过不正式的途径得来的消息,常常不太准确
7.	造物主	zàowùzhǔ	（名）	宗教中创造世界万物的神,如上帝
8.	发泄	fāxiè	（动）	尽量发出(情欲或不满情绪等)
9.	据理力争	jùlǐlìzhēng		因为合理,所以勇敢地为自己争取权利
10.	痛斥	tòngchì	（动）	狠狠地骂
11.	话茬儿	huàchár	（名）	口语,意思就是话题
12.	出尔反尔	chū'ěr-fǎn'ěr		不守信用,常常改变自己的观点或承诺

1. 文章总体评价

(1) 这篇文章从体裁上来说应该是：
  A. 小说   B. 散文
  C. 议论文   D. 诗歌

(2) 这篇文章从文字上来说是：
  A. 古雅的   B. 通俗的
  C. 华丽的   D. 艰涩的

(3) 这篇文章从语言风格上来说是：
  A. 平和的   B. 严肃的
  C. 热烈的   D. 哀伤的

(4) 这篇文章主要是：
  A. 叙述了林百惠的日常生活   B. 表达了林百惠对社会的深刻分析
  C. 反映了林百惠对汉语方言的思考   D. 表现了林百惠对外地员工的看法

2. 文章阅读理解

(1) 餐厅里的服务员对林百惠似乎：
  A. 反感   B. 友好
  C. 惧怕   D. 随便

(2) 林百惠的餐厅主要提供的菜是：
  A. 四川菜   B. 北京菜
  C. 广东菜   D. 没有说

(3) "她一不高兴,就板起脸来"中"板起脸来"的意思是：
  A. 脸上没有表情   B. 很古板的样子
  C. 很生气的样子   D. 脸红

(4) 与"而服务员们却偏偏是些只认强权的,他们看透了她"中"看透"最接近的词语是：
  A. 小看   B. 了解
  C. 反对   D. 尊重

(5) "但有时她的思路也会被服务员们拉过去,就会顺着话茬儿说"中"顺着话茬儿说"的意思是：
  A. 说错了   B. 不知道应该怎么说了
  C. 按照别人说的意思说下去   D. 同意并接受别人的说法

(6) 林百惠喜欢纠正服务员的普通话是因为：
  A. 她不喜欢别人说方言
  B. 客人听不懂她们餐厅服务员的方言

C. 她以前是当老师的,有职业习惯

D. 她想用纠正服务员的方言来发泄不满

3. 简单回答问题

(1) 林百惠以前觉得老板是土皇帝,在饭店可以：_____。
(2) 根据本文,在饭店工作的服务员一个月的工资是：_____。
(3) 林百惠对"好爽啊"、"哇噻"之类的话的态度是：_____。

阅读 2

再谈五四运动

　　五月五日《大公报》的"星期论文"是张奚若先生的《国民人格之修养》。这篇文字也是纪念"五四"的,我读了很受感动,所以转载在这一期。我读了张先生的文章,也有一些感想,写在这里做今年"五四"纪念的尾声。

　　这年头是五四运动最不时髦的年头。前天五四,除了北京大学依惯例还承认这个北大纠集日之外,全国的人都不注意这个日子了。张奚若先生"雪中送炭"的文章使人颇吃一惊。他是政治哲学的教授,说话不离本行,他指出五四运动的意义是思想解放,思想解放使得个人解放,个人解放产出的政治哲学是所谓个人主义的政治哲学。

　　他充分承认个人主义在理论上和事实上都有缺点和流弊,尤其在经济方面。但他指出个人主义自有它的优点：最基本的是它承认个人是一切社会组织的来源。他又指出个人主义的政治理论的神髓是承认个人的思想自由和言论自由。他说："个人主义在理论上及事实上都有许多缺陷流弊,但以个人的良心为判断政治上是非之最终标准却毫无疑义,是它的最大优点,是它的最高价值……至少,它还有养成忠诚勇敢的人格的用处。此种人格在任何政制下(除过与此种人格根本冲突的政制)都是有无上价值的,都应该大量的增加的……今日若能多多培养此种人才,国事不怕没有人担负。救国是一种伟大的事业,伟大的事业唯有伟大人格者才能胜任。"

　　张先生的这段议论,我大致赞同。他把"五四运动"一个名词包括"五四"(民国八年)前后的机关报思潮运动,所以他的文章里有"民国六七年的五四运动"一句话。这是五四运动的广义,我们也不妨沿用这个广义的说法。张先生所谓"个人主义",其实就是"自由主义"(Liberalism)。我们在民国八九年之间,就感觉到当时的"新思潮"、"新文化"、"新生活"有仔细说明意义的必要。无疑的,民国六七年北京大学所提倡的新运动,无论形式上如何五花八门,意义上只是思想的解放与个人的解放。蔡元培先生在民国元年就提出"循思想自由言论自由之公例,不以一流派之哲学一宗门之教义梏其心"的原则了。他后来办北京大学,主张思想自由,学术独立,百家平等。在北京大学里,辜鸿铭、刘师培、黄侃、陈独秀和钱玄同等时时教书讲学。别人颇以为奇怪。蔡先生只说:"此思想自由之通则,而大学之所以为大也。"(《言行录》页二二九)这样的百家平等,最可以引起青年人的思想解放。我们在当时提倡的思想,当然很显出个人主义的色彩。但我们当时曾引杜威先生的话,指出个人主义有两种:

(1)假的个人主义就是为我主义(Egoism),他的性质是只顾自己的利益,不管群众的利益。(2)真的个人主义就是个性主义(Individuality),他的特性有两种:一是独立思想,不肯把别人的耳朵当耳朵,不肯把别人的眼睛当眼睛,不肯把别人的脑力当自己的脑力。二是个人对于自己思想信仰的结果要负完全责任,不怕权威,不怕监禁杀身,只认得真理,不认得个人的利害。

这后一种就是我们当时提倡的"健全的个人主义"。

(节选自胡适《再谈五四运动》,标题为选编者所加)

参考词语

1.	惯例	guànlì	(名)	通常的做法
2.	纠集	jiūjí	(动)	集合在一起,现在常含贬义
3.	雪中送炭	xuězhōngsòngtàn		在别人最需要的时候提供帮助
4.	流弊	liúbì	(名)	不好的方面
5.	神髓	shénsuǐ	(名)	最本质的特性,常常用于理论、艺术
6.	缺陷	quēxiàn	(名)	不足,毛病
7.	人格	réngé	(名)	人的性格、气质、品质、能力等特性的总和
8.	胜任	shèngrèn	(动)	能力可以担负某种工作、责任
9.	梏	gù	(名)	古代的木质手铐,现在多用于比喻某种限制

1. 文章总体评价

(1) 这篇文章从体裁上来说更像是：
  A. 小说   B. 杂文
  C. 诗歌   D. 散文

(2) 这篇文章从文字上来说是：
  A. 古雅的   B. 通俗的
  C. 华丽的   D. 艰涩的

(3) 在这篇文章中作者对五四运动的基本观点是：
  A. 批评的态度   B. 肯定的态度
  C. 又批评又肯定   D. 基本是否定的

2. 文章阅读理解

(1) 作者在文章中对什么表现出了遗憾：
  A. 张奚若写了那样一篇文章   B. 太多人提倡个人主义
  C. 很多人淡忘了五四运动   D. 没有说

(2) 作者认为五四运动的意义应该是：
  A. 思想解放和个人解放   B. 思想自由和言论自由
  C. 培养了忠诚勇敢的人格   D. 学术独立，百家平等

(3) 作者认为张奚若的个人主义就是：
  A. 为我主义   B. 自由主义
  C. 个性主义   D. 没有说

(4) 对于个人主义，张奚若的基本观点是：
  A. 完全否定   B. 完全肯定
  C. 否定肯定各半   D. 基本是肯定的

(5) 蔡元培先生的思想基本是：
  A. 自由的   B. 激进的
  C. 保守的   D. 不知道

(6) 从文章中，我们能看到辜鸿铭的思想基本是：
  A. 自由的   B. 激进的
  C. 保守的   D. 不知道

3. 简单回答问题

（1）张奚若指出个人主义的政治理论的神髓是：_____。
（2）张奚若说救国是一种伟大的事业，能够胜任这个工作的是：_____。
（3）杜威先生说有两种_____。

中国人民代表大会制度

一、人民代表大会制度的性质和地位

人民代表大会制度是中国人民民主专政的政权组织形式，是中国的根本政治制度。

中华人民共和国的一切权力属于人民。人民行使国家权力的机关是全国人民代表大会和地方各级人民代表大会。

全国人民代表大会和地方各级人民代表大会都由民主选举产生，对人民负责，受人民监督。

国家行政机关、审判机关、检察机关都由人民代表大会产生，对它负责，受它监督。

全国人民代表大会是最高国家权力机关；地方各级人民代表大会是地方国家权力机关。

二、全国人民代表大会

（一）全国人民代表大会的组成和任期

全国人民代表大会由省、自治区、直辖市和军队选出的代表组成。

全国人民代表大会代表按照选举单位组成代表团。各代表团分别推选代表团的团长和副团长。

团长一般由各个省级地方和军队的最高一级的中共党委书记或地方人大的常委会主任担任，副团长一般由各个省级地方或军队的最高一级的地方人大的常委会主任或副主任担任。

各少数民族都应当有适当名额的代表。

全国人民代表大会每届任期五年。

全国人民代表大会任期届满的两个月以前，全国人民代表大会常务委员会必须完成下届全国人民代表大会代表的选举。

如遇到不能进行选举的非常情况，由全国人民代表大会常务委员会以全体组成人员的三分之二以上的多数通过，可以推迟选举，延长本届全国人民代表大会的任期。

在非常情况结束后一年内，必须完成下届全国人民代表大会代表的选举。

全国人民代表大会会议每年举行一次，由全国人民代表大会常务委员会召集。

如果全国人民代表大会常务委员会认为必要，或者有五分之一以上的全国人民代表大会代表提议，可以临时召集全国人民代表大会会议。

（二）全国人民代表大会的职权

全国人民代表大会行使下列职权：

1. 修改宪法；

宪法的修改，由全国人民代表大会常务委员会或者五分之一以上的全国人民代表大会代表提议，并由全国人民代表大会以全体代表的三分之二以上的多数通过。

2. 监督宪法的实施；

3. 制定和修改刑事、民事、国家机构的和其他的基本法律；

4. 选举中华人民共和国主席、副主席；

5. 根据中华人民共和国主席的提名，决定国务院总理的人选；根据国务院总理的提名，决定国务院副总理、国务委员、各部部长、各委员会主任、审计长、秘书长的人选；

6. 选举中央军事委员会主席；根据中央军事委员会主席的提名，决定中央军事委员会其他组成人员的人选；

7. 选举最高人民法院院长；

8. 选举最高人民检察院检察长；

9. 审查和批准国民经济和社会发展计划和计划执行情况的报告；

10. 审查和批准国家的预算和预算执行情况的报告；

11. 改变或者撤销全国人民代表大会常务委员会不适当的决定；

12. 批准省、自治区和直辖市的建制；

13. 决定特别行政区的设立及其制度；

14. 决定战争和和平的问题；

15. 应当由最高国家权力机关行使的其他职权。

（节选自《中华人民共和国宪法》，标题为选编者所加）

参考词语

1. 专政　　zhuānzhèng　　（动）　　统治阶级对敌对阶级的强力统治
2. 检察　　jiǎnchá　　　　（动）　　这里指审查批准逮捕、起诉等法律行为
3. 职权　　zhíquán　　　　（名）　　职务范围内的权力
4. 预算　　yùsuàn　　　　 （名）　　预计可能产生的费用
5. 撤销　　chèxiāo　　　　（动）　　取消（职务、规定等）

专有名词

人民代表大会　　Rénmín Dàibiǎo Dàhuì　　中国立法机关，类似于某些国家的议会

1. 文章总体评价

（1）这篇文章从体裁上来说是典型的：
　　A. 法规　　　　　　　　B. 记叙文
　　C. 议论文　　　　　　　D. 散文

（2）在这篇文章中：
　　A. 表达了作者的观点　　B. 表达了作者的感情
　　C. 表达了作者的希望　　D. 看不到作者的感情

（3）这篇文章的文字是：
　　A. 华丽的　　　　　　　B. 古雅的
　　C. 幽默的　　　　　　　D. 庄重的

2. 文章阅读理解

（1）根据这个法律，中国的最高权力机构是：
　　A. 人民代表大会　　　　B. 最高人民法院
　　C. 最高人民检察院　　　D. 国务院

（2）在全国代表大会里，下面哪个说法不对：
　　A. 每个省都有代表团　　B. 每个省都有代表
　　C. 军人没有代表　　　　D. 少数民族都有代表

(3) 在全国人大里,各代表团团长一定是省级地方和军队的最高一级的中共党委书记或地方人大的常委会主任吗?
  A. 肯定是   B. 肯定不是
  C. 通常是   D. 没有说

(4) 全国人民代表大会会议一般:
  A. 每五年举行一次   B. 每年举行一次
  C. 每个月举行一次   D. 没有说

(5) 临时召集全国人民代表大会会议的条件是:
  A. 全国人民代表大会常务委员会认为有必要
  B. 有五分之一以上的全国人民代表大会代表提议
  C. 全国人民代表大会以全体组成人员的三分之二以上的多数通过
  D. A 或 B

(6) 根据这个法律,你觉得中国的总理的地位:
  A. 比主席低   B. 跟主席一样
  C. 比主席高   D. 没有说

3. 简单回答问题

(1) 全国人民代表大会的代表组成有哪些?_____。
(2) 如需要推迟选举,延长本届全国人民代表大会任期的情况是:_____。

第二课

一、阅读技能　文章的体裁(2)

(一) 概述

上一课我们介绍了记叙文、说明文、议论文和应用文四类文体。这一课我们再来详细地介绍一下文章中的文学体裁。文学体裁相当复杂,有神话、史诗、寓言、诗歌、小说、戏剧、散文等等,而且文学体裁会发展、变化,甚至消亡。目前中国最常见的分类法则是两种:一种是"三分法",一种是"四分法"。

"三分法"就是把文学体裁分为叙事、抒情和戏剧三大类。"四分法"就是把文学作品分为诗歌、小说、散文、戏剧文学四大类。两种分法各有侧重,为了便于学习理解,我们这里介绍四分法。

1. 诗歌

诗歌是一种文学体裁,从形式上来看,诗歌是最容易被辨认出来的。不管是对格律要求严格的诗歌,还是形式比较自由的诗,诗歌都表现出它的形式特点,就是分行、押韵、语言富于节奏感和音乐性。

诗歌按表达方式可分为抒情诗、叙事诗、说理诗;按韵律可分为格律诗、自由诗;按语言可分为旧体诗、新诗。

中国是一个有悠久诗歌传统的国家,在很长一段时间,诗歌是文学最主要的形式。中国古代诗歌包括旧体诗、词、曲。旧体诗包括古体诗和近体诗,非常复杂。

中国古诗从字数看,有四言诗、五言诗和七言诗。四言是四个字一句,五言是五个字一句,七言是七个字一句,一般每句字数相同。请看一首七言的唐诗:

> **九月九日忆山东兄弟**
>
> (唐)王维
>
> 独在异乡为异客,每逢佳节倍思亲。
> 遥知兄弟登高处,遍插茱萸少一人。

中国还有一种称为"词"的诗歌,它的形式也很复杂,和诗歌不同的是,一般它每句的字数是不一定的,常常长短不一,因此也被称为"长短句"。我们来看一首词:

忆江南
（唐）白居易

江南好,风景旧曾谙。
日出江花红胜火,
春来江水绿如蓝。
能不忆江南？

不过现在的诗歌主流是新诗。新诗是1919年"五四"新文学运动时期创建和发展起来的一种新体诗,用白话写。新诗的格律不像旧体诗那样严格,但诗行有一定的节拍,双数诗行最后一个字一般押韵。新诗中的自由体新诗更自由,有的甚至不押韵,不用标点。

断 章
卞之琳

你站在桥上看风景,
看风景的人在楼上看你。
明月装饰了你的窗子,
你装饰了别人的梦。

2. 散文

现代的散文是指与诗歌、小说、戏剧相并列的一种文学体裁。特点是"形散而神不散"。即选材广泛自由,表现方法灵活多变,可采用叙述、描写、抒情、议论等多种手法,但中心必须明确而集中。散文可分为记人记事为主的叙事散文和侧重于抒情的抒情散文。

所谓穷,也是比较而言。有人天天喊穷,不是今天透支,就是明天举债,数目大得都惊人,然后指着身上衣服的一块补绽或是皮鞋上的一条小小裂缝作为他穷的铁证。这是寓阔于穷,文章中的反衬法。也有人量入为出,温饱无虞,可是又担心他的孩子将来自费留学的经费没有着落,于是于自我麻醉中陷入于穷的心理状态。若是西装裤的后方越磨越薄,由薄而破,由破而织,由织而补上一大块布,细针密缝,老远的看上去像是一个圆圆的箭靶(说也奇怪,人穷是先从裤子破起!),那么,这个人可是真有些近于穷了。但是也不然,穷无止境。"大雪纷纷落,我住柴火垛,看你们穷人怎么过!"穷人眼里还有更穷的人。

（节选自梁实秋《穷》）

3. 小说

小说是最流行的文学体裁,它是通过对人物、故事情节和环境的描写反映社会生活的一种文学体裁。小说的三要素是:人物、故事和环境。小说的一个重要特征,就是塑造典型的人物形象,通过肖像、心理活动、行动、语言等描写手段来刻画人物。小说的故事情节包括:开端、发展、高潮和结局。有的小说还有序幕和尾声。小说的环境描写包括社会环境和自然环境。小说按篇幅长短可分为:长篇小说、中篇小说、短篇小说及小小说等。我们来看一段小说:

> 这村庄的习惯有点特别,女人生下孩子,多喜欢用秤称了轻重,便用斤数当做小名。九斤老太自从庆祝了五十大寿以后,便渐渐的变了不平家,常说伊年青的时候,天气没有现在这般热,豆子也没有现在这般硬。总之现在的时世是不对了。何况六斤比伊的曾祖,少了三斤,比伊父亲七斤,又少了一斤,这真是一条颠扑不破的实例。所以伊又用劲说:"这真是一代不如一代!"

(节选自鲁迅《风波》)

4. 戏剧

戏剧是一种表演的艺术,它是在舞台上塑造艺术形象,揭示社会矛盾,反映社会生活。剧本是戏剧表演的基础,本身也有很高的艺术价值,可以独立阅读。

剧本的特点是:有集中尖锐的矛盾冲突,对话性格化,适于舞台演出。我们来看一个剧本:

> 王利发:二位早班儿!带着叶子哪?老大拿开水去!(王大栓下)二位,对不起,茶钱先付!
>
> 茶客甲:没听说过!
>
> 王利发:我开过几十年茶馆,也没听说过!可是,您圣明:茶叶、煤球儿都一会儿一个价钱,也许您正喝着茶,茶叶又长了价钱!您看,先收茶钱不是省得麻烦吗?
>
> 茶客乙:我看哪,不喝更省事!(同茶客甲下)
>
> 王大栓:(提来开水)怎么?走啦!

(节选自老舍《茶馆》)

我们在接触一篇文章时,首先要能够区分这篇文章的基本类型,在此基础上对这篇文章做更深入的理解。

(二) 技能练习

1. 阅读下列文章片段

> 吴汉魂住的这间地下室,窗子正贴近人行道,窗口一半伸出道上。夏天傍晚,邻近的黑人及波多黎各人都拥到公寓外面的石阶上纳凉,半夜三更,有些还倚在石栏上,哼着梦呓似的小调。起初,吴汉魂听到窗外喧哗,总不免要分神,抬头看看,尘垢满布的玻璃窗上,时常人影憧憧。后来吴汉魂每逢看书,就抱着头,用手把耳朵塞住。听不见声音,他就觉得他那间地下室,与世隔离了一般。冬天好得多。大雪来临,人行道上积雪厚达一两尺,把他们的窗户完全封盖起来。躲在大雪下面,吴汉魂像爱斯基摩人似的,很有安全感。

(节选自白先勇《芝加哥之死》)

(1) 这段文字应该来自:
　　A. 小说　　　　　　B. 散文
　　C. 诗歌　　　　　　D. 戏剧

(2) 这段文字里描写的地方可能在:
　　A. 中国　　　　　　B. 美国
　　C. 日本　　　　　　D. 韩国

(3) 吴汉魂的生活状况似乎:
　　A. 很悠闲　　　　　B. 很孤独
　　C. 很浪漫　　　　　D. 很快乐

2. 阅读下列文章片段

> 本:(走到园子边上)他会骂你胆小鬼。
>
> 威利:(忽然害怕)不,那未免太可怕了。
>
> 本:嗳。还骂你大傻瓜。
>
> 威利:不,不,他骂不得。我受不了!(神情沮丧,万念俱灰)
>
> 本:他会痛恨你,威利。
>
> (听到孩子的欢乐音乐声)

> 威利：噢，本，咱们要是能回到过去那些欢乐的时代里去该多好呵？过去一向充满光明和友谊，冬天乘雪橇，脸蛋红彤彤。老是有什么好消息传来，像是有什么好事找上门。从来他不让我自己拎着旅行袋进屋，总是给我们那辆小汽车打蜡！哎呀，为什么我不能给他点什么，要他别恨我呢？
>
> 本：让我想想看。（他看看表）我还有点儿时间。这计划高明，可你千万不能拿自己开玩笑。
>
> （节选自阿瑟·密勒《推销员之死》）

(1) 这段文字应该来自：
    A. 小说　　　　　　　　B. 散文
    C. 诗歌　　　　　　　　D. 戏剧

(2) 这段文字中的两个人似乎是：
    A. 老人　　　　　　　　B. 少年
    C. 孩子　　　　　　　　D. 不知道

(3) 这段文字中的主人公威利的情绪似乎：
    A. 很急躁　　　　　　　B. 有点伤感
    C. 很轻松　　　　　　　D. 很紧张

3. **阅读下列文章片段**

> 在向仰光奔驰的火车上，首先看见高矗于绿荫丛中，远远就对旅人露出一脸微笑的，是你的姿影啊，大金塔！在离仰光驰往印度洋的轮船上，回头来大都市的轮廓已经消失了，却突然望见耸立蓝空，仿佛依依惜别的，也是你的姿影啊，大金塔！这些我都记得，但尤令我永远不会忘掉的，是当黄昏之际，落日挂在你的腰畔，群鸦都从菩提荫中噪起，散在晚红的西空，旋成点点的黑星，飞舞在你的身边，这时呵，遥见你那慵倦的样子，唉，怎样地使人起着兴亡的感慨！或是深夜散步于绿漪湖畔，望着你通身围着灿烂的珠光，湖水里也映着你柔和的金影，那满透出舞女要赴夜会似的神情，又怎样地令人感到高兴！
>
> （节选自艾芜《怀大金塔》）

(1) 这段文字应该来自：
    A. 小说　　　　　　　　B. 散文
    C. 诗歌　　　　　　　　D. 戏剧

(2) 这段文字似乎主要在:
    A. 描写大金塔的风景   B. 回忆过去的几件事情
    C. 表达作者对大金塔的情感   D. 说明旅游是一件快乐的事情

(3) 作者看到大金塔时的心情:
    A. 很激动   B. 很伤感
    C. 很平静   D. 很紧张

4. 阅读下列文章片段

乡 愁
余光中

小时候
乡愁是一枚小小的邮票
我在这头
母亲在那头

长大后
乡愁是一张窄窄的船票
我在这头
新娘在那头

后来啊
乡愁是一方矮矮的坟墓
我在外头
母亲在里头

而现在
乡愁是一湾浅浅的海峡
我在这头
大陆在那头

(1) 这段文字应该来自:
    A. 小说   B. 散文
    C. 诗歌   D. 戏剧

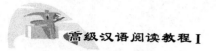

（2）这段文字的情感似乎主要是表达作者的：
    A. 哀怨和相思   B. 痛苦的回忆
    C. 愤怒与不满   D. 快乐和激动

（3）作者表达情感的主要手段是：
    A. 回忆亲人的关怀   B. 诉说分别的痛苦
    C. 描写生活的艰难   D. 讲述成长的经过

二、阅读训练

感觉秋天

    夜里，从缅因州吹来一阵干凉的风。街上，院子里，有一些树叶耐不住寒，薄湿的脸上就浅浅地晕红起来。奥伯尼的秋天，就这么悄悄地来了。

    早晨，人们还没觉意，匆匆走向自己工作和学习的地方。黄昏，沉落着的太阳把金黄的亮料涂在那些薄湿悄红的叶片儿上，人们，下班的和放学的，才一下子看见了秋天。

    奥伯尼是个小城，很安静。城里的树叶也红得很温柔，像怕羞的姑娘看见生人似的。

    独自在街上走，走着走着，就碰见一株枫。不高，却摇出了一伞潮润的娇红。安静地站在它身旁，就感到枝茎柔慢的呼吸，听见叶子轻密的言语，细细的，传送着一些灵妙的信息。一会儿，仿佛有叶脉中的液体流过来，身上就觉出一点微凉的温。

    一缕风过，不小心震落几片叶子，酡红色的。接一片在手里，沉沉的，还有点润。贴在脸上，就溢出淡淡的苦香，一点儿醉意不觉间升起。

    秋天是有地域的。到郊外，才能真正感受奥伯尼的秋浓。车在公路上飞驰，满是红叶黄叶的树，成群成片、排山倒海似的向车头压过来，压得人几乎喘不过气。在弯弯曲曲的山径上行走，一步一景，让人目不暇接，赞叹不绝。杏树的小圆叶片儿，软软的、嫩嫩的黄。凉风刮过，薄嫩的黄，如液体般无助地摇着、晃着，最终绝望地脱离母体，在气流中旋飞，仍是摇着，晃着。心底那点怜爱和担忧，也随之在空中游荡。青黄的草地上，杏叶如撒落的一滴滴泪痕，干透的，和还在湿润的，让人不忍卒视。

24

枫叶的红却是那样的热烈,壮观!如赤幡遍野,如烈火燎原,如地层深处涌出波澜翻滚的熔浆,浩浩荡荡,盖地遮天。这时,你会突然感到秋天的伟大,枫叶的伟大。每一片叶子都在用自己的身躯燃出炫目的火苗。燃烧殆尽,叶子就干老而去。当你目睹满天的红叶随风飘落,坦然赴死,你会体味到秋天的悲壮。当你看着残留枝头的叶子如油尽的灯芯,挣出几点枯红,你能感觉到秋天的苍凉。在年轮的舞台上,秋天,无论如何,当是戏的高潮,冲突的顶点。

　　秋天是乡愁的季节,也有沉重的色彩。清晨,哈得逊(Hudson)河平静纯透,站在河畔,能看见大块大块的积雨云从地平线升起,向天空堆砌。平净的心就会蒙上忧郁的影子。撩动乡思的大雁,沿着河道,从北向南迁移。远看是一条直线,近了才呈出"人"字。翅膀灰灰地扇动着,线条飘忽着前行,扯出心底一缕别愁离绪。

　　最撩人的还是夜雨秋声。傍晚,一片灰蓝的雨云升上半空,那秃枝上的几片残叶红得冷艳而凄楚。入夜,风声紧了,落叶跌在木阁楼的房顶上,发出令人心悸的欷嘘。雨声起了,拍打着玻璃窗,木头板壁,敲出冷冰冰的声音。这时,你能感觉到,冬天的足音已经临近。

(周小兵)

参考词语

1.	灵妙	língmiào	(形)	神妙、巧妙的姿态
2.	排山倒海	páishān-dǎohǎi		力量很强,气势巨大
3.	目不暇接	mùbùxiájiē		好东西太多,看不过来了
4.	赞叹不绝	zàntànbùjué		不停地称赞、感叹
5.	不忍卒视	bùrěn zúshì		凄惨的样子,不忍心看下去了
6.	赤幡遍野	chìfānbiànyě		在广阔的面积上,到处都像红色的旗子在飘扬
7.	烈火燎原	lièhuǒ liáoyuán		在很广阔的地方着火且不能控制,形容不可阻挡的发展
8.	浩浩荡荡	hàohàodàngdàng		像江河水一样广阔而巨大地向前进
9.	殆尽	dàijìn	(动)	用完了
10.	坦然赴死	tǎnránfùsǐ		很勇敢镇定地接受死亡
11.	别愁离绪	biéchóu-líxù		离别分手时伤感的情绪
12.	欷嘘	xīxū	(动)	哭泣后急促的呼吸,常形容痛苦遗憾的心情
13.	足音	zúyīn	(名)	脚步声

1. 文章总体评价

(1) 这篇文章从体裁上来说应该是:
    A. 小说   B. 散文
    C. 议论文   D. 应用文

(2) 这篇文章从文字上来说是:
    A. 严肃的   B. 简洁的
    C. 华丽的   D. 质朴的

(3) 这篇文章从语言风格上来说是:
    A. 平和的   B. 幽默的
    C. 热烈的   D. 哀伤的

(4) 如果要用一个词来形容这篇文章,你会用:
    A. 生动   B. 优美
    C. 激烈   D. 温馨

(5) 这篇文章主要是:
    A. 描绘了秋天的各种表现,赞美了奥伯尼的美丽
    B. 描绘了秋天的美丽,并抒发了作者内心的情怀
    C. 借对秋天的描写反映了作者对历史人生的思考
    D. 通过秋天的描写赞美了保护自然取得的成就

2. 文章阅读理解

(1) 从这篇文章我们知道作者在奥伯尼是因为:
    A. 工作学习   B. 旅游
    C. 探亲   D. 不知道

(2) 第三段说"贴在脸上,就溢出淡淡的苦香,一点儿醉意不觉间升起"是说明作者:
    A. 感到生命的无常和生活的无奈   B. 因秋天的萧瑟而感到非常痛苦
    C. 深深陶醉在秋意中的细腻情怀   D. 认为秋天不应该是个悲伤的季节

(3) 作者对杏叶的描写带有点儿怎样的情绪?
    A. 感伤   B. 热烈
    C. 痛苦   D. 忧郁

(4) 作者对枫叶的描写带有点儿怎样的情绪?
    A. 哀愁   B. 欢乐
    C. 悲壮   D. 痛苦

(5) 作者看到大雁飞过会"扯出心底一缕别愁离绪"可能是因为:
    A. 作者想大雁可能和自己的朋友分手了

B. 大雁回家让作者想到此刻自己远离故乡
C. 大雁不愿意离开家,可是没有办法,作者也一样
D. 大雁离开家的时候总是很悲伤的样子

(6) 作者对秋天的描写和情绪的描写有点儿:
A. 暗自的欢喜　　　　B. 昂扬的情怀
C. 淡淡的哀伤　　　　D. 失望的痛苦

3. 简单回答问题

(1) 作者说奥伯尼城里的树叶也红得很温柔,像＿＿＿＿＿＿＿＿＿＿。
(2) 作者用戏来比喻秋天,他说秋天就好像是:＿＿＿＿＿＿＿＿＿＿。
(3) 作者说什么东西"发出令人心悸的欷歔"？＿＿＿＿＿＿＿＿＿＿。

 阅读 2

女朋友就是"情人"的学名

据说"女朋友"就是"情人"的学名,说起来庄严些,正像玫瑰在生物学上叫"蔷薇科木本复叶植物",或者休妻的法律术语是"协议离婚"。方鸿渐陪苏小姐在香港玩儿了两天,才明白女朋友跟情人事实上决然不同。苏小姐是最理想的女朋友,有头脑,有身份,态度相貌算得上大家闺秀,和她同上饭馆戏院并不失自己的面子。他们俩虽然十分亲密,方鸿渐自信对她的情谊到此而止,好比两条平行的直线,无论彼此距离怎么近,拉得怎么长,终合不拢来成为一体。只有九龙上岸前看她害羞脸红的一刹那,心忽然软得没力量跳跃,以后便没有这个感觉。他发现苏小姐有不少小孩子脾气,她会顽皮,会娇痴,这是他一向没想到的。可是不知怎样,他老觉得这种小姐儿腔跟苏小姐不顶配。并非因为她年龄大了,她比鲍小姐大不了多少,并且当着心爱的男人,每个女人都有返老还童的绝技。只能说是品格上的不相宜。譬如小猫打圈儿追自己的尾巴,我们看着好玩儿,而小狗也追寻过去地回头跟着那短尾巴橛乱转,说风趣减少了。那几个一路同船的学生看小方才去了鲍小姐,早换上苏小姐,对他打趣个不亦乐乎。

苏小姐做人极大方,船到上海前那五六天里,一个字没提到鲍小姐。她待人接物也温和了许多。方鸿渐并未向她谈情说爱,除掉上船下船走跳板时扶她一把,也没拉过她手。可是苏小姐偶然的举动,好像和他有比求婚、订婚、新婚更深远悠久的关系。她的平淡,更使鸿渐疑惧,觉得这是爱

情热烈的安稳,仿佛飓风后的海洋波平浪静,而底下随时潜伏着汹涌翻腾的力量。香港开船以后,他和苏小姐同在甲板上吃香港买的水果。他吃水蜜桃,耐心地撕皮,还说:"桃子为什么不生得像香蕉,剥皮多容易!或者干脆像苹果,用手帕擦一擦,就能连皮吃。"苏小姐剥几个鲜荔枝吃了,不再吃什么,愿意替他剥桃子,他无论如何不答应。桃子吃完,他两脸两手都持了幌子,苏小姐看着他笑。他怕桃子汁弄脏裤子,只伸小指头到袋里去勾手帕,勾了两次,好容易拉出来,正在擦手,苏小姐声音含着惊怕嫌恶道:"啊哟!你的手帕怎么那么脏!真亏你——唅!这东西擦不得嘴,拿我的去拿去,别推,我最不喜欢推。"

方鸿渐涨红脸,接苏小姐的手帕,在嘴上浮着抹了抹,说:"我买了一打新手帕上船,给船上洗衣服的人丢了一半。我因为这小东西容易遗,他们洗得又慢,只好自己洗。这两天上岸玩儿没工夫洗,所有的手帕都脏了,回头洗去。你这块手帕,也让我洗了还你。"

苏小姐道:"谁要你洗?你洗也不会干净!我看你的手帕根本就没洗干净,上面的油腻斑点,怕是马塞一路来留下的纪念。不知道你怎么洗的。"说时,吃吃笑了。

(节选自钱钟书《围城》,标题为选编者所加)

参考词语

1.	决然	juérán	(副)	坚定,不犹豫地
2.	大家闺秀	dàjiā guīxiù		富贵有地位人家的女儿
3.	顽皮	wánpí	(形)	很调皮,不听话
4.	娇痴	jiāochī	(形)	形容女子娇气可爱的模样
5.	返老还童	fǎnlǎo-huántóng		从老人变成孩子
6.	绝技	juéjì	(名)	特别的技能,是别人没有的
7.	不亦乐乎	búyìlèhū		达到极点的意思,常常用来形容很忙的样子
8.	待人接物	dàirén-jiēwù		跟人交往,处理事情
9.	疑惧	yíjù	(动)	怀疑、害怕
10.	潜伏	qiánfú	(动)	躲在秘密的地方不让人发现
11.	幌子	huǎngzi	(名)	招牌,现多形容用来掩饰的假象

1. 文章总体评价

(1) 这篇文章从体裁上来说应该是：
    A. 小说   B. 散文
    C. 议论文   D. 应用文

(2) 这篇文章从文字上来说是：
    A. 古雅的   B. 简洁的
    C. 华丽的   D. 繁复的

(3) 这篇文章从语言风格上来说是：
    A. 平和的   B. 幽默的
    C. 热烈的   D. 哀伤的

(4) 这篇文章主要是写：
    A. 方鸿渐在香港的经历   B. 方鸿渐喜欢吃什么水果
    C. 方鸿渐关于爱情的看法   D. 方鸿渐和苏小姐的关系

2. 文章阅读理解

(1) "休妻"的意思可能是：
    A. 妻子不要丈夫了   B. 丈夫不要妻子了
    C. 双方同意离婚   D. 法院判决离婚

(2) 从文章中，我们能知道方鸿渐和苏小姐的情感是：
    A. 他爱苏小姐，苏小姐不爱他   B. 他爱苏小姐，苏小姐也爱他
    C. 苏小姐爱他，他不爱苏小姐   D. 苏小姐爱他，他还在考虑爱不爱苏小姐

(3) 发现苏小姐的小孩子脾气让方鸿渐觉得她：
    A. 不太自然   B. 天真可爱
    C. 不可思议   D. 非常可笑

(4) 苏小姐和方鸿渐给外人的感觉是：
    A. 一般朋友关系   B. 恋人的关系
    C. 夫妻的关系   D. 没有关系

(5) 苏小姐不提鲍小姐让方鸿渐觉得她"大方"可能是因为：
    A. 苏小姐和鲍小姐以前关系不好
    B. 鲍小姐以前是方鸿渐的女朋友
    C. 鲍小姐以前做了对不起苏小姐的事
    D. 鲍小姐现在有了新的男朋友

(6) 第二段说"桃子吃完，他两脸两手都持了帻子"，这句话的意思是：
    A. 他的脸上和手里都有一面旗子

B. 他用手帕擦脸和手上的桃子汁
C. 桃子汁在他脸上和手上留下印记
D. 吃完桃子,他拿了一个桃子放在脸上

3. 简单回答问题

(1) 方鸿渐发现苏小姐有什么脾气：_____。
(2) 方鸿渐看到什么后"心忽然软得没有力量跳跃"？_____。
(3) 这条到中国的船开出的地点可能是：_____。

 阅读 3

《龙须沟》节选

（二春走到自己屋门口,气喘吁吁,拿过脸盆,擦脸上、脖子上的汗）

大　妈：（板着面孔,由屋中出来）二春,我问你,你找他干吗？放着正经事不干,乱跑什么？这些日子,你简直东一头西一头地像掐了脑袋的苍蝇一样！

二　春：谁说我没干正经事儿？我干的哪件不正经啊？该做的活儿一点儿也没耽误啊！

大　妈：这么大的姑娘,满世界乱跑,我看不惯！

二　春：年头儿改啦,老太太！我们年轻的不出去,事儿都交给谁办？您说！

大　妈：甭拿这话堵搡我！反正我不能出去办！

二　春：这不结啦！（转为和蔼地）我告诉您吧！人家中心小学的女教员,齐砚庄啊,在学校里教完一天的书,还来白教识字班。这还不算,学生们不来,她还亲自到家里找去。您多嗻看见过这样的好人？刚才送完了活儿,正遇上她挨家找学生,我可就说啦,您歇歇腿儿,我给您找学生去。都找到啦,就剩下二嘎子还没找着！

大　妈：管他呢,一个蹬车家的孩子,念不念又怎样,还能中状元？

二　春：妈,这是怎么说话呢？现而今,人人都一边儿高,拉车的儿子,才更应当念书,要不怎么叫穷人翻身呢？

大　妈：像你这个焊铁活儿的姑娘,将来说不定还许嫁个大官儿呢！

二　春：您心里光知道有官儿！老脑筋！我要结婚,就嫁个劳动英雄！

大　妈：一张纸画个鼻子,好大的脸！说话哪像个还没有人家儿的大姑娘呀！

> 二　春：没人家儿？别忙，我要结婚就快！
> 大　妈：越说越不像话了！越学越野调无腔！
> （娘子由外面匆匆走来）
> 二　春：娘子，看见二嘎子没有？
> 娘　子：怎能没看见？他给我看摊子呢！
> 二　春：给……这可倒好！我叽里旮旯儿都找到了，临完……不知道他得上学吗？
> 娘　子：他没告诉我呀！
> 二　春：这孩子！
> 大　妈：他荒里荒唐的，看摊儿行吗？
> 娘　子：现在，三岁的娃娃也行！该卖多少钱卖多少钱，言无二价。小偷儿什么的，差不离快断了根！（低声）听说，官面上正加紧儿捉拿黑旋风。一拿住他，晓市就全天太平了，他不是土匪头子吗？哼，等拿到他，跟那个冯狗子，我要去报报仇！能打就打，能骂就骂，至不济也要对准了他们的脸，啐几口，呸！呸！呸！偷我的东西，还打了我的爷们，狗杂种们！我说，我的那口子在家哪？
>
> （节选自老舍《龙须沟》第二场）

参考词语

1. 气喘吁吁　qìchuǎnxūxū　　　　　呼吸急促，大口喘气
2. 堵搡　　　dǔsǎng　　　（动）（方言）用话堵人，让人没有话说
3. 和蔼　　　hé'ǎi　　　　（形）很亲切、友好的样子
4. 多暂　　　duōzan　　　（代）（方言）什么时候
5. 焊　　　　hàn　　　　　（动）用融化后的金属液体把分开的金属连接起来的方法
6. 野调无腔　yědiàowúqiāng　　　（方言）胡说
7. 叽里旮旯儿 jīligālar　　　　　　　角落
8. 荒唐　　　huāngtáng　　（形）思想言行奇怪，或不能控制自己的行为
9. 至不济　　zhìbùjì　　　　　　　最低限度

1. 文章总体评价

(1) 这段文字从体裁上来说应该是：
    A. 小说   B. 戏剧
    C. 议论文   D. 应用文

(2) 这段文字的语言是：
    A. 优美的   B. 口语化的
    C. 深奥的   D. 典雅的

(3) 这段文字从语言风格上来说是：
    A. 严肃的   B. 活泼的
    C. 热烈的   D. 哀伤的

2. 文章阅读理解

(1) 二嘎子到底在哪儿？
    A. 在上学   B. 在拉车
    C. 在帮娘子看摊子   D. 在外边玩

(2) 大妈不满意二春是因为她觉得：
    A. 二春不愿意工作   B. 二春整天在外边跑
    C. 二春年纪大了也不结婚   D. 二春总不愿意学习

(3) 大妈的观点：
    A. 比较落后   B. 比较现代
    C. 比较开明   D. 没有说

(4) 从大妈的话里我们知道二嘎子家：
    A. 是有钱人   B. 是老师
    C. 是贫民   D. 是农民

(5) 大妈说二春"说话哪像个还没有人家儿的大姑娘"中"没有人家儿"的意思是：
    A. 没有人喜欢   B. 以后没有人娶她
    C. 还没有结婚的对象   D. 没有很好的家庭教育

3. 简单回答问题

(1) 大妈形容二春乱跑的情形像：_____。
(2) 齐老师找学生的方法是：_____。
(3) 对话里说的土匪头子是：_____。
(4) 娘子说"差不离快断了根"的是：_____。

第三课

一、阅读技能 文章的体裁(3)

(一) 概述

虽然我们把文章的体裁分为记叙文、说明文、议论文和应用文四大类,又把文学体裁分成诗歌、小说、散文和戏剧文学四大类。其实这些都是大体的分法,各种分类都是相对的,也有互相交叉的情况:如神话、传说、寓言、童话、民间故事等可列入小说类,电影、电视剧、广播剧可以划入戏剧类。电影、电视剧就是新出现的体裁,和传统的戏剧还是有些区别。

有些文章跨越了几种体裁,如散文诗,它兼有诗与散文的特点:从本质上看它属于诗,有诗的情绪和幻想,给读者美和想象,但内容上保留了有诗意的散文性细节。从形式上看它有散文的外观,不像诗歌那样分行和押韵。也可以说它既不是散文的诗,也不是诗的散文,而是一种区别于诗和散文的独立的文学体裁。看席慕蓉的一段:

> 美丽的梦和美丽的诗一样,都是可遇而不可求的,常常在最没能料到的时刻里出现。
>
> 我喜欢那样的梦。在梦里,一切都可以重新开始,一切都可以慢慢解释,心里甚至还能感觉到所有被浪费的时光竟然都能重回时的狂喜与感激。胸怀中满溢着幸福,只因你就在我眼前,对我微笑,一如当年。
>
> 我真喜欢那样的梦,明明知道你已为我跋涉千里,却又觉得芳草鲜美,落英缤纷,好像你我才初初相遇。
>
> (节选自《初相遇》)

再比如诗剧,从大体上看它属于戏剧类,但它的唱词却是用诗的形式写的,独立出来也就是诗歌。下面是诗剧《浮士德》第一部的选段:

> 是什么低沉的讴吟,
> 是什么琅琅的音韵,
> 突然间把酒杯挣脱了我的嘴唇?

> 是你们沉沉的钟声,
> 已在宣告复活节开始的时辰?
> 是你们悠悠的合唱,
> 曾在幽圹四周出自天使的嘴唇,
> 又在唱安慰的歌儿来缔结新盟?

这在中国戏剧里表现得更明显,中国传统戏剧里的台词很多都是诗歌体。京剧《空城计》诸葛亮的台词:

> 两国交锋龙虎斗,
> 各为其主统貔貅。
> 管带三军要宽厚,
> 赏罚公平莫要自由。
> 此一番领兵去镇守,
> 靠山近水把营收。

再如随笔,就通常采用记叙与议论融合的形式,文体也自由随意。它可以分为记叙性随笔、议论性随笔和说明性随笔三类。

记叙性随笔往往通过对日常生活小事的分析,感悟人生、世事。

议论性随笔又叫"随感"或"杂感",是作者对社会生活、身边琐事甚至阅读的感悟。

说明性随笔不同于纯粹的说明文,它看重的是事物中的意趣,带有鉴赏的性质,而且有思考、感想。看下面一段香港作家董桥的随笔:

> 中年最是尴尬。天没亮就睡不着的年龄。只会感慨不会感动的年龄,只有哀愁没有愤怒的年龄。中年是吻女人额头不是吻女人嘴唇的年龄,是用浓咖啡服食胃药的年龄。中年是下午茶:忘了童年的早餐吃的是稀饭还是馒头;青年的午餐那些冰糖元蹄葱炮羊肉都还没有消化掉;老年的晚餐会是清蒸石斑还是红烧豆腐也没主意。至于八十岁以后的消夜就更渺茫了:一方饼干?一杯牛奶?
>
> (节选自董桥《中年是下午茶》)

报告文学是从新闻报道和纪实散文中生成并独立出来的一种新闻与文学结合的散文体裁,也是一种以文学手法及时反映和评论现实生活中的真人真事的新闻文体。它的基本特征是:及时性、纪实性和文学性。因此它的文体也跨越和融合了不同体裁。

> 2006年6月30日,杨元庆、刘晓林、姚映佳和李凤朗带着联想火炬团队三十四个年轻人的梦想和两万七千名联想人的期盼,前往北京奥组委向北京市市长、北京奥组委主席刘淇和其他高层进行奥运火炬"祥云"设计方案的终选汇报。当四个人清一色黑色正装步入会场时,在座的领导们都读出了他们气势和自信,在和蔼的眼神背后,流露出肯定和赞许的神色。

文章体裁随着时代的进步和社会的需要不断发展演变,因此不能一成不变地看待"三分法"、"四分法",否则无法适应新体裁不断涌现的形势。

(二) 技能练习

1. 阅读下列文章片段

> 1951年春夏之交,新中国在巴黎的一名代表找到了杨承宗,告诉他说:我们组织带了5000块美金来,要买些研究原子能的器材。这人叫李凤白。一开始,因为杨承宗还没收到钱三强的信,就很奇怪。同时他想到刚建国,能交给他这么一笔钱,那个时候5000块美金也不是个小数,感觉到责任很重大。但没过几天李凤白又来了,说他有用处,又把这5000块钱收回了。杨承宗那个时候已经有一部分买东西了,订货的也订了,但也只得给他了,因为钱是人家的。过些日子李凤白又还他了,却只交来3000块美金,还有2000块美金用在别的地方了。

(节选自梁东元《原子弹往事》)

(1) 这段文字应该来自:
　　A. 小说　　　　B. 报告文学　　　C. 随笔　　　　D. 戏剧
(2) 这段文字描写的地方可能在:
　　A. 中国　　　　B. 美国　　　　　C. 法国　　　　D. 日本
(3) 杨承宗从李凤白那里实际得到的美元数目是:
　　A. 5000块　　　B. 3000块　　　　C. 2000块　　　D. 8000块

2. 阅读下列文章片段

> 人若真能转世,世间若真有轮回,那么,我的爱,我们前身曾经是什么?
> 你若曾是江南采莲的女子,我必是你皓腕下错过的那一朵;你若曾是那个逃学的顽童,我必是从你袋中掉落的那颗崭新的弹珠,在路旁的草

丛里,目送你毫不知情地远去;你若曾是面壁的高僧,我必是殿前的那一炷香,焚烧着,陪伴过你一段静穆的时光。

因此,今生相逢,总觉得有些前缘未尽,却又很恍惚,无法仔细地去分辨,无法一一地向你说出。

(节选自席慕蓉《前缘》)

(1) 这段文字的体裁是:
  A. 小说   B. 报告文学
  C. 散文诗   D. 随笔

(2) 这段文字实际上表达的是:
  A. 对男女不平等的看法   B. 对前世今生的理解
  C. 对宗教轮回的描述   D. 对爱情的理解

(3) 从这段文字看,作者似乎在:
  A. 理性地分析问题   B. 感性地表达情感
  C. 准确地阐述观点   D. 谨慎地讨论问题

3. 阅读下列文章片段

从前,有个大学的青年教师,三十多岁了,每月挣三五百块钱,谈起对象来个个吹。他住在筒子楼里,别人在楼道里炒菜,油烟滚滚灌到卧室里。他在系里也弄不着口好粥喝,副教授一职遥遥无期,出门办件事,到处看别人的脸色——就连楼前楼后带红箍的人都对他粗声粗气地乱喝呼。你知道他痛苦的根源吗?根源在于领导上对他不重视。后来他写成了一本书,先把洋人吓得要死,洋人又来找我国政府,电话一级级打了下来,系主任、派出所、居委会赶紧对他改颜相敬——你知道小人物翻身的原因吗?就在于发现了隔山打牛的诀窍啊。

(节选自王小波《百姓·洋人·官》)

(1) 这段文字的体裁是:
  A. 小说   B. 报告文学   C. 散文诗   D. 随笔

(2) 这段文字实际上想表达的是:
  A. 中国知识分子的生活待遇不好
  B. 中国知识分子社会地位不高
  C. 在中国靠外力往往能做成事情
  D. 中国政府的人都很怕外国人

二、阅读训练

 阅读1

性格和食物的关系

美国心理学家夏乌斯博士在《饮食·犯罪·不正当行为》一书中曾提到一个怪癖少年杰利。他从小多动,难以管教,9岁时曾被管教一段时间,11岁即因涉嫌犯罪而被法庭传讯。专家建议控制糖类食物后,杰利的性格明显好转。对于其他的特殊性格特点,调节食物营养组成也能相当程度地改变其性格。

性格不稳定者:此类人常因长期缺钙,造成心神不定,应该多吃一些含钙、磷较多的食物,如大豆、牛奶、苋菜、炒南瓜子、海带、木耳、紫菜、田螺、橙子、河蟹和虾米等。

喋喋不休者:此类人大脑中缺少维生素B,从而整天唠叨,需要多吃粗粮,或牛奶加蜂蜜,常饮用会有好的效果。

易怒者:这种人多因缺钙和维生素B,遇到不顺心的事,极易激动,甚至暴跳如雷。应减少盐分及糖分的摄取。可以多吃些含有钙质的牛奶及海产品。

怕事者:主要是缺少维生素A、B、C,宜多吃辣椒、笋干、鱼干等。当然也可能因为食酸性食物过量,应多吃瓜果蔬菜。

怕交际者:这种人多属于神经质兼冷漠,故宜多饮用蜂蜜加果汁,并可饮用少量的酒。

优柔寡断者:要建立以肉类为中心的饮食习惯,同时食用水果、蔬菜。

消极依赖者:这种人平时遇事缺乏胆略和勇气。应适当节制甜食,多吃含钙和维生素B_1较为丰富的食物。

做事虎头蛇尾者:这种人通常缺乏维生素A和维生素C,应多吃猪、牛、羊、鸡肉、鸭肝、牛羊奶、鸡鸭蛋、河蟹、田螺等食物,还要多吃富含维生素C的辣椒、红枣、猕猴桃、山楂、橘子、苦瓜、油菜和豇豆等。

固执者:减少肉类食物,但可多吃鱼,并尽量生吃;蔬菜以绿黄色为主,少吃盐。

焦虑不安者:多吃富含钙质和维生素B族的食品,并要多吃些动物性蛋白质。

> 恐惧抑郁者:不妨多吃些柠檬、生菜、土豆、带麦麸的面包和燕麦等。
> 不妨尝试一下用食物改变性格的方法吧。

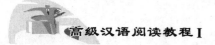

参考词语

1.	怪癖	guàipǐ	（名）	特别的、与常人不同的习惯或癖好
2.	涉嫌	shèxián	（动）	跟犯罪有关系
3.	传讯	chuánxùn	（动）	被法院叫去问话
4.	钙	gài	（名）	一种元素,元素符号是Ca
5.	磷	lín	（名）	一种元素,元素符号是P
6.	暴跳如雷	bàotiàorúléi		形容非常生气的样子
7.	摄取	shèqǔ	（动）	得到,取得
8.	神经质	shénjīngzhì	（名）	指人神经过敏,胆小,容易冲动
9.	优柔寡断	yōuróuguǎduàn		性格不果断,做决定的时候总是很犹豫
10.	胆略	dǎnlüè	（名）	勇气和胆识
11.	虎头蛇尾	hǔtóu-shéwěi		做事情开始很好,但是不能坚持,后面就不好了
12.	固执	gùzhí	（形）	（贬义词）顽固,不容易改变,不容易接受别人意见
13.	焦虑	jiāolǜ	（形）	担心、忧虑
14.	抑郁	yìyù	（形）	精神压抑,不开心

1. 文章总体评价

(1) 这篇文章从体裁上来说应该是：
  A. 小说　　B. 说明文　　C. 议论文　　D. 散文

(2) 这篇文章从文字上来说是：
  A. 活泼的　　B. 简洁的　　C. 华丽的　　D. 幽默的

(3) 读这篇文章的困难在于这篇文章：
  A. 成语太多　　B. 食物名太多　　C. 形容词太多　　D. 语法很复杂

2. 文章阅读理解

(1) 根据这篇文章,减少糖和盐可以：
  A. 让人不消极　　　　　　B. 让人不胆小
  C. 让人不抑郁　　　　　　D. 让人不容易发怒

(2) 根据这篇文章,如果要让人不啰嗦,可以让他:
　　A. 多吃海产品　　　　　　B. 多吃粗粮
　　C. 多吃动物蛋白　　　　　D. 多吃瓜果蔬菜
(3) 根据这篇文章,下面哪种情况是缺维生素B的表现:
　　A. 怕事　　　　　　　　　B. 说话多
　　C. 焦虑不安　　　　　　　D. 以上全部
(4) 根据这篇文章,含钙、磷较多的食物可能是:
　　A. 辣椒　　　　　　　　　B. 蜂蜜
　　C. 猕猴桃　　　　　　　　D. 海带
(5) 根据这篇文章,酸性过量的人可能:
　　A. 怕交际　　　　　　　　B. 胆小怕事
　　C. 焦虑　　　　　　　　　D. 固执
(6) 这篇文章说饮少量的酒可以帮助人们克服什么样的毛病?
　　A. 怕交际　　　　　　　　B. 做事虎头蛇尾
　　C. 焦虑不安　　　　　　　D. 恐惧抑郁

3. 简单回答问题

(1) 杰利的性格明显好转是因为:_____。
(2) 喋喋不休的人是因为:_____。
(3) 容易发怒的人的表现是遇到不顺心的事:_____。
(4) 固执的人要少吃:_____。

阅读 2

我有一个梦想

　　一百年前,一位伟大的美国人签署了解放黑奴宣言,今天我们就是在他的雕像前集会。这一庄严宣言犹如灯塔的光芒,给千百万在那摧残生命的不义之火中受煎熬的黑奴带来了希望。它的到来犹如欢乐的黎明,结束了束缚黑人的漫漫长夜。

　　然而一百年后的今天,黑人还没有得到自由;一百年后的今天,在种族隔离的镣铐和种族歧视的枷锁下,黑人的生活备受压榨;一百年后的今天,黑人仍生活在物质充裕的海洋中一个贫困的孤岛上;一百年后的今天,黑人仍然萎缩在美国社会的角落里,并且意识到自己是故土家园中的流亡者。今天我们在这里集会,就是要把这种骇人听闻的情况公诸于众。

我并非没有注意到,参加今天集会的人中,有些受尽苦难和折磨,有些刚刚走出窄小的牢房,有些由于寻求自由,曾在居住地惨遭疯狂迫害和打击,并在警察暴行的旋风中摇摇欲坠。你们是人为痛苦的长期受难者。坚持下去吧,要坚决相信,忍受不应得的痛苦是一种赎罪。

　　让我们回到密西西比去,回到阿拉巴马去,回到南卡罗莱纳去,回到佐治亚去,回到路易斯安纳去,回到我们北方城市中的贫民区和少数民族居住区去,要心中有数,这种状况是能够也必将改变的。我们不要陷入绝望而不能自拔。

　　朋友们,今天我对你们说,在此时此刻,我们虽然遭受种种困难和挫折,我仍然有一个梦想。这个梦是深深扎根于美国的梦想中的。

　　我梦想有一天,这个国家会站立起来,真正实现其信条的真谛:"我们认为这些真理是不言而喻的,人人生而平等。"

　　我梦想有一天,在佐治亚的红山上,昔日奴隶的儿子将能够和昔日奴隶主的儿子坐在一起,共叙兄弟情谊。

　　我梦想有一天,甚至连密西西比州这个正义匿迹、压迫成风,如同沙漠般的地方,也将变成自由和正义的绿洲。

　　我梦想有一天,我的四个孩子将在一个不是以他们的肤色,而是以他们的品格优劣来评判他们的国度里生活。

　　我今天有一个梦想。

　　我梦想有一天,阿拉巴马州能够有所转变,尽管该州州长现在仍然满口异议,反对联邦法令,但有朝一日,那里的黑人男孩和女孩将能够与白人男孩和女孩情同骨肉,携手并进。

　　我今天有一个梦想。

　　我梦想有一天,幽谷上升,高山下降,坎坷曲折之路成坦途,圣光披露,满照人间。

　　这就是我们的希望。我怀着这种信念回到南方。有了这个信念,我们将能从绝望之岭劈出一块希望之石。有了这个信念,我们将能把这个国家刺耳的争吵声,改变成为一支洋溢手足之情的优美交响曲。有了这个信念,我们将能一起工作,一起祈祷,一起斗争,一起坐牢,一起维护自由。因为我们知道,终有一天,我们是会自由的。

　　在自由到来的那一天,上帝的所有儿女们将以新的含义高唱这支歌:"我的祖国,美丽的自由之乡,我为您歌唱。您是父辈逝去的地方,您是最初移民的骄傲,让自由之声响彻每个山冈。"

([美]马丁·路德·金)

第三课

参考词语

1.	签署	qiānshǔ	（动）	签字让法律、命令等生效
2.	黑奴	hēinú	（名）	黑人奴隶
3.	摧残	cuīcán	（动）	使（政治、经济、文化、身体、精神等）受到严重损害
4.	种族	zhǒngzú	（名）	人种
5.	隔离	gélí	（动）	分开，不让接触
6.	镣铐	liàokào	（名）	刑具，用来限制人活动的器具，如手铐、脚镣等
7.	萎缩	wěisuō	（动）	缩小
8.	骇人听闻	hàiréntīngwén		让人听着就觉得很可怕的事情
9.	赎罪	shúzuì	（动）	抵消以前犯的罪过
10.	匿迹	nìjì	（动）	不见了
11.	成风	chéngfēng	（动）	成为一种风气，流行起来
12.	异议	yìyì	（名）	不一样的观点和看法

1. 文章总体评价

(1) 这篇文章从体裁上来说应该是：
    A. 小说   B. 演讲稿
    C. 抒情散文   D. 诗歌

(2) 这篇文章从文字上来说更倾向于：
    A. 优美   B. 高雅
    C. 简洁   D. 幽默

(3) 这篇文章：
    A. 充满激情   B. 充满温馨
    C. 充满敌意   D. 充满欢乐

2. 文章阅读理解

(1) 根据这篇文章，我们知道一百年前就已经签署黑人解放宣言，黑人：
    A. 从那以后就彻底解放了   B. 现在还没有得到真正的解放
    C. 现在才刚得到真正的解放   D. 有的得到解放有的却没有

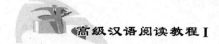

(2) 说话者对目前黑人生活的情况：
　　A. 感到非常痛苦　　　　　　B. 感到比较满意
　　C. 觉得还有需要改进的地方　　D. 认为只要忍耐就行了
(3) 说话者希望黑人：
　　A. 团结起来反抗白人　　　　B. 要听从白人的安排
　　C. 能和白人和谐相处　　　　D. 应该和白人隔离开
(4) 说话者对目前密西西比州的评价是：
　　A. 糟糕的　　　　　　　　　B. 美好的
　　C. 正常的　　　　　　　　　D. 不明确的
(5) 至今仍然反对联邦法案，让黑人受到不公平待遇的是：
　　A. 路易斯安纳州　　　　　　B. 佐治亚州
　　C. 阿拉巴马州　　　　　　　D. 密西西比州
(6) 说话者对在未来有机会改变种族的不平等的情况感到：
　　A. 绝望　　　　　　　　　　B. 失望
　　C. 银行不有一线希望　　　　D. 充满希望

3. 简单回答问题

(1) 一百年前有一位伟大的美国人做了什么？_____。
(2) 演讲者要黑人回到北方城市中的什么地方去？_____。
(3) 演讲者说要"共叙兄弟情谊"的是谁跟谁？_____。

 阅读3

世界经济分析：次贷危机是什么？

　　美国的次级贷款业务的出发点是为那些信用等级较低或收入不高的人提供贷款，让他们可以实现拥有自己住房的梦想。在1994年至2006年间，超过900万户美国家庭购买了新住房，其中大约20%的家庭借助于次级贷款。但是，就在这个过程中，一些负面因素逐渐浮现，最终导致危机爆发。

　　其一，是过度证券化。几乎与次级贷款业务并行发展的，就是美国经济的证券化，比如，人们把一些一时还不清的债务，转化为证券后再卖给投资者。换句话说，凡是有风险的，都可以摇身一变为证券。所以，次级贷款的放贷机构也不闲着，他们把手中超过六千亿美元的次级贷款债权转化为证券后，卖给各国的投资者。那么，富有投资经验的银行看不出这其中的高风险吗？这是因为次级贷款的放贷机构花钱供养了许多信用评定机构，从而可以轻松地拿到最高为"AAA"的信用评级,泛滥成灾的"AAA"证书使银行失去了对风险的敏感性。

其二,是通货膨胀。富人们因为手里拥有越来越多的纸面资产,而放肆地挥霍;穷人们因看到自己的房子每天都在升值,也开始购买平时舍不得买的东西。最后,美联储不得不提高利率,借以压抑通货膨胀。可是,利率提高后,那些本来就缺钱的穷人就变得还不起贷款了,这导致次贷市场还贷拖欠比例迅速上升。至此,美国经济一下子坠落入货币流动性很低的状态。经济发展进入低速徘徊状态,穷人就更难还清那些堆积如山的次级贷款债务。

我们发现,中国经济中也有类似于美国次级贷款的成分,如果我们不加以注意,中国经济也有被拖入恶性循环的可能性。

一个典型的例子就是中国房地产的金融创新项目。许多中国人希望通过投资房地产去获得财富,银行就帮助人们去实现这个愿望。中国的银行都有各种吸引人们借贷款买房的"高招"。比如,深圳的银行在2006年就推出了"双周供"业务,它允许以"双周"而不是以"月"为单位进行还款。这样,借贷人不仅能缩短还款期,而且还能少交利息,所以特别受"炒房户"欢迎。再比如,"循环贷"业务,它允许人们将商品住房抵押给银行而获得一定的贷款额度。这样,借贷人买越多的房产,就能获得越多的贷款额度,所以更受"炒房户"的追捧。在这些金融创新项目的帮助下,深圳的房地产价格在去年以惊人的速度不断攀升。据国家发改委统计,深圳市新建商品住宅价格月均涨幅高达13.5%,其中60%以上的借贷买房人的目的不是自住需求,而是投资需求。到去年年底,深圳银行房贷规模已达到700亿元。虽说目前还未出现大规模的贷款违约现象,但是,不断上扬的通货膨胀率就有可能迫使央行提高利率;不断提高利率,又会导致许多"炒房户"因交不起利息而违约。那时候,深圳市会不会重蹈美国式的次级贷款危机——银行不敢再做房地产贷款;也没有留下多少钱借贷给其他的产业;一切经济活动因为缺少现金而停滞了的情况呢?

(新华社专稿,作者王丰丰)

参考词语

| 1. 次级贷款 | cìjí dàikuǎn | | 简称次贷,就是信用等级次一级的人获得贷款 |
| 2. 浮现 | fúxiàn | (动) | 慢慢出现 |

3. 证券	zhèngquàn	（名）	又叫有价证券,是指具有一定价格和代表某种所有权或债权的凭证,可以用来进行交易	
4. 摇身一变	yáoshēnyíbiàn		一下子就变了一个样子	
5. 泛滥成灾	fànlànchéngzāi		太多了,成了灾害	
6. 挥霍	huīhuò	（动）	没有控制地浪费	
7. 美联储	měiliánchǔ	（名）	"美国联邦储备局"的简称	
8. 拖欠	tuōqiàn	（动）	不归还别人的东西	
9. 恶性循环	èxìng xúnhuán		坏的情况不断发展,越来越坏	
10. 炒房户	chǎofánghù	（名）	不为自己居住,而是专门倒卖房屋赢利的人	
11. 抵押	dǐyā	（动）	把自己的财产押给别人,以作为偿还债务的保证	
12. 额度	édù	（名）	数量的限度	
13. 追捧	zhuīpěng	（动）	获得欢迎和追求	
14. 重蹈	chóngdǎo	（动）	再次重复失败的情形	

1. 文章总体评价

（1）这篇文章从体裁上来说应该是：
    A. 记叙文   B. 说明文
    C. 议论文   D. 应用文

（2）我们从这篇文章能感到作者对次贷的态度是：
    A. 反对的   B. 赞成的
    C. 中立的   D. 没有说

（3）这篇文章实际上是通过分析美国的次贷危机：
    A. 说明中国也一定会发生同样的事情
    B. 说明中国一定不会发生同样的事情
    C. 警示中国要注意发生同样的事情
    D. 说明次贷危机的发生是不可避免的

2. 文章阅读理解

（1）从文章看,美国穷人能买房是因为：
    A. 政府帮助他们买房子
    B. 银行借钱给他们,他们再把房子抵押给银行
    C. 美国的住房价格比较便宜

D. 以上全部

(2) 从文章看,"证券化"的意思可能是:
A. 大家都把买卖证券当成了主要工作
B. 放贷机构把债权变成证券再卖出去
C. 贷款者必须用证券来购买住房
D. 以上全部

(3) 哪个是导致次贷危机爆发的原因:
A. 利率提高
B. 住房升值
C. 通货膨胀
D. 以上全部

(4) 穷人买那些平时舍不得买的东西是因为:
A. 他的收入高了,花钱没问题
B. 他的家里需要放一些好东西
C. 房子升值,他觉得自己有钱了
D. 美联署保证利率不变,他能还得起

(5) 关于中国贷款买房的问题,哪个是不正确的:
A. 中国房子不断地升值
B. 中国银行贷款容易
C. 买房的人都是需要住房的人
D. 人们觉得买房可以赚钱

(6) 在深圳,一旦出现问题,可能的后果是:
A. 有贷款人还不起银行的钱而违约
B. 银行不敢再做房地产贷款
C. 银行不借贷给其他的产业
D. 以上全部

(7) 以下哪个不是作者的观点:
A. 利率提高是为了不要人们贷款买房
B. 利率提高后有人还不了贷款
C. 利率提高是为了压抑通货膨胀
D. 银行不能往外贷款时经济会衰退

3. **简单回答问题**

(1) 1994 年至 2006 年大约有多少户美国家庭借助于次级贷款购买了新住房?_____。
(2) 什么样的证书使银行失去了对风险的敏感性?_____。
(3) 政府提高利率一般是为了:_____。
(4) 深圳很多人借贷买房人不是自住需求,而是为了:_____。

第四课

一、阅读技能 文章的语体(1)

（一）概述

1. 语体及其分类

在复杂的社会生活中，人们会根据不同的交际场合、交际对象、交际内容、交际方式和语境来选用适当的语言形式，以实现了不同的交际功能。为此，人们在交际中就会对语言材料进行有意识的选择安排，从而使语言材料在功能上出现分化，形成了不同的语言运用的特征体系和方式，这就是语体。

语体的分类多种多样，根据不同的标准可以分出不同的类别。一般情况下，根据交际方式和功能，人们把语体先分为口头语体和书面语体两大类，这在汉语的文字材料中表现得非常突出。然后再做下位的分类，口头语体又可分为谈话语体、演讲语体；书面语体又可分为公文语体、政论语体、科技语体、文艺语体等。

2. 口语语体的分类和特点

口语语体也叫谈话语体，是在日常交谈中形成，它是为社会生活服务的。我们这里讨论的是文字形式的口语语体，它不是仅仅通过口语形式表达的口语体。口头语体可以分为谈话语体和演讲语体两类。

(1) 谈话语体

谈话语体的典型形式是面谈式，它集中代表了口语语体的特点。谈话语体，谈话非常自由，事前没有准备，不受任何约束。语言表达朴素自然，同时会有重复、停顿、拖延等不同的语速、语气。谈话语体的特点是：

① 由于酝酿语言的过程短，口头语体停顿较多，句子灵活简短，倒装句、省略句较多。

② 富有感情，叹词、语气助词、拟声词、儿化以及动词、形容词、量词的重叠形式也比书面语多得多，使用数量远大于书面语。如口语中大量使用的"的"、"了"、"么"、"呢"、"吧"、"啊"、"这么"、"那么"等，比书面语多得多，而很少用关联词语和术语。

③ 口语体中感叹句、疑问句的出现频率比书面语高。

④ 自然、活泼、通俗、生动、少修饰，大量运用通俗生动的生活化词语，包括方言、俗语、拟声词、俚语、谚语。如口语中表达死亡的词语"断气"、"没气"、"咽气"、"过去了"、"走了"、"去了"、"见阎王"、"回老家"、"上西天"等，跟书面语差别很大。

⑤ 话题经常变换，跳跃、零碎是其中一个重要特点。

⑥ 修辞上常用比喻、夸张等修辞格来增强语言的表现力。

我们来看一段口语体的文字：

> "对不起我来晚了，我紧赶慢赶还是迟到了，你等半天了吧？"
> "没关系，你用不着道歉。"刘美萍好奇地看着杨重，"反正我也不是等你，你不来也没关系。"
> "你就是等我，不过你自己不知道就是了。今天除了我没别人来了。"
> "是吗？你比我还知道我在干吗——别跟我打岔儿，警察可就在旁边。"
> "难道我认错人了？"杨重仍然满脸堆笑，一点儿也不尴尬，"你不是叫刘美萍吗？是百货公司手绢柜台组长，在等肛门科大夫王明水，到底咱俩谁搞错了？"
> "可王明水鼻子旁有两个痦子呀。"

这是北京作家王朔小说《顽主》中的一段对话，从中可以看到口语体疑问句多、语气词多、句子短、话题的跳跃性大等特点。

著名作家老舍的语言特点是用地道的北京口语从事创作，他的绝大多数作品以北京为背景，语言通俗简练、幽默诙谐、散发着浓郁的北京韵味。

> 他自己，自从到城里来，又长高了一寸多。他自己觉出来，仿佛还得往高里长呢。不错，他的皮肤与模样都更硬棒与固定了一些，而且上唇上已有了小小的胡子，可是他以为还应当再长高一些。当他走到个小屋门或街门而必须大低头才能进去的时候，他虽不说什么，可是心中暗自喜欢，因为他已经是这么高大，而觉得还正在发长，他似乎既是个成人，又是个孩子，非常有趣。
>
> （节选自老舍《骆驼祥子》）

(2) 演讲语体

演讲语体也是口语语体，但是跟谈话语体相比有一些特点。它一般用于比较严肃的社交场合，或是事务性的谈话，如讨论会上的发言、演讲会或报告会上的即兴发言、教师的课堂用语、上下级或同事之间有关公事的谈话等等，都是有目的、有准备的。演讲语体的特点有以下这些：

① 在用词造句上多用通用词,少用方言词,避免不文雅的词汇。
② 句法上一般比较完整,有时也用关联词语。
③ 语句之间、语段之间的逻辑性比随意谈话语体强。
④ 谈话内容不如随意谈话语体变化多,表达的意思比较完整,阐发的观点也比较清楚。

例如:

> 我们欣慰地看到,今天的香港继续保持自由港和国际金融、贸易、航运中心的地位,经济持续增长,社会保持稳定,民生不断改善,公众信心明显增强,国际影响日益扩大。所有中华儿女都为香港回归祖国以来取得的成就感到骄傲!都为香港同胞显示出来的智慧和才能感到自豪!
> （节选自胡锦涛《在香港特别行政区欢迎晚宴上的讲话》2007年6月30日）

上面一段引文是胡锦涛在香港特别行政区欢迎晚宴上的讲话,场面庄重,属于非随意谈话语体。

演讲语体也可以华丽,但是它不能脱离口语亲切自然、诉诸人们听力为主的特点。汉语口语和书面语的差距较大,很多时候书面语直接移植到口语是听不明白的。所以,即使是演讲这么严肃的事情,依然要保持口语体的特点。

> 这几天,大家晓得,在昆明出现了历史上最卑劣最无耻的事情!李先生究竟犯了什么罪,竟遭此毒手?他只不过用笔写写文章,用嘴说说话,而他所写的,所说的,都无非是一个没有失掉良心的中国人的话!大家都有一支笔,有一张嘴,有什么理由拿出来讲啊!有事实拿出来说啊!为什么要打要杀,而且又不敢光明正大地来打来杀,而偷偷摸摸地来暗杀!这成什么话?
> （节选自闻一多《最后一次讲演》）

当然,口头语体和书面语体各有特色,又密切联系,很难截然分开。口头语体是书面语体的源头,书面语体是口头语体的升华;口头语体给书面语体注入新鲜的血液,书面语体为口头语体架起规范的骨骼。两者相互作用、相互影响,增强了语体的功能,促进了语言的发展。为了适应不同的言语环境,更准确表达作者的情感,各种中间的、混合的语体也很多。只是在某一体裁中某种语体占主要地位而已,如有的剧本语言包含了口语体与书面语体;有很多小说的叙述、描写部分用了书面语体,对话部分又是口语体等。

(二) 技能练习

1. 阅读下列文章片段

> 现在我们正进行一场伟大的内战,以考验这个国家,或者任何一个孕育于自由和奉行人人生来平等信条的国家是否能够长久坚持下去。我们相聚在这场战争的一个伟大战场上,我们来到这里把这战场的一部分奉献给那些为国家生存而捐躯的人们,作为他们最后的安息之所。我们这样做是完全适合的、恰当的。但是,从更高的意义上说,我们是不能奉献,不能圣化,也不能神化这片土地的,因为那些曾经在这里战斗过的人们,活着的和死去的人们,已经圣化了这片土地,他们所做的远非我们的微薄之力所能扬抑。这个世界不大会注意也不会长久记得我们今天在这里所说的话,但是,它永远不会忘记勇士们在这里所做的事。
>
> (节选自林肯《葛底斯堡演说》)

(1) 这段文字来源于:
　　A. 小说　　　　　　　　B. 演讲
　　C. 新闻　　　　　　　　D. 法规

(2) 这段文字的语体从总体上说更倾向于:
　　A. 公文语体　　　　　　B. 谈话语体
　　C. 演讲语体　　　　　　D. 文艺语体

(3) 这段文字的内容似乎是在:
　　A. 赞美英雄的功绩　　　B. 描述国家的美丽
　　C. 批评战争的残酷　　　D. 分析自由的意义

2. 阅读下列文章片段

> 女人于是上前问道:"你是林多多吧?"林多多说:"是。"然后女人就亲热地拉着她的手,说:"咱们先找个地方坐一会儿,我把这事儿跟你说一下。"
>
> 她们于是走进去,在咖啡厅坐下。女人从提包里拿出一叠材料。她要谈的"这事儿",其实林多多早已知道了,就是要自己代替她去考一次英语。这是由英国大使馆组织的英语考试,叫"IELTS",目前还不像托福那样广为人知,但在申请去英国的签证时它十分有用,尤其是申请移民签证。
>
> (节选自王芫《欺骗》)

(1) 这段文字可能选自：
    A. 小说   B. 应用文
    C. 议论文   D. 散文

(2) 这段文字的语体从总体上说更倾向于：
    A. 书面语体   B. 口语语体
    C. 混合语体   D. 政论语体

(3) 女人跟林多多见面是为了：
    A. 让她帮忙申请移民签证   B. 让她代替自己去参加一个英语考试
    C. 帮林多多申请移民去美国   D. 没有说

3. 阅读下列文章片段

> 对于汉族和少数民族的关系，我们的政策是比较稳当的，是比较得到少数民族赞成的。我们着重反对大汉族主义，地方民族主义也要反对，但是那一般的不是重点。
>
> 我国少数民族人数少，占的地方大。论人口，汉族占百分之九十四，是压倒优势。如果汉人搞大汉族主义，歧视少数民族，那就很不好。而土地谁多呢？土地是少数民族多，占百分之五十到六十。我们说中国地大物博，人口众多，实际上是汉族"人口众多"，少数民族"地大物博"，至少地下资源很可能是少数民族"物博"。
>
> 在少数民族地区，经济管理体制和财政体制，究竟怎样才适合，要好好研究一下。

（节选自毛泽东《论十大关系》）

(1) 这段文字从体裁上来说可以归为：
    A. 记叙文   B. 说明文
    C. 议论文   D. 散文诗

(2) 这段文字的语体总体上说更倾向于：
    A. 文艺语体   B. 公文语体
    C. 谈话语体   D. 演讲语体

(3) 这段文字的中心是：
    A. 汉族和少数民族的交流问题
    B. 汉族和少数民族的人口问题
    C. 汉族和少数民族的财政问题
    D. 汉族和少数民族的关系问题

二、阅读训练

 阅读1

离 婚

穷而不酸的举人给女儿挑了这样一个后生:大家族中较弱的一支。读书人出身,但不准备去考功名。有经营头脑,但没野心富霸一方。这女婿相貌堂堂,品行可靠,被人请做账房先生,养家绰绰有余,也无重大风险。喜姑相貌平平,憨厚纯良,嫁过去不会受气。喜姑丈夫虽英俊,但那个环境诱惑少,男人女人安分的多,这后生德行操守都给喜姑以安全感。

喜姑成了小桃娘。尽管丈夫早死,但在喜姑的精神世界里,仍是平静多于焦虑。晚年时人们谈起她,评语是:憨,不开窍,迷糊,木。这评语让我想起了一个古老的故事。话说混沌生来是没有七窍的。他的两个朋友觉得混沌待他们太好了,一定要报答他,商量着要为混沌凿开七窍,让混沌享受到开了窍的乐趣。可惜,七窍凿开了,混沌却因开窍而死了。有时我私下想:喜姑憨,木,不开窍,正是喜姑之福。她父亲为她的幸福盘算得很仔细,却没有掐算出女婿这一方有变数。

十年前,我在深圳听过女人间的相互提醒:夫妻不能太和美,否则必遭天妒。我听了觉得好笑。那时的深圳不安分的男女多,流行问候语是:"你……离了吗?"我碰到过好几个熟人当面问我:"你离了吗?"一个从美国回来的朋友,跟我家是世交,连她回国见我都说:"你……还没有离呀?那……哎,那不是很腻吗?"她本人就在深圳离过婚。那几年,不论是离婚的,还是正想离婚的,或是不愿离婚的女人,都跟我说,她们深信恩爱夫妻不到头这一说。说这话的女人在自我暗示:时刻准备面对伤害、破裂、残局。谁也不敢掉以轻心。外婆说过一句萍乡民谣:就算活到九十八,也别笑人家腿瘸和眼瞎。

丈夫突然病逝,在乡邻眼中,这个不强悍不能干的女人,领着三个未成年儿女,何去何从?喜姑没有抑郁成疾,她本能地展开自救:第一,女儿早有婚约,就此嫁出去。第二,儿子要继续上学,将家里微薄的积蓄加借贷,保障儿子成材。张二公子的爹也是举人,还当过福建漳州那边的知县,她并没料到女儿会受气,无论如何总好过在娘家没饭吃啊。

女儿嫁入张家之后，头几年天天独自落泪，哭坏了一双明眸。当妈的爱莫能助。女婿到北京读书后，遇上了爱慕者，当张二公子不再给小桃写信，小桃做好了离婚的准备时，喜姑这个当母亲的无法给女儿任何援助。好在她天性木讷，懵然不懂敏感的女儿的心理创伤有多深。她自己倒是对婚姻、家庭充满单纯的信赖，这是她的精神支柱。丈夫走得早，留下的记忆是鹣鲽情深、忠贞不渝。灾患来自外部，不至于颠覆喜姑对婚姻、家庭的美好情感。这是喜姑的福分。

（节选自李兰妮《旷野无人》，标题为选编者所加）

参考词语

1. 穷而不酸	qióng'érbùsuān		常用来说旧时的知识分子，穷，但是不古板、不迂腐
2. 功名	gōngmíng	（名）	指旧时参加科举考试，取得成功并得到的名声地位
3. 账房	zhàngfáng	（名）	旧时管理财务的部门，相当于现在的会计部之类
4. 绰绰有余	chuòchuòyǒuyú		数量足够并且有富余
5. 憨厚	hānhòu	（形）	天真朴实，不狡猾
6. 开了窍	kāileqiào		明白道理了
7. 天妒	tiāndù		老天也嫉妒
8. 世交	shìjiāo	（名）	上一代就有交往的
9. 腻	nì	（形）	接触太多后不再有兴趣
10. 抑郁成疾	yìyùchéngjí		因为郁闷、不高兴而得病
11. 爱莫能助	àimònéngzhù		想帮，但是没有办法帮
12. 木讷	mùnè	（形）	内向、不灵活
13. 懵然	měngrán	（形）	糊涂，完全不知道怎么回事
14. 颠覆	diānfù	（动）	完全彻底地改变

1. 文章总体评价

(1) 这篇文章从体裁上来说应该是：

    A. 记叙文   B. 说明文

    C. 议论文   D. 应用文

(2) 这篇文章从语言风格上来说倾向于：
    A. 平和   B. 幽默
    C. 热烈   D. 哀伤
(3) 这篇文章主要是写：
    A. 作者对于离婚的看法   B. 旧时的妇女婚姻不自由
    C. 喜姑和她女儿的爱情生活   D. 喜姑的爱情生活很甜蜜

2. 文章阅读理解

(1) 关于喜姑的丈夫，下面哪个说法不对？
    A. 他很有钱   B. 他很帅
    C. 他人品很好   D. 他很聪明
(2) "喜姑成了小桃娘"的意思是：
    A. 喜姑的丈夫叫小桃
    B. 喜姑结婚以后改了名字叫小桃娘
    C. 喜姑家是做桃子生意的，所以叫小桃娘
    D. 喜姑生了一个叫小桃的孩子
(3) 关于喜姑，我们知道：
    A. 由于她的性格，在遇到灾难时不觉得太痛苦
    B. 喜姑非常不幸，但是她很坚强，她忍住了痛苦
    C. 虽然她丈夫死了，所幸她家的经济情况比较好
    D. 她很痛苦，但只能听天由命地跟随命运的安排生活
(4) 第三段似乎主要是说：
    A. 离婚越来越流行，女人们对此都有心理准备
    B. 离婚是很平常的事，女人们都不怕有这样的结果
    C. 离婚会有伤害，所以最好不要离婚，这样才美满
    D. 离婚或不离婚都没有什么特别的，美满的婚姻很少
(5) 第四段最后一句是"她并没料到女儿会受气，无论如何总好过在娘家没饭吃啊"，其实是想说：
    A. 她没有安排好女儿的婚姻，没有想到女儿出嫁后会受气
    B. 她根本没有从女儿爱情幸福的角度考虑婚姻的事情
    C. 娘家没有饭吃，结婚以后就有饭吃了
    D. 早知道女儿会受气，宁愿不出嫁
(6) "丈夫走得早，留下的记忆是鹣鲽情深、忠贞不渝"想说的是喜姑：
    A. 丈夫死得早，她没有太多的记忆，但是她决定对丈夫忠贞
    B. 丈夫告诉她爱情就是夫妻恩爱，应该忠贞
    C. 她记住和理解的爱情就是夫妻恩爱，忠于爱情

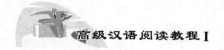

D. 丈夫死得早，她不太想丈夫，但是只想忠于爱情

3. 简单回答问题

(1) 举人女婿的相貌品行如何？_____。
(2) "我"从美国回来的朋友觉得应该离婚，不然会很：_____。
(3) 喜姑女儿嫁的张姓人家的情况是：_____。
(4) 小桃要离婚是因为：_____。

 阅读2

中国人的精神支柱

　　大部分的中国人并没有很明确的宗教信仰，虽然有一些宗教，尤其是佛教和道教在中国有悠久的传播历史，但是并没有多少人成为虔诚的佛教或道教的信徒。虽然这样，但中国人的内心却一点儿也不空虚，这是因为中国是一个儒家思想占统治地位的国家，儒家思想给了中国人充分的精神滋养。

　　儒家是两千多年前的春秋时期由哲学家、思想家、教育家孔子总结、创立的一个学派。儒家思想的核心，简单总结起来就是"忠、孝、仁、义"：对国家、民族、领导者要尽忠；对父母要尽孝；心中时刻要有关爱他人的仁爱之心；行为、思想都要符合道德原则，要符合"礼"的规范。

　　儒家注重现实，关心社会，强调社会的秩序，要求人们明确自己在社会中的角色地位。每个人都要做好本分，服从大局，勇于承担社会责任。儒家的行为方式是"中庸"，做事不走极端，留有余地；人与人的关系讲究"和为贵"，不争斗。因此，"己所不欲，勿施于人"是儒家的行为准则之一。

　　中国人尊重孔子、崇拜孔子，因此，有人也把儒家叫"儒教"。但是事实上儒家绝对不是宗教，因为儒家不关心人的前世来生，不关心人的灵魂归宿，只关心人在现实生活中如何扮演自己的社会角色，其实是一种伦理学，而中国人对儒家思想的态度也不是宗教式的崇拜信仰。

　　儒家思想从两千年前的汉朝开始，就成为中国人的正统思想，对中国人的思想产生了巨大而深远的影响，一直延续到今天，它依然是中国人最重要的精神支柱。

　　对中国人的思想产生巨大影响的另一个学说是道家，道家是两千多年前的春秋时期由哲学家老子创立的学派。道家讲求的是崇尚自然，清净无为。他们主张要顺从自然，尊重自然，要和自然和谐统一，不能做违背自然的事情。他们蔑视所谓的"智慧"、"文明"，认为它带给人们的往往是无穷的争斗与灾难。朴素、简单、宁静才是真正的幸福，人也才能有精神的自由。

约两前年前的东汉末年，道教产生了。这是一个土生土长的中国本土宗教，虽然他们尊奉老子为始祖，但是与老子的理论并不完全相同。与一般宗教注重死后灵魂的归宿不同，道教特别注重获得现世的幸福，他们有一套修炼的方法和祈福、驱魔的仪式来达到强身健体、长生不死的目的。我们熟悉的炼丹、气功都和道教有关系。一般中国老百姓信奉的道教，是因为他们认为可以消灾散祸、驱魔治病、强健身体。一直到今天，它依然是相当多的中国人信仰的宗教。

佛教是对中国人影响最大的宗教，是在距今两千年前的东汉时期由印度传入中国的。佛教的基本教义有"因果报应、业报轮回、天堂地狱"等。

佛教认为世间充满了痛苦，苦的根源是因为人有欲望，欲望是因，而痛苦就是果。要消除痛苦，关键在于消除欲望。按照佛教理论，现实世界是虚空的，一切都像镜子里的花一样，美丽但是虚假，而人们满足欲望的要求也跟水中捞月一般荒谬。佛教提倡众生平等，认为任何人只要相信佛就能获得解脱。

儒家思想、道家思想、佛教、道教互相影响，共同成为中国人最主要的信仰和精神支柱。

（节选自张世涛《中国人的宗教信仰和精神支柱》，标题为选编者所加）

参考词语

1.	虔诚	qiánchéng	（形）	很信任、很诚心、很恭敬
2.	滋养	zīyǎng	（动）	给养分，使之成长
3.	极端	jíduān	（形）	最高状态，顶点，不能再发展的
4.	留有余地	liúyǒu yúdì		留下可以改变调整的空间
5.	归宿	guīsù	（名）	人和事物最后的着落，最后可以去的地方
6.	伦理学	lúnlǐxué	（名）	关于道德、人的行为准则以及人与人关系的学说
7.	正统	zhèngtǒng	（名）	指封建王朝先后相承的系统
8.	崇尚	chóngshàng	（动）	尊敬、推崇（精神、理论等）

9. 蔑视	mièshì	（动）	看不起
10. 祈福	qífú	（动）	祈求幸福
11. 驱魔	qūmó	（动）	驱赶魔鬼
12. 因果	yīnguǒ	（名）	原因和结果
13. 报应	bàoyìng	（动）	佛教理论之一，做了好事或坏事总会在以后用某种形式反映出来，如你做了好事以后会幸福、做了坏事以后会倒霉等
14. 轮回	lúnhuí	（名）	佛教理论，有生命的东西不会灭亡消失，只是在不停地循环转化

1. 文章总体评价

(1) 这篇文章从体裁上来说应该是：
    A. 行政公文　　　　　　　　B. 法律法规
    C. 新闻报道　　　　　　　　D. 理论文章

(2) 这篇文章从语体上来说是：
    A. 谈话语体　　　　　　　　B. 演讲语体
    C. 书面语体　　　　　　　　D. 混合语体

(3) 这篇文章主要是：
    A. 介绍了对中国人影响较大的哲学和宗教
    B. 介绍儒家思想为什么在中国是占统治地位的哲学
    C. 分析了道家和道教存在的区别，介绍了各自的不同
    D. 介绍了对中国人影响比较大的宗教和儒家思想之间的关系

2. 文章阅读理解

(1) 关于中国人的宗教观，下面哪个说法是正确的？
    A. 中国人有很强的宗教观
    B. 中国人都不信宗教
    C. 中国人信佛教的比较多
    D. 儒家思想是宗教

(2) 下面哪种行为不是儒家思想所接受的：
    A. 儿女要听从父母的安排
    B. 学生就应该努力学习
    C. 不能反对自己的长辈和上司

D. 坚持自己的观点不妥协

(3) 如果双方出现了矛盾,儒家思想更倾向于:
A. 有话好好说,慢慢谈,总能解决
B. 表明立场,一定要对方接受自己的看法
C. 能谈就谈,谈不拢就用斗争的手段
D. 主动放弃自己的看法,完全接受对方

(4) 下面哪个说法不符合道家的理论:
A. 各种事物的发展都有自己的原因
B. 人其实不需要做太多选择和努力
C. 人可以通过改造自然创造美好生活
D. 人生要美好其实不需要太多智慧

(5) 关于道家和道教,我们知道:
A. 道家和道教完全没有关系　　B. 道教理论与道家完全相同
C. 更尊重自然的是道家　　　　D. 道教是从外国传入的

(6) 从文章看,根本不用讨论人死了以后去哪里的是:
A. 儒家　　　　　　　　　　　B. 道家
C. 道教　　　　　　　　　　　D. 佛教

3. 简单回答问题

(1) 要求人们明确自己在社会中的角色地位的是:_____。
(2) 道家讲求的是:_____。
(3) 我们熟悉的什么和道教有关? _____。
(4) 佛教认为苦的根源是:_____。

阅读 3

中华人民共和国国籍法

(一九八零年九月十日第五届全国人民代表大会第三次会议通过)

第一条 中华人民共和国国籍的取得、丧失和恢复,都适用本法。

第二条 中华人民共和国是统一的多民族的国家,各民族的人都具有中国国籍。

第三条 中华人民共和国不承认中国公民具有双重国籍。

第四条 父母双方或一方为中国公民,本人出生在中国,具有中国国籍。

第五条 父母双方或一方为中国公民,本人出生在外国,具有中国国籍;但父母双方或一方为中国公民并定居在外国,本人出生时即具有外国国籍

的,不具有中国国籍。

第六条 父母无国籍或国籍不明,定居在中国,本人出生在中国,具有中国国籍。

第七条 外国人或无国籍人,愿意遵守中国宪法和法律,并具有下列条件之一的,可以经申请批准加入中国国籍:

一、中国人的近亲属;

二、定居在中国的;

三、有其他正当理由。

第八条 申请加入中国国籍获得批准的,即取得中国国籍;被批准加入中国国籍的,不得再保留外国国籍。

第九条 定居外国的中国公民,自愿加入或取得外国国籍的,即自动丧失中国国籍。

第十条 中国公民具有下列条件之一的,可以经申请批准退出中国国籍:

一、外国人的近亲属;

二、定居在外国的;

三、有其他正当理由。

第十一条 申请退出中国国籍获得批准的,即丧失中国国籍。

第十二条 国家工作人员和现役军人,不得退出中国国籍。

第十三条 曾有过中国国籍的外国人,具有正当理由,可以申请恢复中国国籍;被批准恢复中国国籍的,不得再保留外国国籍。

第十四条 中国国籍的取得、丧失和恢复,除第九条规定的以外,必须办理申请手续。未满十八周岁的人,可由其父母或其他法定代理人代为办理申请。

第十五条 受理国籍申请的机关,在国内为当地市、县公安局,在国外为中国外交代表机关和领事机关。

第十六条 加入、退出和恢复中国国籍的申请,由中华人民共和国公安部审批。经批准的,由公安部发给证书。

第十七条 本法公布前,已经取得中国国籍的或已经丧失中国国籍的,继续有效。

第十八条 本法自公布之日起施行。

参考词语

1. 国籍　　　guójí　　　　　（名）　有某个国家的身份
2. 恢复　　　huīfù　　　　　（动）　回到原先的样子
3. 双重　　　shuāngchóng　　（形）　两方面的
4. 亲属　　　qīnshǔ　　　　 （名）　跟自己有血缘或婚姻关系的人
5. 现役　　　xiànyì　　　　 （形）　现在正在服兵役的

1. 文章总体评价

（1）这篇文章从体裁上来说应该是：
    A. 记叙文　　　　　　　　B. 说明文
    C. 议论文　　　　　　　　D. 应用文

（2）这篇文章从语体上来说是：
    A. 谈话语体　　　　　　　B. 演讲语体
    C. 书面语体　　　　　　　D. 混合语体

2. 文章阅读理解

（1）关于中国国籍，下面哪个说法是正确的？
    A. 爸爸妈妈是中国公民，孩子一定是中国国籍
    B. 爸爸或妈妈是中国公民，孩子一定是中国国籍
    C. 爸爸妈妈都不是中国公民，孩子一定不是中国国籍
    D. 爸爸妈妈都不是中国公民，孩子也可以是中国国籍

（2）一个美国人如果想有中国国籍，那么：
    A. 他不能再有美国国籍　　　B. 他同时还可以保留美国国籍
    C. 他必须是中国人的近亲属　D. 他必须定居在中国

（3）如果一个住在韩国的中国女人跟韩国人结婚并取得韩国国籍，那么：
    A. 她还必须申请退出中国国籍　B. 她自动丧失了中国国籍
    C. 她还可以保留中国国籍　　　D. 她以后不能再恢复中国国籍

（4）不能退出中国国籍的是：
    A. 正在工作的人　　　　　B. 正在上学的人
    C. 正在外国的人　　　　　D. 正在当兵的人

3. 简单回答问题

(1) 关于国籍,中华人民共和国不承认:_____。
(2) 未满十八周岁的人办理国籍手续可以:_____。
(3) 什么人不得退出中国国籍?_____。

第五课

一、阅读技能　文章的语体(2)

（一）概述

与口语语体相对的是书面语体，书面语体又可分为公文语体、政论语体、科技语体和文艺语体。

书面语体和口头语体相比，显得更具有严密性和系统性。具体说，公文语体在语言中表现出庄重、严谨、准确和简明的特点，科技语体具有术语性、客观性、逻辑性和符号性，文艺语体则是形象性和人物语言的个性化，而政论语体最大的特点是鼓动性和综合性。

从词汇上说，书面语体与口语体就有很大的不同。书面语体用词文雅、庄重，大量使用书面词语，包括术语、文言词语、成语等，如"颇"、"未"、"无"、"此"、"尚"、"甚"、"则"、"将"、"欲"、"便"等。前一阵中国曾出现所谓"三鹿牌奶粉事件"，我们在报刊上看到大量诸如"乳"、"乳制品"的说法，把"奶"称为"乳"就是书面语的形式。同样，我们最常见的"衣服"，在书面语里就叫"服装"，制造和出售衣服的是"服装厂"、"服装店"，这里的"服装"就不能换成"衣服"。

同样说到"死"，书面语体常常用如下词语："辞世"、"与世长辞"、"辞世"、"已故"、"作古"、"仙逝"、"安眠"、"安息"、"往生"、"驾鹤西归"、"遇难"、"罹难"、"蒙难"、"谢世"、"长逝"、"牺牲"、"就义"、"殉国"、"捐躯"、"殉职"等，与口语体的差别很大。再比如表示"看"这个类义词列，口语的就有"瞧"、"瞅"、"盯"、"张望"，书面语的有"视"、"瞻仰"、"瞩"、"觐见"、"谒见"等。

除了这些，书面语中"加以"、"有所"、"予以"、"给予"等虚化动词也用得较多。

从句式结构和篇章结构上看，书面语体严密、规范、文雅、庄重，它节拍分明，富有音乐感；句子结构比较完整，也较复杂，合乎规范；修饰成分、并列成分、关联词语用得较多；话题集中，中心突出。表现出明显的连贯性、逻辑性，对偶、排比句式较多。

从体裁上说，书面语体主要出现在说明文、议论文、应用文中，而其中的说明文、应用文更是要求使用书面语体，如果使用口语体会很别扭。各种政府文告、法律规定、科学论文、指南说明，都不宜使用口语体。

1. 公文语体

公文语体，是政府、机构、社会团体及人民之间相互处理行政公务所用的一种语体，是使

用频率最高、运用最为广泛的一种语体。

公文语体的种类主要有法律、规定、说明、合同、命令、指示、公告、通知、报告、批复、公函等。

公文语体的主要特点是：实用、准确、简明、程式化。

程式化的意思是公文的篇章结构有严格的规格要求，符合一定的格式，也必须使用特定的词语，尤其是使用一些古汉语，如"此"、"兹"、"贵"、"本"、"为荷"、"欣悉"、"欣逢"、"如何"等等。一般不用比喻、夸张、拟人等修辞手法。

如失物招领，应使用标准的公文语体，应该是这样的：

> 本人不慎于校内遗失黑色公文包一个，内有护照一本及现金若干，失主万分焦急。如有拾获者请交还本人，重酬！

这里的"本人"、"不慎"、"于"、"遗失"、"内"、"若干"、"酬"等都是文言色彩的词语，而"公文包一个"、"护照一本"这种数量词在后面的结构也是公文的要求。

如果变成口语体，会很可笑，也不合体例。

> 我不小心在学校里边丢了一个黑色的公文包，里边有一本护照，还有一些现钱，丢东西的人太着急了。如果有谁捡到了，请还给我，我会给你很多钱来感谢你的。

2. 政论语体

政论语体是适应于阐述政治问题的一种语体，其目的在于表明自己的立场、观点，要求以理服人，并具有强烈的鼓动性和巨大的号召力。政论语体的特点是：在阐明一种观点时可以摆事实、讲道理，特别注重词语运用的准确严密。政论语体所运用的语言材料要求广泛，可以适当运用形象化的词语。较少使用活泼幽默的修辞格式，多使用整齐对仗的修辞格式。

> 谁是我们的敌人？谁是我们的朋友？这个问题是革命的首要问题。中国过去一切革命斗争成效甚少，其基本原因就是因为不能团结真正的朋友，以攻击真正的敌人。革命党是群众的向导，在革命中未有革命党领错了路而革命不失败的。我们的革命要有不领错路和一定成功的把握，不可不注意团结我们的真正的朋友，以攻击我们的真正的敌人。我们要分辨真正的敌友，不可不将中国社会各阶级的经济地位及其对于革命的态度，做一个大概的分析。
>
> （节选自毛泽东《中国社会各阶级的分析》）

文章是典型的政论问题，行文中连用了两个"不可不……"，说明在革命中分清谁是我们的敌人、谁是我们的朋友,是最重要问题。以此证明"中国过去一切革命斗争成效甚少,其基本原因就是因为不能团结真正的朋友,以攻击真正的敌人"的论点。

3. 科技语体

科技语体主要是用来总结描述事物规律的一种语体,要求概念准确,判断严密,推理周密。科技语体的特点是语言平实、大量运用术语、符号、公式和图表,句式平整、变化少,一般不用修辞手法,也不用口语体。

> 二氧化碳,化学式为CO_2,碳氧化物之一,是一种无机物,常温下是一种无色、无味气体,密度比空气略大,能溶于水,并生成碳酸。(碳酸饮料基本原理)可以使澄清的石灰水变浑浊,做关于呼吸作用的产物等产生二氧化碳的试验都可以用到。
>
> 空气中含有约0.03%二氧化碳,但由于人类活动(如化石燃料燃烧)影响,近年来二氧化碳含量猛增,导致温室效应,全球气候变暖,冰川融化,海平面升高……旨在遏止二氧化碳过量排放的《京都议定书》已经生效,有望通过国际合作遏止温室效应。

4. 文艺语体

文艺语体是用艺术化的语言来反映客观现实、表达思想感情的一种语体,一般都出现在文艺作品中。

文艺语体的特点是语言的个性、形象性、艺术性。大量使用各种修辞手法,这在科技语体是很少使用的。诗歌、小说、散文、戏剧等文学作品大多是使用艺术语体的。

我们再来看周小兵的散文,这是典型的书面文艺语体。

> 夕阳将落未落之时,曼哈顿的楼群沉浸于一片暖红。四周的水泛着细纹,东边是苍深色的,西边呈出淡淡的白。等到夕阳隐去,水在西边浮泛出薄而浅淡的橙金,波纹细密,像一片被干风吹皱的沙漠。渡轮驶过,划出细长的沟,如骆驼的沙漠中跋涉。从来没想到自由女神会这样的孤独、寂寞。静静的立在那里,脚下是纽约湾苍灰辽远的水,身旁是潮冷迷茫的晚秋暮色。一百个秋冬,几千个夜晚,就这么站着,高举着那炬温红的火。
>
> (节选自周小兵《站在纽约的夜空》)

从文中我们可以看到用词精巧、情感细腻、句子优美、描绘生动等艺术语体的典型特点。它与公文语体、政论语体、科技语体都有一定的差异,主要是借助描绘形象来向读者阐释作品的意蕴和抒发作家的情感,对文字的运用也要有很高的技巧。

不同的语体之间既互相区别又互相联系。各种语体都有其特定的运用语言的特征体系、方式或约定的程序,一经形成,它就具有约束效应,我们必须遵守它,才能很好地完成交际任务。根据不同的场合、目的选用适当的语体,是一个人语言能力高低的重要标志。同时,各种语体之间也互相影响,互相渗透。

任何修辞活动都离不开一定的语体,都要受到语体的制约。切合语体是修辞要时刻把握的重要方面,修辞所遵循的原则与切合语体密不可分。

(二)技能练习

1. 阅读下列文章片段

> 我把菜谱还给服务员,说:"就这样儿吧,不够再添。"转脸对杜梅说:"其实我挺爱说话的?只不过在生人面前话少——性格内向。"她"噢"了一声,看了眼窗外的街景。一辆越野吉普车在马路上猛地刹住,稍顷,一个长发男子从车顶杠下飞出,一骨碌面对面坐在车前马路上,两手抱着右膝,神态痛苦地向一侧倒下。
>
> (节选自王朔《过把瘾就死》)

(1) 这段文字可能选自:
  A. 小说 B. 应用文 C. 议论文 D. 散文
(2) 这段文字的语体从总体上说是:
  A. 政论语体 B. 公文语体 C. 科技语体 D. 文艺语体
(3) 这段文字的主人公:
  A. 去餐厅吃饭的路上发生了车祸 B. 在餐厅吃饭时看到了车祸
  C. 刚点完菜就看到车祸 D. 还没有点完菜就看到车祸

2. 阅读下列文章片段

> 如果太平洋对中国没有多大意义,那么上海对中国也没有多大意义。一个关死了的门框,能做多少文章?
>
> 有了它,反会漏进来户外的劲风,传进门口的喧嚣,扰乱了房主的宁静。我们有两湖和四川盆地的天然粮仓,上海又递缴不了多少稻米;我们

> 有数不清的淡水河网,上海有再多的海水也不能食用;我们有三山五岳安驻自己的宗教和美景,上海连个像样的峰峦都找不到;我们有纵横九州的宽阔官道,绕到上海还要兜点儿远路;我们有许多名垂千古的文物之邦,上海连个县的资格都年龄太轻……这个依附着黄河成长起来的民族,要一个躲在海边的上海作甚?
>
> (节选自余秋雨《上海人》)

(1) 这段文字可能选自:
    A. 小说   B. 应用文
    C. 说明文   D. 散文

(2) 这段文字的语体总体上说更倾向于:
    A. 公文语体   B. 科技语体
    C. 文艺语体   D. 政论语体

(3) 根据本文,上海对传统和不开放的中国来说,哪个说法不正确?
    A. 非常重要   B. 不重要
    C. 有害   D. 贡献很少

(4) 从这段文字中,我们看到在作者心目中上海对中国的意义是:
    A. 了解和接触外部世界的窗口   B. 长江运输的中心
    C. 太平洋运输中心   D. 没有说

3. **阅读下列文章片段**

> 死亡作为疾病的一种转归,也是生命的必然规律,但由于生命自然终止而"老死"(据比较生物学的研究,人类自然寿命大约是140~160岁左右)的只是极少数,人类绝大部分都死于疾病。因病死亡的原因大致可分为三类:由于重要生命器官(如脑、心、肝、双侧肾、肺及肾上腺等)发生了严重的、不可恢复的损害;由于长期疾病导致机体衰竭、恶病质等,以致代谢物质基础极度不足、各系统正常机能不能维持;重要器官没有明显器质性损伤的急死,如失血、窒息、休克、冻死等。

(1) 这段文字可能选自:
    A. 小说   B. 科普文章
    C. 政府公文   D. 散文

(2) 这段文字的语体从总体上说更倾向于:
    A. 公文语体   B. 科技语体

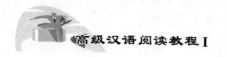

  C. 文艺语体   D. 政论语体

(3) 根据这段文字,大多数生命死亡的原因是:

  A. 老死   B. 病死

  C. 冻死   D. 没有说

二、阅读训练

阅读 1

关于北冰洋的主权归属问题

  对北极领土主权归属问题兴趣浓厚的挪威、加拿大、俄罗斯、美国及丹麦五国外长 2008 年 5 月 28 日齐聚格陵兰岛商讨归属问题。不过在谈判桌上,各方"野心"均有所收敛,没有达成外界担心的"瓜分北极"具体方案,反而承诺愿意协调各自立场,就保护北极环境展开合作。

  据法国媒体报道,五国外长会议在闭幕时发表声明说:"我们将根据国际法采取措施,保护北冰洋脆弱的环境。我们计划通力合作,包括通过国际海事组织加强现有举措、研究新方法来提高海上航行的安全,同时降低船只对北冰洋带来的污染。"

  这是北极周边五国首次举行部长级会谈,目的是为了缓和近来因北极归属问题产生的紧张气氛。五国还承诺在互信和透明的基础上加强合作,其中包括北极科考。瑞典外交大臣卡尔·比尔特对会谈结果表示欢迎,甚至给出了"北极竞赛已经取消"这样的积极评价。

  《联合国海洋法公约》规定,一国可以对距其海岸线 370 公里以内的海域拥有经济专属权。由于尚无证据表明任何一国大陆架延伸至北极,因此北极点及附近地区不属任何国家,北极点周边为冰所覆盖的北冰洋被视为国际公海。

  1961 年《南极条约》生效,冻结了各国对南极主权的争夺。但有关北极问题,时下尚无类似条约。北极地区周边各国多在相关地理概念上做文章,导致领土争端事件频发。

  比如丹麦正在搜集证据,希望证明北极罗蒙诺索夫海岭与格陵兰岛连在一起,为丹麦对北极资源拥有合法权利提供依据。

  俄罗斯官员 2007 年 10 月称,俄罗斯"北极—2007"科考活动已搜集足够证据,证明罗蒙诺索夫海岭和门捷列夫隆起从地质角度上说是东西伯利亚大陆板块的延伸,期望以此证明北极的罗蒙诺索夫海岭是属于俄罗斯的专属经济区。

俄方这轮科考活动的高潮是,俄国家杜马副主席奇林加罗夫去年8月2日率领科考队员乘深海潜水器从北极点下潜至4000多米深的北冰洋洋底,在洋底插上一面钛合金制造的俄罗斯国旗。

俄罗斯的这一举动引发了新一轮北极竞赛。美国随即派出科考队前往北极地区,加拿大宣布计划在北冰洋水域建设军事训练中心和深水码头。

近年围绕着北极问题而出现的争端还包括:加拿大和丹麦2004年因一个叫做汉斯的北极小岛发生激烈争执,挪威与俄罗斯在北极地区边缘海巴伦支海海域划分问题上存在争议,俄罗斯和加拿大两国在谁拥有从北冰洋沿岸到北极点部分地区的主权问题上存在纷争。

(节选自2008年5月29日《中国日报》网《北冰洋五国谈判桌上收敛野心,承诺保护北极环境》,标题为选编者所加)

参考词语

1.	主权	zhǔquán	(名)	国家在自己的领土上拥有的最高权力
2.	归属	guīshǔ	(动)	属于
3.	收敛	shōuliǎn	(动)	对自己(不好的)行为进行了控制
4.	瓜分	guāfēn	(动)	分割、分配
5.	海岸线	hǎi'ànxiàn	(名)	陆地和海洋的分界线
6.	海域	hǎiyù	(名)	海洋的区域
7.	专属	zhuānshǔ		只属于(某个国家、组织、个人)
8.	大陆架	dàlùjià	(名)	大陆向海洋延伸的坡度平缓的部分
9.	延伸	yánshēn	(动)	向前发展、伸展
10.	覆盖	fùgài	(动)	完全盖住
11.	钛	tài	(名)	钛是一种金属元素,符号为Ti
12.	合金	héjīn	(名)	金属和其他金属或非金属熔合成的物质,一般比较硬

专有名词

1. 北冰洋　　　　Běibīng Yáng　　　地球最北部的那个海洋
2. 北极　　　　　Běijí　　　　　　　地球最北端的那个点
3. 国家杜马　　　Guójiā Dùmǎ　　　俄语音译，意思就是议会

1. 文章总体评价

(1) 这篇文章应该来源于：
  A. 小说　　　　　　　　　　B. 散文
  C. 历史文献　　　　　　　　D. 新闻

(2) 这篇文章从语体上来说是：
  A. 谈话语体　　　　　　　　B. 演讲语体
  C. 书面语体　　　　　　　　D. 混合语体

(3) 这篇文章主要说的是北冰洋周边国家：
  A. 关于北极地区的领土争议情况
  B. 怎样研究保护北极地区的环境
  C. 都表示通过谈判来解决领土问题
  D. 都用行动来表示放弃北极领土

2. 文章阅读理解

(1) 北极周边的国家：
  A. 历史上从不存在领土争议问题
  B. 目前已经解决了领土争议问题
  C. 目前还没有解决领土争议问题
  D. 没有解决争议，但同意协调立场

(2) 北极国家出现好的迹象是：
  A. 大家同意以后不制造领土争议的问题
  B. 大家同意在保护环境等方面加强合作
  C. 大家都同意今后共同研究大陆架问题
  D. 大家同意共同开发北冰洋地区的资源

(3) "北极地区周边各国多在相关地理概念上做文章，导致领土争端事件频发"中"做文章"的意思是：
  A. 写文章　　　　　　　　　B. 研究历史

C. 想办法 D. 不诚实
(4) 从文章中我们可以知道,根据现有法律,目前:
   A. 北极点附近还不属于任何国家
   B. 对北极拥有主权的国家有五个
   C. 丹麦对北极拥有主权的理由充分
   D. 俄罗斯已经证明对北极拥有主权
(5) 从文章中我们可以知道,目前互相有争议的国家不包括:
   A. 加拿大和丹麦   B. 俄罗斯和加拿大
   C. 美国和丹麦   D. 挪威和俄罗斯

3. 简单回答问题

(1) 不是北极周边国家,但是对北极事物发表看法的国家是:＿＿＿＿＿＿＿＿＿。
(2) 在北冰洋洋底插上国旗的国家是:＿＿＿＿＿＿＿＿＿＿＿＿＿＿＿＿。
(3) 从法律上说,北极点及附近地区不属任何国家,是:＿＿＿＿＿＿＿＿＿＿。
(4) 俄罗斯和加拿大在主权问题上存在纷争的地区是:＿＿＿＿＿＿＿＿＿＿。

 阅读 2

孔乙己

鲁镇的酒店的格局,是和别处不同的:都是当街一个曲尺形的大柜台,柜里面预备着热水,可以随时温酒。做工的人,傍午傍晚散了工,每每花四文铜钱,买一碗酒——这是二十多年前的事,现在每碗要涨到十文——靠柜外站着,热热的喝了休息。倘肯多花一文,便可以买一碟盐煮笋,或者茴香豆,做下酒物了,如果出到十几文,那就能买一样荤菜,但这些顾客,多是短衣帮,大抵没有这样阔绰。只有穿长衫的,才踱进店面隔壁的房子里,要酒要菜,慢慢地坐喝。

我从十二岁起,便在镇口的咸亨酒店里当伙计,掌柜说,样子太傻,怕侍候不了长衫主顾,就在外面做点事罢。外面的短衣主顾,虽然容易说话,但唠唠叨叨缠夹不清的也很不少。他们往往要亲眼看着黄酒从坛子里舀出,看过壶子底里有水没有,又亲看将壶子放在热水里,然后放心:在这严重监督下,羼水也很为难。所以过了几天,掌柜又说我干不了这事。幸亏荐头的情面大,辞退不得,便改为专管温酒的一种无聊职务了。

我从此便整天地站在柜台里,专管我的职务。虽然没有什么失职,但总觉得有些单调,有些无聊。掌柜是一副凶脸孔,主顾也没有好声气,教人活泼不得;只有孔乙己到店,才可以笑几声,所以至今还记得。

　　孔乙己是站着喝酒而穿长衫的唯一的人。他身材很高大,青白脸色,皱纹间时常夹些伤痕,一部乱蓬蓬的花白的胡子。穿的虽然是长衫,可是又脏又破,似乎十多年没有补,也没有洗。他对人说话,总是满口之乎者也,教人半懂不懂的。因为他姓孔,别人便从描红纸上的"上大人孔乙己"这半懂不懂的话里,替他取下一个绰号,叫做孔乙己。孔乙己一到店,所有喝酒的人便都看着他笑,有的叫道:"孔乙己,你脸上又添上新伤疤了!"他不回答,对柜里说:"温两碗酒,要一碟茴香豆。"便排出九文大钱。他们又故意的高声嚷道:"你一定又偷了人家的东西了!"孔乙己睁大眼睛说:"你怎么这样凭空污人清白……""什么清白?我前天亲眼见你偷了何家的书,吊着打。"孔乙己便涨红了脸,额上的青筋条条绽出,争辩道:"窃书不能算偷……窃书!……读书人的事,能算偷么?"接连便是难懂的话,什么"君子固穷",什么"者乎"之类,引得众人都哄笑起来,店内外充满了快活的空气。

　　听人家背地里谈论,孔乙己原来也读过书,但终于没有进学,又不会营生,于是愈过愈穷,弄到将要讨饭了。幸而写得一笔好字,便替人家钞钞书,换一碗饭吃。可惜他又有一样坏脾气,便是好吃懒做。坐不到几天,便连人和书籍纸张笔砚,一齐失踪。如是几次,叫他钞书的人也没有了。孔乙己没有法,便免不了偶然做些偷窃的事。但他在我们店里,品行却比别人都好,就是从不拖欠;虽然间或没有现钱,暂时记在粉板上,但不出一月,定然还清,从粉板上拭去了孔乙己的名字。

（节选自鲁迅《孔乙己》）

参考词语

1.	格局	géjú	（名）	安排布置的样子
2.	倘	tǎng	（连）	如果
3.	荤	hūn	（形）	肉类的
4.	大抵	dàdǐ	（副）	大概
5.	阔绰	kuòchuò	（形）	富裕的
6.	羼水	chànshuǐ		掺水
7.	绰号	chuòhào	（名）	外号,常常是根据性格特点取的一个不正式的名字
8.	凭空	píngkōng	（副）	没有根据的
9.	污人清白	wūrénqīngbái		造假来污蔑、损害别人的清白

| 10. 营生 | yíngshēng | (动) | 谋生活 |
| 11. 间或 | jiànhuò | (副) | 偶尔,有时候 |

1. 文章总体评价

(1) 这篇文章来源于：
　　A. 小说　　　　　　　　　B. 散文
　　C. 历史文献　　　　　　　D. 新闻

(2) 这段文章从语体上来说主要是：
　　A. 谈话语体　　　　　　　B. 演讲语体
　　C. 书面语体　　　　　　　D. 混合语体

(3) 孔乙己是哪一类客人：
　　A. 做工的人　　　　　　　B. 阔绰的人
　　C. 像 A 也像 B　　　　　　D. 不好的客人

2. 文章阅读理解

(1) 根据文章,在酒店消费的客人：
　　A. 都是打工的人　　　　　B. 都是有钱的人
　　C. 打工的人和有钱的人都有　D. 没有说

(2) 根据文章,"我"在酒店工作的时候,客人如果喝酒：
　　A. 最少要一文钱　　　　　B. 最少要四文钱
　　C. 最少要五文钱　　　　　D. 没有说

(3) 孔乙己是哪一类客人？
　　A. 打工的人　　　　　　　B. 可怜又可恨
　　C. 都不是,但是都有点儿像　D. 不是客人

(4) "他对人说话,总是满口之乎者也,教人半懂不懂的"是想告诉我们：
　　A. 他说话不流利　　　　　B. 他说话有点结巴
　　C. 他想表示自己有知识　　D. 他说的不是我们当地的话

(5) 从文章中我们可以知道孔乙己的生活状况：
　　A. 很糟糕　　　　　　　　B. 还行
　　C. 有时候好有时候不好　　D. 没有说

(6) 你觉得孔乙己最希望自己在别人心中的形象是：
　　A. 勇敢者　　　　　　　　B. 诚实的人
　　C. 读书人　　　　　　　　D. 有钱人

3. 简单回答问题

(1) 在咸亨酒店里要酒要菜、慢慢地坐喝的人是：_____
(2) 这个酒店对客人做得不好的事情是：_____
(3) 孔乙己有这个名字是因为：_____
(4) 别人不愿意请孔乙己工作是因为他：_____

阅读3

外国人来中国大陆需要签证吗？

（一）根据双边协议，部分国家公民持相应护照前来中国，免办签证，但自入境之日起在华停留不得超过30天。如需延长停留时间，应尽快向有关部门申请。

（二）持普通护照的下列3个国家公民前来中国大陆旅游、经商、探亲访友或过境不超过15天者，可免办签证从中国对外国人开放口岸入境：新加坡、文莱、日本。但上述国家的下列人员需事先办妥签证：(1)持普通护照但来华旅游、经商、探亲访友预计停留期限将超过15天者；(2)持普通护照来华学习、工作、定居、采访者；(3)持外交、公务护照者。

（三）自2000年11月15日起，持与我建交国家的普通护照到香港、澳门旅游的外国人，经在香港、澳门注册的旅游公司组团进入广东珠江三角洲地区（指广州、深圳、珠海、佛山、东莞、中山、江门、肇庆、惠州、汕头市所辖行政区）旅游，且停留不超过6日可免办签证。

（四）外国人持联程机票并已订妥联程座位搭乘国际航班从中国直接过境，且在过境城市停留不超过24小时、不出机场的，可免办签证。

（五）下列20个国家的公民，无论持何种护照，过境上海48小时可免办签证：韩国、美国、加拿大、澳大利亚、新西兰，以及德国、法国、奥地利、瑞典、丹麦、挪威、芬兰、冰岛、荷兰、比利时、卢森堡、西班牙、葡萄牙、希腊、意大利等申根协议国。

（六）下列19个国家持普通护照公民，经国家旅游局批准在海南注册的国际旅行社组团到海南省旅游，停留不超过15日可免办签证：马来西亚、泰国、韩国、菲律宾、印度尼西亚、德国、英国、法国、奥地利、意大利、俄罗斯、瑞士、瑞典、西班牙、荷兰、美国、加拿大、澳大利亚、新西兰。

（七）除上述情况以外，所有其他外国人入境中国大陆，均须事先办妥签证。

中国公民（含港澳台同胞）前来祖国大陆，无需申请签证，但应申请护照或相应的旅行证件。

根据国际法原则，任何一个主权国家，有权自主决定是否允许外国人入出其国境，有权依照本国法律发给签证、拒发签证或者对已经签发的签证宣布吊销。

（节选自外交部网站，标题为选编者所加）

参考词语

1.	持	chí	（动）	拿、持有
2.	相应	xiāngyìng	（动）	有关系的、相配合的
3.	辖	xiá	（动）	控制、管理
4.	联程机票	liánchéng jīpiào		不是直飞，而是要经过中转才能从甲地到乙地的飞机票
5.	定妥	dìngtuǒ		定好了
6.	均	jūn	（副）	都
7.	拒发	jùfā		拒绝签发
8.	吊销	diàoxiāo	（动）	取消，使之作废

专有名词

申根协议	Shēngēn Xiéyì	1985年德、法、荷、比、卢五国在卢森堡的申根（Schengen）签署的一个协议，根据协议，只要获得任何一个协议签署国的签证，就能免签证进入其他协议国，现在有更多国家成为协议国。

1. **文章总体评价**

（1）这篇文章是：

    A. 新闻报道　　　　　　　　B. 旅行指南
    C. 政府公文　　　　　　　　D. 科学论文

(2) 这篇文章从语体上来说是典型的:
    A. 谈话语体   B. 演讲语体
    C. 书面语体   D. 混合语体
(3) 这篇文章主要说的是:
    A. 外国人如何取得中国的签证
    B. 外国人如何参加旅行团到中国旅游
    C. 外国人可以进入中国的哪些城市
    D. 外国人免办签证进入中国的条件

2. 文章阅读理解

(1) 根据文章,下面哪种说法不正确:
    A. 一对日本家庭主妇突然想到中国玩儿一个星期,可以免签证
    B. 一个韩国商人在香港参加注册的旅行社到广州玩儿三天,可以免签证
    C. 一个美国学生在海南参加注册的旅行社到北京玩儿一个星期,可以免签证
    D. 一个新加坡小孩到上海去参加哥哥的婚礼,顺便再玩儿几天,可以免签证
(2) 根据文章,下面的哪种说法正确:
    A. 菲律宾人不管在什么情况下到中国都需要签证
    B. 德国人不管在什么情况下到中国都不需要签证
    C. 只要不超过15天,文莱人到中国都不需要签证
    D. 法国人过境上海时去市内吃了顿饭,不需要签证
(3) 文章里说到的护照有:
    A. 一种   B. 两种
    C. 三种   D. 不知道
(4) 根据文章,哪个不对?
    A. 在香港参加注册的旅行社到深圳旅行三天可以免签证
    B. 在香港参加注册的旅行社到北京旅行三天可以免签证
    C. 在澳门参加注册的旅行社到中山旅行三天可以免签证
    D. 在澳门参加注册的旅行社到广州旅行三天可以免签证
(5) 哪个国家可能还不是申根协议国?
    A. 荷兰   B. 西班牙
    C. 意大利   D. 美国

3. 简单回答问题

(1) 外国人持联程机票并已订妥联程座位搭乘国际航班从中国直接过境,且在过境城市停留不超过24小时、不出机场的,可:_____。

(2) 港、澳、台同胞前来祖国大陆,无需申请签证,但:_____。

(3) 任何一个主权国家有权自主决定是否允许外国人出入其国境的根据是:_____。

第六课

一、阅读技能 文章的语体(3)

(一) 概述

说到语体,就一定不能不说修辞。修辞就是在使用语言的过程中,利用多种语言手段以收到尽可能好的表达效果的一种语言活动。"修"是修饰的意思,"辞"的本来意思是辩论的言词,后引申为一切的言词。

所谓好的表达,包括它的准确性、可理解性和感染力,并且是符合自己的表达目的、适合对象和场合的得体适度的表达。修辞运用语言(包括它的书面形式即文字)的特点,同时也受语言特点的制约。

常见的修辞方法有:比喻、比拟、借代、夸张、对偶、排比、设问、反问。我们学习修辞常识的目的首先能在语言中辨识各修辞方法,理解其使用的意义和效果。同时,我们也能在写作中使用这些修辞方法,提高运用语言的能力。对阅读来说,我们掌握了汉语修辞的基本方法,就能比较准确地理解作品的意义和作者的思想。修辞方法又称修辞格。据专家研究,汉语修辞手法有六十三大类、七十八小类。

修辞与一个民族的文化传统有密切的关系。受汉民族文化传统的影响,汉语修辞以整齐、对称为主,以参差错落为辅;由于文学的传统,尤其是诗歌的传统,音韵也是汉语修辞中非常重要的一点。现代汉语修辞也从形式到内容都继承了古代文学的一贯思想。

从形式上来看,对偶、排比、回文、顶针、谐音双关、倒装是比较有汉语特色的修辞方法。

1. 对偶

对偶恐怕是中国文学最大的形式特点了,对偶就是将字数相等、结构相同或相似的两个词组或句子成对地排列起来的修辞法。对偶的句式看起来整齐美观,读起来节奏铿锵,便于记诵。中国传统文化的诗歌、对联,很多就是很好的对偶。

① 墙上芦苇,头重脚轻根底浅;山间竹笋,嘴尖皮厚腹中空。

② 才饮长江水,又食武昌鱼。

现代中国人把对偶当成了最能体现书面语特点的修辞手段,不管政府还是民间,都习惯把对偶当做表达自己的观点、愿望的首选方式,如:植木造林,绿化祖国;坚持改革开放,着力改善民生;时间就是金钱,效率就是生命;同一个世界,同一个梦想。

严式对偶的要求极严,上下两句对应的位置要词性相同、声调平仄相对、不能有相同的字,如"青山横北郭,白水绕东城"(李白《送友人》);宽式对偶只要达到上述部分要求便可,如"生则天下歌,死则天下哭"(《荀子·解蔽》)。

2. 排比

排比是由三个或三个以上结构相同或相似、句法相似的语句连接运用,用来加强语势、强调内容、加重感情的修辞方式。

① 她的歌声是黑夜的灯,是雪天的火,是沙漠的水。

② 他们的品质是那样的清洁和高尚,他们的意志是那样的坚韧和刚强,他们的气质是那样的淳朴和谦逊,他们的胸怀是那样的美丽和宽广。

排比与对偶的区别是对偶为两个语言单位,而排比是三个以上语言单位。对偶必须对称;排比要求结构大体相似,字数要求不是很严格。对偶以要求平仄对仗为佳,排比则无此要求。

3. 回文

回文,也写做"回纹"、"回环"。它是汉语特有的一种使用词序回环往复的修辞方法,文体上称之为"回文体"。就是说一段话从头尾两边都可以读,这是利用了汉语以单音节语素为主和以语序为重要语法手段这两大特点形成的特殊修辞手法,读来回环往复,很有意趣。如:"上海自来水来自海上"、"放假没准备准没假放"、"下山去卖菜卖去山下",正读反读都可以。古代的回文诗很多,其中宋代李禺写的《夫妻互忆回文诗》就很有名。

> **夫妻相思**
>
> 夫想妻(顺读,从头读到尾),妻想夫(倒读,从诗歌的最后一个字开始读起)
>
> 枯眼望遥山隔水,儿忆父兮妻忆夫。
> 往来曾见几心知,寂寥长守夜灯孤。
> 壶空怕酌一杯酒,迟回寄雁无音讯。
> 笔下难成和韵诗,久别离人阻路途。

4. 顶针

在修辞学上,顶针又称顶真、联珠或蝉联,指用前一句结尾之字作为后一句开头之字,使相邻分句蝉联。这是一种比较常见的对联手法,也很能体现汉字的特色。如:

① 大肚能容,容天下难容之事。
② 开口便笑,笑世间可笑之人。(佚名题北京潭柘寺弥勒殿联)
③ 月光光,照地堂。年卅晚,摘槟榔。槟榔香,买子姜。子姜辣,买菩达(苦瓜)。菩达苦,买猪肚。猪肚肥,买牛皮。牛皮薄,买菱角。(广州儿歌《月光光》)

"回文"容易和"顶针"相混淆,区别的方法有两种:一是形式不同:"顶针"是用前文词语或句子的结尾作为下文的起点,形式是 A→B,B→C;"回文"是运用语序的回环往复,形式是 A→B,B→A。如"老子死了还有儿子,儿子死了还有孙子"属"顶真";"我为人人,人人为我"属"回文"。二是作用不同,"顶针"重在使语句连接紧凑,生动流畅;"回文"重在表现两种事理的相互关系。

5. 谐音双关

又称字音双关。是利用词语的同音、近音、音似的条件构成双关。就是说,一个词除本字所含的意义之外,同时兼含另一个同音或近音的词语的意义。词语的本意是表面的,谐音词语的意义是内藏的。如刘禹锡《竹枝词》:"杨柳青青江水平,闻郎江上唱歌声。东边日出西边雨,道是无晴却有晴。"其中的"晴",表面上指天气的阴晴,实质上却是指"感情"、"爱情"。这是利用"晴"和"情"的同音条件构成的双关语。如人们在过年时吃鱼,讲究的是"年年有鱼(余)";当不小心打碎东西时,人们常自己安慰自己说"碎碎(岁岁)平安"。又如,人们忌讳两人分吃一个梨子,因为"分梨(离)"谐音了。

6. 倒装

倒装就是颠倒语言正常语序。在修辞上,为了强调或突出某个部分或为了增加作品的特色,作者有意采用非正常的语序,以造成一种新鲜、活泼的感觉。

例如,徐志摩在《再别康桥》中,首尾两段的第一句都是采用倒装法。

> 轻轻的我走了,
> 正如我轻轻的来;
> 我轻轻的招手,
> 作别西天的云彩。

"轻轻的我走了"是"我轻轻的走了"的倒装。

朱自清在《说话》一文中,写道:"会说的教你眉飞色舞,不会说的教你昏头耷脑;即使是同一个意思,甚至同一句话。"是"即使是同一个意思,甚至同一句话,会说的教你眉飞色舞,不会说的教你昏头耷脑"的倒装。

生活中,我们也常用倒装:"收拾收拾屋子,洗洗手,要吃饭了。"这是"要吃饭了,收拾收拾屋子,洗洗手"的倒装。

修辞必须遵循得体原则,这得体原则其中包括切合语体。比方说,公文语体就排斥文艺语体的典型的形象化的表达手段和方式。如果我们在一则通知中运用了比喻,那就会使人觉得不伦不类;如果我们在一份合同中运用了夸张,那只能造成交际的失败。

(二) 技能练习

说出下列句子所用的修辞手法

(1) 生活在这样一个世界里,我们必须用广阔的全球视野来审视周围的一切,更加注重交流合作、相互借鉴,更加注重互利共赢、共同发展。(　　　)

(2) 谎言是一只心灵的蛀虫,将人的心蛀得面目全非;谎言是一个深深的泥潭,让人深陷其中无法自拔;谎言是一个无尽的黑洞,让人坠入罪恶的深渊万劫不复。(　　　)

(3) 但偶尔也有例外的用法:或表惊异,或表感服。(　　　)

(4) 白求恩同志毫不利己、专门利人的精神,表现在他对工作的极端的负责任,对同志对人民的极端的热忱。(　　　)

(5) 一个人能力有大小,但只要有这点精神,就是一个高尚的人,一个纯粹的人,一个有道德的人,一个脱离了低级趣味的人,一个有益于人民的人。(　　　)

(6) 关键时刻需要果断,果断抉择来自于智慧,智慧来自于学习和实践的积累。(　　　)

(7) 民族文化的进步需要文化的宽容,文化的宽容需要宽容的思想,宽容的思想能促进民族文化的发展。(　　　)

(8) 当今社会的竞争是国力的竞争,国力竞争的根本是科技的竞争,科技竞争背后是人才的竞争,人才竞争的后面则是教育的竞争。所以,教育是兴国的根本。(　　　)

(9) 理性认识依赖于感性认识,感性认识有待于发展到理性认识,这就是辩证唯物论的认识论。(　　　)

(10) 人民代表人民选,选好代表为人民。(　　　)

(11) 舞台小世界,世界大舞台。(　　　)

(12) 矫枉必须过正,不过正不能矫枉。(　　　)

(13) 种田是科学,科学是老老实实的学问。(　　　)

(14) 救国是一种伟大的事业,伟大的事业唯有伟大人格者才能胜任。(　　　)

(15) 它是站在海岸遥望海中已经看得见桅杆尖头了的一只航船,它是立于高山之巅远看东方已见光芒四射喷薄欲出的一轮朝日,它是躁动于母腹中快要成熟了的一个婴儿。(　　　)

(16) 先天下之忧而忧,后天下之乐而乐。(　　　)

(17) 春天繁花开遍峡谷,秋天果实压满山腰。(　　　)

(18) 惨相,已使我目不忍视;流言,尤使我耳不忍闻。(　　　)

(19) 横眉冷对千夫指,俯首甘为孺子牛。(　　　)

(20) 我说:"你的馒头上有墨水。"他却笑着说:"没关系!吃点墨水好哇,我肚子里的墨水还太少呢!"(   )

(21) 他还说想研究导弹呢,我看他是在"捣蛋"。(   )

(22) 从大公司换到小公司,从经理变成职员,我看你真是前途无"亮"了。(   )

(23) 再见了!我的故乡。(   )

(24) 怎么了?小伙子。(   )

二、阅读训练

阅读 1

美国政治制度

政权组织形式

采用总统制,总统为国家元首和政府首脑。实行分权与制衡的原则,立法、行政、司法三种权力分别由国会、总统、法院掌管,三个部门行使权力时,彼此互相牵制,以达到权力平衡。国会有立法权,总统对国会通过的法案有权否决,国会又有权在一定条件下推翻总统的否决;总统有权任命高级官员,但须经国会认可,国会有权依法弹劾总统和高级文官;最高法院法官由总统任命并经国会认可,最高法院又可对国会通过的法律以违宪为由宣布无效。

国家结构形式

1776～1787 年的美国为邦联制国家。1787 年制定的《美利坚合众国宪法》改国家结构形式为联邦制,在建立统一的联邦政权的基础上,各州仍保有相当广泛的自主权。联邦设有最高的立法、行政和司法机关,有统一的宪法和法律,是国际交往的主体;各州有自己的宪法、法律和政府机构;若各州的宪法和法律与联邦宪法和法律发生冲突,联邦宪法和法律优于州的宪法和法律。美国宪法列举了联邦政府享有的权利,如征税、举债、铸币、维持军队、主持外交、管理州际和国际贸易等。不经宪法列举的其他权力,除非宪法明文禁止各州行使者外,一概为州政府保留。州的权力主要是处理本州范围内的事务,如以地方名义征税、管理州内工商业和劳工、组织警卫力量和维持治安等等。联邦中央和地方的具体权限,200 年来不断有所变化。

选举制度

美国总统选举实行间接选举制。首先由各州选民投票选出本州选举人（人数与本州国会议员人数相等），再由各州选举人同时在各州首府投票选举正、副总统。议员选举实行直接选举制。众议员由各州选民直接选举，参议员最初由各州议会选举。1913年生效的第17条宪法修正案规定，参议员也由各州选民直接选举。州长、议员和某些州的法官、重要行政官员都由选民选举产生。各级选举一般都由两党包办。为了保证两党的统治地位，一般实行单名选区制和多数代表制。

政党制度

采用两党制。美国宪法虽然没有规定政党地位，但政党是美国政治制度的重要组成部分，其影响渗透于其他各种政治制度。两党制在美国成立联邦初期就已萌芽，到南北战争后，两党制正式形成。民主党和共和党两党长期轮流执政。美国政党除两大党外，还有其他一些政党，但它们都无法影响两大党轮流执政的地位。

公民权利制度

美国宪法和法律条文规定，政府的权力来自人民，最终属于人民；政府的权力不是绝对的，而是受宪法和法律限制的。联邦宪法和法律一方面规定公民享有人身保护、言论、出版、集会、宗教信仰自由，私有财产权和选举权等权利；另一方面规定，国会不得制定剥夺公民的言论、出版、和平集会和请愿等自由的法律，公民的人身、住宅、文件和财产不受非法的搜查或扣押，非依法定正当程序，不得剥夺任何人的生命、自由或财产。

（节选自《美国宪法》，标题为选编者所加）

参考词语

1.	元首	yuánshǒu	（名）	国家最高领导人
2.	首脑	shǒunǎo	（名）	某些机构组织的最高领导人
3.	制衡	zhìhéng	（动）	互相制约、平衡
4.	牵制	qiānzhì	（动）	制约、控制，不让它随意发展变化
5.	法案	fǎ'àn	（名）	提交国家立法机关审查讨论的关于法律、法令问题的议案
6.	弹劾	tánhé	（动）	议会对国家领导人的批评
7.	违宪	wéixiàn		违反宪法

8. 邦联制	bāngliánzhì	（名）	国家的一种组织形式，由相对独立的国家性质的区域（有时叫国、邦、州）组成一个统一的大国，但是各自仍然有相当大的权力	
9. 征税	zhēngshuì	（动）	收税	
10. 包办	bāobàn	（动）	完全负责	
11. 渗透	shèntòu	（动）	一种东西进入到另一种东西里面	
12. 萌芽	méngyá	（动）	植物生芽，比喻事物刚发生	
13. 请愿	qǐngyuàn	（动）	由于不满而向政府或管理机构提出要求	
14. 扣押	kòuyā	（动）	用强力手段限制人和物的自由、移动	
15. 剥夺	bōduó	（动）	用强力让人失去（权力、权利）	

1. 文章总体评价

（1）这篇文章的体裁是：
    A. 记叙文   B. 说明文
    C. 议论文   D. 应用文

（2）这篇文章从语体上来说是：
    A. 谈话语体   B. 演讲语体
    C. 书面语体   D. 混合语体

（3）这篇文章说到美国政治制度时的主要倾向是：
    A. 批评的口气   B. 赞扬的口气
    C. 怀疑的口气   D. 客观的口气

2. 文章阅读理解

（1）在美国，拥有最高权力的是：
    A. 总统   B. 国会   C. 最高法院   D. 都没有

（2）下面哪种说法不对？
    A. 总统可以解散国会
    B. 总统可以否决国会通过的法律
    C. 国会可以推翻总统的否决
    D. 最高法院可以宣布国会通过的法律无效

（3）关于联邦制，下面哪个说法不正确？
    A. 只有联邦政府能够制定法律   B. 州政府也有自己的宪法法律
    C. 国际交往的主体是联邦政府   D. 联邦的宪法法律地位比州的宪法和法律高

(4) 根据文章,州政府不能做的是:
    A. 征税   B. 管理警察   C. 发行钞票   D. A 和 B

(5) 关于美国的选举,我们知道:
    A. 总统是全体美国人民直接选出的
    B. 总统是各州选举人间接选出的
    C. 总统是由各州的议员选出的
    D. 众议员是由各州参议院选出的

(6) 关于议员,我们知道:
    A. 参议员比众议员多   B. 众议员比参议员多
    C. 参众议员一样多   D. 不知道

3. 简单回答问题

(1) 州政府的权力主要是:_____。
(2) 选民直接选举的有:_____。
(3) 美国的两党是:_____。
(4) 两党制正式形成的时间是:_____。

 阅读 2

胡锦涛主席在早稻田大学的演讲

尊敬的白井克彦校长、尊敬的河野洋平先生,老师们、同学们、朋友们:

    首先,我感谢白井克彦校长的邀请,有机会来到著名学府早稻田大学,同青年朋友和老师们相聚一堂,我感到十分高兴。我代表中国人民,向在座各位朋友、向日本人民,表示诚挚问候和良好祝愿!

    老师们、同学们、朋友们!

    中日友好是两国人民的共同事业,需要两国人民为之不懈努力。通过同日本人民的广泛接触,我深深感到,发展中日友好在日本有着深厚的社会基础。长期以来,日本人民、社会各界和对华友好团体积极推进中日交流,友好合作始终是两国关系发展的主流。在中国现代化建设的进程中,日本政府向中国提供了日元贷款合作,支持中国的基础设施建设、环境保护、能源开发、科技发展,为促进中国现代化建设发挥了积极作用。日本各界友人以不同形式对中国现代化建设提供了热情帮助。对日本众多友好人士为中日友好事业倾注的心血,中国人民将永远铭记。

日本人民善于学习、善于创造，勤劳智慧、奋发向上。远在1400多年前，日本就先后二十多次向中国派出遣隋使、遣唐使，借鉴中国的制度、典章、律令，引入佛教、汉字、技术，结合自己的实际形成了独具特色的日本文化。明治维新以后，日本人民努力学习吸收世界先进文明成果，逐步发展成为亚洲第一个现代化国家。日本人民以有限的国土资源创造出举世瞩目的发展成就，日本在制造业、信息、金融、物流等领域位居世界前列，拥有世界一流的节能环保技术。这是日本人民的骄傲，也值得中国人民学习。

　　今年是中日青少年友好交流年。双方将开展一系列内容丰富、形式多样的友好交流活动。在这里，我愿宣布，中国政府决定邀请100名早稻田大学学生访华。希望在座的青年学生能够加入这一计划，到中国去看一看。

　　老师们、同学们、朋友们！

　　再过三个月，第二十九届夏季奥运会将在北京举行。福田首相曾对我谈及日本人民对1964年东京奥运会的真挚情感，闻后感同身受。中国人民真诚希望办好北京奥运会。我们提出"同一个世界，同一个梦想"的口号，就是要通过北京奥运会，光大团结、友谊、和平的奥林匹克精神，增进世界各国人民的相互了解和友谊。借此机会，我愿感谢日本政府和各界人士对筹办北京奥运会的支持，欢迎日本各界朋友到北京观看奥运会，预祝日本体育健儿在北京奥运会上创造佳绩。

　　老师们、同学们、朋友们！

　　早稻田戏剧博物馆门楼上嵌刻着莎士比亚的名言"世界是一个大舞台"。古往今来，世界大舞台上演出的所有戏剧，主角始终都是各国人民。我衷心期望，中日两国人民手牵手、肩并肩，在中日合作的大舞台上，在振兴亚洲、促进世界和平与发展的大舞台上，共同创造中日关系更加美好的明天，共同创造世界更加美好的明天。

　　谢谢大家。

　　（据《中华人民共和国主席胡锦涛在日本早稻田大学的演讲》，2008年5月8日，标题为选编者所加）

参考词语

1. 诚挚　　chéngzhì　　　　（形）　　诚心的，真诚的
2. 不懈　　búxiè　　　　　（　）　　不放松
3. 主流　　zhǔliú　　　　　（名）　　主要的、重要的（社会、理论、思想等）

4.	心血	xīnxuè	（名）	形容人的心思、精力
5.	铭记	míngjì	（动）	牢牢记住，不忘记
6.	典章	diǎnzhāng	（名）	法令制度
7.	律令	lǜlìng	（名）	旧时的法律等
8.	举世瞩目	jǔshìzhǔmù		全世界都注意的
9.	物流	wùliú	（名）	就是货物流通，涉及运输、存储、包装、流通加工、信息处理等等
10.	真挚	zhēnzhì	（形）	真诚的
11.	感同身受	gǎntóngshēnshòu		感觉就像发生在自己身上一样
12.	光大	guāngdà	（动）	让精神、文化变得影响力更大、更广泛
13.	嵌刻	qiànkè	（动）	安装、刻画（装饰品、艺术品等）

专有名词

1.	早稻田大学	Zǎodàotián Dàxué	Waseda University，一所著名的日本大学
2.	遣隋使	Qiǎnsuíshǐ	在中国隋朝时期，日本派往中国学习的使者
3.	遣唐使	Qiǎntángshǐ	在中国唐朝时期，日本派往中国学习的使者
4.	明治维新	Míngzhì Wéixīn	明治是日本明治天皇(1852～1912)的年号，明治维新是19世纪中后期日本历史上的一次政治革命，在政治、经济和社会等方面实行重大改革，促进了日本的现代化和西方化

1. 文章总体评价

(1) 这篇文章从社会实用功能来说，它的体裁是：
   A. 记叙文　　　B. 说明文　　　C. 议论文　　　D. 应用文

(2) 这篇文章从语体上来说是：
   A. 谈话语体　　B. 演讲语体　　C. 书面语体　　D. 混合语体

(3) 这篇文章主要想表达的意思是：
   A. 表明要学习日本发展的历史，把中国建设成一个现代化的国家
   B. 奥运会对中日两国人民都很重要，欢迎日本人民来北京参加奥运会
   C. 回顾中日两国友好交往的历史，表达中日友好的愿望
   D. 世界是一个大舞台，主角始终都是各国人民

2. 文章阅读理解

(1) 讲到在中国的建设中日本给中国提供贷款所帮助的领域,没有说到的是:
    A. 基础设施建设　　　　　　B. 环境保护
    C. 能源开发　　　　　　　　D. 教育合作

(2) 对于日本给中国的帮助,中国人民:
    A. 不太了解　　　　　　　　B. 开始了解
    C. 会永远记住　　　　　　　D. 以上全部

(3) 文章没有说到日本从中国引入了:
    A. 佛教　　　　　　　　　　B. 文字
    C. 音乐　　　　　　　　　　D. 典章

(4) 关于日本,不正确的是:
    A. 日本科技发达　　　　　　B. 日本资源丰富
    C. 日本人善于学习　　　　　D. 日本人环保技术一流

(5) 说到奥运会,没有说到的是:
    A. 日本什么时候举办过奥运会　　B. 中国希望能办好北京奥运会
    C. 日本有多少人参加北京奥运会　D. 日本友人很支持北京奥运会

3. 简单回答问题

(1) 跟日本发展成为亚洲第一个现代化国家有关的一个事件是:＿＿＿＿＿＿。
(2) 中国政府决定邀请谁到中国访问:＿＿＿＿＿＿。
(3) 你在哪儿能看到莎士比亚的名言"世界是一个大舞台":＿＿＿＿＿＿。

 阅读 3

老人与海

他是个独自在湾流中一条小船上钓鱼的老人,至今已去了八十四天,一条鱼也没逮住。头四十天里,有个男孩子跟他在一起。可是,过了四十天还没捉到一条鱼,孩子的父母对他说,老人如今准是十足地"倒了血霉",这就是说,倒霉到了极点,于是孩子听从了他们的吩咐,上了另外一条船,头一个礼拜就捕到了三条好鱼。孩子看见老人每天回来时船总是空的,感到很难受,他总是走下岸去,帮老人拿卷起钓索,或者鱼钩和鱼叉,还有绕在桅杆上的帆。帆上用面粉袋片打了些补丁,收拢后看来像是一面标志着永远失败的旗子。

老人消瘦而憔悴，脖颈上有些很深的皱纹。腮帮上有些褐斑，那是太阳在热带海面上反射的光线所引起的良性皮肤瘤。褐斑从他脸的两侧一直蔓延下去，他的双手常用绳索拉大鱼，留下了刻得很深的伤疤。但是这些伤疤中没有一块是新的。它们像无鱼可打的沙漠中被侵蚀的地方一般古老。他身上的一切都显得古老，除了那双眼睛，它们像海水一般蓝，是愉快而不肯认输的。

"圣地亚哥！"他们俩从小船停泊的地方爬上岸时，孩子对他说，"我又能陪你出海了。我家挣到了一点儿钱。"

老人教会了这孩子捕鱼，孩子爱他。

"不！"老人说，"你遇上了一条交好运的船。跟他们待下去吧。"

"不过你该记得，你有一回八十七天钓不到一条鱼，跟着有三个礼拜，我们每天都逮住了大鱼。"

"我记得。"老人说，"我知道你不是因为没把握才离开我的。"

"是爸爸叫我走的。我是孩子，不能不听从他。"

"我明白。"老人说，"这是理该如此的。"

"他没多大的信心。"

"是啊！"老人说，"可是我们有。可不是吗？"

"对！"孩子说，"我请你到露台饭店去喝杯啤酒，然后一起把打鱼的家什带回去。"

"那敢情好！"老人说，"都是打鱼人嘛。"

他们坐在饭店的露台上，不少渔夫拿老人开玩笑，老人并不生气。另外一些上了些年纪的渔夫望着他，感到难受。不过他们并不流露出来，只是斯文地谈起海流，谈起他们把钓索送到海面下有多深，天气一贯多么好，谈起他们的见闻。当天打鱼得手的渔夫都已回来，把大马林鱼剖开，整片儿排在两块木板上，每块木板的一端由两个人抬着，摇摇晃晃地送到收鱼站，在那里等冷藏车来把它们运往哈瓦那的市场。逮到鲨鱼的人们已把它们送到海湾另一边的鲨鱼加工厂去，吊在复合滑车上，除去肝脏，割掉鱼鳍，剥去外皮，把鱼肉切成一条条，以备腌制。

刮东风的时候，鲨鱼加工厂隔着海湾送来一股气味。但今天只有淡淡的一丝，因为风转向了北方，后来逐渐平息了，饭店露台上可人心意、阳光明媚。

（节选自海明威《老人与海》）

参考词语

1.	憔悴	qiáocuì	（形）	精神和身体状态很不好的样子
2.	腮帮	sāibāng	（名）	人或动物脸上靠近牙床的部分
3.	褐斑	hèbān	（名）	褐色的斑点。褐色，接近咖啡的颜色
4.	良性	liángxìng		好的
5.	瘤	liú	（名）	身体组织上长出的多余物质，一般是由于刺激或微生物寄生引起
6.	蔓延	mànyán	（动）	发展、伸展
7.	侵蚀	qīnshí	（动）	侵入并腐蚀。常用来形容坏的东西进入某处并进行破坏
8.	流露	liúlù	（动）	表现出某种态度、情绪
9.	斯文	sīwén	（形）	很有文化、温柔雅致的样子
10.	海流	hǎiliú	（名）	海洋流动
11.	腌制	yānzhì	（动）	用盐或糖等来处理（浸泡等）食物
12.	可人	kěrén	（形）	让人觉得舒服的

1. 文章总体评价

（1）这篇文章的体裁是：
    A. 记叙文　　　　　　　　B. 说明文
    C. 议论文　　　　　　　　D. 应用文

（2）这篇文章从语体上来说主要是：
    A. 口语语体　　　　　　　B. 演讲语体
    C. 书面语体　　　　　　　D. 混合语体

（3）这篇文章主要想表达的意思是：
    A. 老人很会享受生活　　　B. 孩子帮助关心老人
    C. 老人在失败中的情形　　D. 渔民如何处理捕获的鱼

2. 文章阅读理解

（1）对于老人，我们知道：
    A. 他很长时间没有去打鱼了
    B. 孩子不愿意跟他去打鱼了
    C. 他的船不太好了
    D. 他最近不太顺利

(2) 说老人"倒霉到了极点"是因为他：
  A. 皮肤长了瘤   B. 长时间抓不到鱼
  C. 孩子也不愿跟他出海了 D. 以上全部

(3) 下面哪个是老人此刻的心情？
  A. 很生气   B. 很快乐
  C. 很难过   D. 不服输

(4) 在饭店中那些谈海流、天气的人是因为：
  A. 他们没有别的可以说 B. 他们最喜欢说这些
  C. 他们不想让老人难过 D. 以上全部

(5) 哪种鱼的处理方法能赚更多钱：
  A. 腌制后出售   B. 冷冻后送到哈瓦那卖
  C. 直接送到哈瓦那卖   D. 没有说

3. **简单回答问题**

(1) 像是一面标志着永远失败的旗子的是：_____。
(2) 老人腮帮上有褐斑是因为：_____。
(3) 大马林鱼是怎样被送到收鱼站的？_____。
(4) 有时海湾送来的那股气味是从哪里来的？_____。

第七课

一、阅读技能　文章的风格(1)

(一) 概述

一般来说,作者在写作时,他的个性就表现在作品中,我们把作者在作品中形成的相对稳定的整体话语特色和行文方式叫做风格。风格是主体与对象、内容与形式的特定融合。风格包括时代风格、民族风格、地域风格、流派风格等内涵。

说到风格,人们常常引用法国文艺理论家布封的名言:"风格就是人。"我们中国人也常常说:"文如其人。"这两句话的意思基本是一致的。就是说,作者的思想、性格、气质形成的思想风格、语言风格等都会体现在他的作品里。风格的主观因素来自作者的性格,性格规定了作者的思维方式,思维方式才使作者性格具体化于作品的风格之中,有什么样的作者就有什么样的作品风格。

风格来自人的性格与性情,这一认识的发展如果运用到文学风格上来,我们就可以更深入地弄清文学风格中的一些问题。关于人的性格气质,在心理学上通常分为四类:即胆汁质(直率热情、好动、脾气急等)、多血质(活动、敏感、反应快、情绪不稳等)、黏液质(安静稳重、反应慢、沉默寡言)和抑郁质(孤独、反应迟缓、多愁善感等)。

美国心理学家奥尔波特提出人格特质学说,认为人的性格包括个人特质和共同特质。美国另一位心理学家卡特尔根据奥尔波特的观点,将众多的性格分为表面特质和根源特质两类,他找出十六种人的根源特质,即乐群性、聪慧性、稳定性、支配性、怀疑性、兴奋性、有恒性、敢为性、敏感性、幻想性、世故性、忧虑性、实验性、独立性、自律性和紧张性。

大多数人的性格是综合的,只是在某些方面表现得突出些罢了。在文学作品中也一样,只是某种作品风格稳定和占优势而已。

对于一个作者来说,风格特点在一段时期或很长的时期是相对固定的,如我们中国人说到唐代诗人时,总是说李白浪漫飘逸、杜甫忧郁深沉、王维幽静清新、李商隐奇特晦涩、白居易平易淡泊等。

中国的刘勰(约465～约532)的论著《文心雕龙》就把文章按风格分为典雅、远奥、精约、显附、繁缛、壮丽、新奇和轻靡等八类(《体性》)。晚唐的司空图又以形象化的语言把诗的风格概括为雄浑、冲淡、纤秾、沉着、高古、典雅、洗练、劲健、绮丽、自然、含蓄、豪放、精神、缜密、疏野、清奇、委曲、实境、悲慨、形容、超谐、飘逸、旷达和流动等二十四品。这些有关风格的概念至今依然能基本涵盖我们所见文章。

我们这里说的风格学是20世纪的文体学,即广义的风格学。它研究的范围不限于书面语言,也扩充到口语,而两种之中又各有若干类别,如书面语有法律文书体与私人书信体之别,口语之中的课堂演讲体又迥然不同于电话问答体,此外旁涉广告、商品说明、科技报告、新闻报道等等实用文体。而且,风格学涉及的内容也越来越广泛,如研究全民语言中语音、词汇与句法手段的表达力的、研究作者心理因素是怎样反映在作品中的、研究语言使用上的常规与变异的,等等。

我们从文学大家的作品可以清楚地看到他们的风格:俄国作家契诃夫的语言优美,简练而不单调,明快而又蕴藉,给人清新明快的感觉。

> 旋匠格里戈里·彼得罗夫,这个当年在加尔钦乡里无人不知的出色手艺人,同时又是最没出息的农民,此刻正赶着一辆雪橇把他生病的老伴送到地方自治局医院去。这段路有三十来俄里,道路糟透了,连官府的邮差都很难对付,而旋匠格里戈里则又是个大懒汉。迎面刮着刺骨的寒风。空中,不管你朝哪方看,到处都是密密层层飞旋着的大雪。雪大得叫你分不清是从天上掉下来的,还是从地上刮起来的。除了茫茫大雪,看不到田野、电线杆和树林。每当强劲的寒风袭来,弄得格里戈里都看不见眼前的车轭。那匹瘦弱的老马一步一步吃劲地拖拉着雪橇,它的全部精力都耗在从深雪里拔出腿来,并扯动着头部。旋匠急着赶路。他常常不安地从赶车人的座位上跳起,不时挥鞭抽打马背。
>
> (节选自《哀伤》)

俄国作家陀斯妥耶夫斯基语言繁复,沉重压抑,总是让人感到沉郁、痛苦。

> 打从大清早起,我就受到一种莫名其妙的苦恼的折磨。我忽然觉得:我孤零零的,正在受到所有人的抛弃,所有的人都在离开我。当然,任何人都有权发问:这所有的人究竟是些什么人呢?因为我住在彼得堡已经八年,并没有结识过任何人。不过,话得说回来,我要结识人干什么呢?不结识我也熟悉彼得堡呀。所以,一旦所有的彼得堡人收拾行装,突然乘车外出避暑,我就觉得所有的人要抛弃我了。
>
> (节选自《白夜》)

中国作家鲁迅爱憎分明,性格刚烈,充满批判精神。作品直视社会的丑恶和黑暗,语言则凝练、准确、简洁,富有回味。

> 在中国的王道，看去虽然好像是和霸道对立的东西，其实却是兄弟，这之前和之后，一定要有霸道跑来的。人民之所讴歌，就为了希望霸道的减轻，或者不更加重的缘故。汉的高祖，据历史家说，是龙种，但其实是无赖出身，说是侵略者，恐怕有些不对的。至于周的武王，则以征伐之名入中国，加以和殷似乎连民族也不同，用现代的话来说，那可是侵略者。然而那时的民众的声音，现在已经没有留存了。孔子和孟子确曾大大的宣传过那王道，但先生们不但是周朝的臣民而已，并且周游历国，有所活动，所以恐怕是为了想做官也难说。
>
> （节选自《且介亭杂文·关于中国的两三件事》）

又如美国作家海明威，他对他所处那个时代的人的内心世界洞察极为深刻，他控诉了战争的罪恶，对人民大众遭受的苦难发出了悲哀和同情的叹息，又把消极悲观的情绪和绝不认输的硬汉子精神结合在了一起。他的写作风格简洁流畅、清新洗练，人物对话朴实却有深度，在貌似粗犷朴实的笔触下蕴含着澎湃深沉的情感。他这种"海明威式"的口语写作技巧，从20世纪20年代后期起便风靡了欧美文坛。

> "他怎么啦？"一名渔夫大声叫道。
> "在睡觉。"孩子喊着说。他不在乎人家看见他在哭。"谁都别去打扰他。"
> "它从鼻子到尾巴有十八英尺长。"那量鱼的渔夫叫道。
> "我相信。"孩子说。
> 他走进露台饭店，去要一罐咖啡。
> "要烫，多加些牛奶和糖在里头。"
> "还要什么？"
> "不要了。过后我再看他想吃些什么。"
> "多大的鱼呀！"饭店老板说，"从来没有过这样的鱼。你昨天捉到的那两条也蛮不错。"
> "我的鱼，见鬼去！"孩子说，又哭起来了。
> "你想喝点儿什么吗？"老板问。
> "不要！"孩子说，"叫他们别去打扰圣地亚哥。我就回来。"
> "跟他说我多么难过。"
> "谢谢！"孩子说。
>
> （节选自《老人与海》）

(二) 技能练习

1. 阅读下列文章片段

> 我中华民族虽然常常的自命为爱"中庸"、行"中庸"的人民,其实是颇不免于过激的。譬如对于敌人罢,有时是压服不够,还要"除恶务尽",杀掉不够,还要"食肉寝皮"。但有时候,却又谦虚到"侵略者要进来,让他们进来。也许他们会杀了十万中国人。不要紧,中国人有的是,我们再有人上去"。这真教人会猜不出是真痴还是假呆。
>
> (节选自鲁迅《由中国女人的脚》)

(1) 这段文字让人感觉到的是:
    A. 深刻的批判   B. 热情的赞美
    C. 清晰的描写   D. 痛苦的控诉

(2) 这段文字的风格从总体上说是:
    A. 细腻的   B. 冷峻的
    C. 忧郁的   D. 风趣的

(3) 从这段文字中,我们看到作者对中国民族性的描述是:
    A. 正面的   B. 负面的
    C. 有赞扬,有批评   D. 不好说

2. 阅读下列文章片段

> 深化医药卫生体制改革是一项涉及面广、难度大的社会系统工程。我国人口多,人均收入水平低,城乡、区域差距大,长期处于社会主义初级阶段的基本国情,决定了深化医药卫生体制改革是一项十分复杂艰巨的任务,是一个渐进的过程,需要在明确方向和框架的基础上,经过长期艰苦努力和坚持不懈的探索,才能逐步建立符合我国国情的医药卫生体制。
>
> (节选自《医改方案征求稿》)

(1) 这段文字的语体风格是:
    A. 明快的   B. 哀愁的   C. 热情的   D. 庄重的

(2) 这段文字的语体从总体上说是典型的:
    A. 公文语体   B. 科技语体
    C. 文艺语体   D. 政论语体

(3) 我们从这段文字中感受到的是:
    A. 作者对医疗改革的迫切心情   B. 作者强调了医疗改革的重要性
    C. 作者指出了医疗改革的困难   D. 作者对医疗改革表现出的信心

3. 阅读下列文章片段

> 那年我二十岁,头戴高等学校的学生帽,身穿藏青色碎白花纹的上衣,围着裙子,肩上挂着书包。我独自旅行到伊豆来,已经是第四天了。在修善寺温泉住了一夜,在汤岛温泉住了两夜,然后穿着高齿的木屐登上了天城山。一路上我虽然出神地眺望着重叠群山、原始森林和深邃幽谷的秋色,胸中却紧张地悸动着,有一个期望催我匆忙赶路。这时候,豆大的雨点开始打在我的身上。我沿着弯曲陡峭的坡道向上奔,好不容易才来到山顶上北路口的茶馆。我呼了一口气,同时站在茶馆门口呆住了。因为我的心愿已经圆满地达到,那伙巡回艺人正在那里休息。
>
> (节选自川端康成《伊豆的舞女》)

(1) 这段文字的风格是:
    A. 细腻丰富   B. 热情奔放
    C. 哀愁忧郁   D. 幽默风趣

(2) 这段文字可能来源于:
    A. 公文   B. 小说
    C. 散文   D. 诗歌

(3) 根据这段文字,"我"到伊豆的目的可能是:
    A. 实习   B. 旅游
    C. 想见到某个人   D. A 和 B

二、阅读训练

阅读 1

变色龙

警官奥丘梅洛夫穿着新的军大衣,手里拿着个小包,穿过市集的广场。他身后跟着个警察,生着棕红色头发,端着一个箩筐,盛着没收来的醋栗,装得满满的。四下里一片寂静……广场上连人影也没有。小铺和酒店敞开大门,无精打采地面对着上帝创造的这个世界,像是一张张饥饿的嘴巴。店门附近连一个乞丐都没有。

"你竟敢咬人,该死的东西!"奥丘梅洛夫忽然听见说话声。"伙计们,别放走它!如今咬人可不行!抓住它!哎哟……哎哟!"狗的尖叫声响起来。奥丘梅洛夫往那边一看,瞧见商人彼楚京的木柴场里窜出来一条狗,用三条腿跑路,不住地回头看。在它身后,有一个人追出来,穿着浆硬的花布衬衫和敞开怀的坎肩。他紧追那条狗,身子往前一探,扑倒在地,抓住那条狗的后腿。紧跟着又传来狗叫声和人喊声:"别放走它!"带着睡意的脸纷纷从小铺里探出来,不久木柴场门口就聚上一群人,像是从地底下钻出来的一样。

"仿佛出乱子了,长官!……"警察说。

奥丘梅洛夫把身子微微往左边一转,迈步往人群那边走过去。在木柴场门口,他看见上述那个敞开坎肩的人站在那儿,举起右手,伸出一根血淋淋的手指头给那群人看。他那张半醉的脸上露出这样的神情:"我要揭你的皮,坏蛋!"而且那根手指头本身就像是一面胜利的旗帜。奥丘梅洛夫认出这个人就是首饰匠赫留金。闹出这场乱子的祸首是一条白毛小猎狗,尖尖的脸,背上有一块黄斑,这时候坐在人群中央的地上,前腿劈开,浑身发抖。它那含泪的眼睛里流露出苦恼和恐惧。

"这儿出了什么事?"奥丘梅洛夫挤到人群中去,问道。

"你在这儿干什么?你干吗竖起手指头?……是谁在嚷?"

"我本来走我的路,长官,没招谁没惹谁……"赫留金凑着空拳头咳嗽,开口说。"我正跟米特利·米特利奇谈木柴的事,忽然间,这个坏东西无缘无故把我的手指头咬一口……请您原谅我,我是个干活儿的人……我的活儿细致。这得赔我一笔钱才成,因为我也许一个星期都不能动这根手指头了……法律上,长官,也没有这么一条,说是人受了畜生的害就该忍着……要是人人都遭狗咬,那还不如别在这个世界上活着的好……"

"嗯!……好……"奥丘梅洛夫严厉地说,咳嗽着,动了动眉毛。"好……这是谁家的狗?这种事我不能放过不管。我要拿点儿颜色出来叫那些放出狗来闯祸的人看看!现在也该管管不愿意遵守法令的老爷们了!等到罚了款,他,这个混蛋,才会明白把狗和别的畜生放出来有什么下场!我要给他点儿厉害瞧瞧……叶尔迪林,"警官对警察说,"你去调查清楚这是谁家的狗,打个报告上来!这条狗得打死才成。不许拖延!这多半是条疯狗……我问你们:这是谁家的狗?"

"这条狗像是席加洛夫将军家的!"人群里有个人说。

"席加洛夫将军家的?嗯!……你,叶尔迪林,把我身上的大衣脱下来……天好热!大概快要下雨了……只是有一件事我不懂:它怎么会咬你的?"奥丘梅洛夫对赫留金说。

"难道它够得到你的手指头?它身子矮小,可是你,要知道,长得这么高大!你这个手指头多半是让小钉子扎破了,后来却异想天开,要人家赔你钱了。你这种人啊……谁都知道是个什么路数!我可知道你们这些魔鬼!"

(节选自契诃夫《变色龙》)

参考词语

1. 无精打采	wújīngdǎcǎi		精神面貌和身体状态都不好的样子
2. 乞丐	qǐgài	(名)	要饭的
3. 坎肩	kǎnjiān	(名)	像背心一样的衣服
4. 首饰匠	shǒushìjiàng	(名)	做首饰的工匠
5. 闯祸	chuǎnghuò	(动)	犯了错,制造了灾祸
6. 拖延	tuōyán	(动)	做事慢,延长了时间
7. 异想天开	yìxiǎngtiānkāi		不可能实现的可笑的想法
8. 魔鬼	móguǐ	(名)	邪恶的鬼,常用来形容很坏的事物

1. 文章总体评价

(1) 这篇文章的体裁是:
    A. 记叙文   B. 说明文
    C. 议论文   D. 应用文

(2) 这篇文章的语体风格是:
    A. 含蓄的   B. 典雅的
    C. 简练的   D. 豪放的

(3) 这篇文章主要想表达的意思是:
    A. 反映警察的工作很繁琐   B. 揭露了社会上有很多骗子
    C. 批评了很多人小题大做   D. 讽刺了见风使舵的卑鄙

2. 文章阅读理解

(1) 被狗咬的人是：
  A. 奥丘梅洛夫 B. 赫留金
  C. 彼楚京 D. 席加洛夫

(2) 咬人的狗好像是：
  A. 奥丘梅洛夫家的 B. 叶尔迪林家的
  C. 席加洛夫家的 D. 还不能肯定是谁家的

(3) 关于这个事件，哪个是正确的？
  A. 被狗咬的人没有要求赔偿 B. 狗被警察叫人打死了
  C. 警察对狗主人进行了罚款 D. 咬人的是一只白毛小猎狗

(4) 警察后来觉得那个人的手受伤"多半是让小钉子扎破了"，是因为：
  A. 狗太矮小，被咬的人却很高大，狗咬不到他
  B. 人群里有个人说他看见狗没有咬人
  C. 警察怕狗的主人是一位将军，想讨好将军
  D. 警察已经知道那个手指头在流血的人是骗子

(5) 在这场事件中，警察表现出来的是：
  A. 坚决维护法律，保护人民 B. 坚持实事求，依法办事
  C. 自始至终保持公平、公正 D. A、B、C 都不是

3. 简单回答问题

(1) 被狗咬的人穿的是：_____。
(2) 被狗咬的人要求赔偿的一个原因是：_____。
(3) 警察说咬人的狗得打死，而且不许拖延的原因是：_____。

 阅读 2

拿来主义

(1) 中国一向是所谓"闭关主义"，自己不去，别人也不许来。自从给枪炮打破了大门之后，又碰了一串钉子，到现在，成了什么都是"送去主义"了。别的且不说罢，单是学艺上的东西，近来就先送一批古董到巴黎去展览，但终"不知后事如何"；还有几位"大师"们捧着几张古画和新画，在欧洲各国一路的挂过去，叫做"发扬国光"。听说不远还要送梅兰芳博士到苏联去，以催进"象征主义"，此后是顺便到欧洲传道。我在这里不想讨论梅博

士演艺和象征主义的关系,总之,活人替代了古董,我敢说,也可以算得显出一点进步了。

(2) 但我们没有人根据"礼尚往来"的仪节,说道:拿来!

(3) 当然,能够只是送出去,也不算坏事情,一者见得丰富,二者见得大度。尼采就自诩过他是太阳,光热无穷,只是给予,不想取得。然而尼采究竟不是太阳,他发了疯。中国也不是,虽然有人说,掘起地下的煤来,就足够全世界几百年之用。但是,几百年之后呢?几百年之后,我们当然是化为魂灵,或上天堂,或落了地狱,但我们的子孙是在的,所以还应该给他们留下一点礼品。要不然,则当佳节大典之际,他们拿不出东西来,只好磕头贺喜,讨一点残羹冷炙做奖赏。这种奖赏,不要误解为"抛来"的东西,这是"抛给"的,说得冠冕些,可以称之为"送来",我在这里不想举出实例。

(4) 我在这里也并不想对于"送去"再说什么,否则太不"摩登"了。我只想鼓吹我们再吝啬一点,"送去"之外,还得"拿来",是为"拿来主义"。

(5) 但我们被"送来"的东西吓怕了。先有英国的鸦片、德国的废枪炮,后有法国的香粉、美国的电影、日本的印着"完全国货"的各种小东西。于是连清醒的青年们,也对于洋货发生了恐怖。其实,这正是因为那是"送来"的,而不是"拿来"的缘故。

(6) 所以我们要运用脑髓,放出眼光,自己来拿!

(7) 他占有,挑选。看见鱼翅,并不就抛在路上以显其"平民化",只要有养料,也和朋友们像萝卜白菜一样的吃掉,只不用它来宴大宾;看见鸦片,也不当众摔在茅厕里,以见其彻底革命,只送到药房里去,以供治病之用,却不弄"出售存膏,售完即止"的玄虚。只有烟枪和烟灯,虽然形式和印度、波斯、阿剌伯的烟具都不同,确可以算是一种国粹,倘使背着周游世界,一定会有人看。但我想,除了送一点进博物馆之外,其余的是大可以毁掉的了。还有一群姨太太,也大可以请她们各自走散为是,要不然,"拿来主义"怕未免有些危机。

(节选自鲁迅《拿来主义》)

参考词语

1. 闭关	bìguān	(动)	不开门,不跟外界交往
2. 古董	gǔdǒng	(名)	古代留下的东西
3. 传道	chuándào	(动)	传播某种理论、宗教等

4. 大度	dàdù	（形）	大方、豁达、不计较
5. 自诩	zìxǔ	（动）	自己说自己好
6. 磕头	kētóu	（动）	叩头。一种礼节的形式，就是用头和地接触
7. 残羹冷炙	cángēng-lěngzhì		吃剩下的饭菜，形容别人遗弃不要的东西
8. 奖赏	jiǎngshǎng	（动）	奖励做得好的人（或动物）
9. 冠冕	guānmiǎn	（形）	原来是指古代帝王、官员的帽子，这里的意思是体面、有身份
10. 鸦片	yāpiàn	（名）	一种毒品，会让人上瘾
11. 玄虚	xuánxū	（形）	奇怪、神秘、难懂的，常常不是真的
12. 国粹	guócuì	（名）	国家最好的东西
13. 姨太太	yítàitai	（名）	小老婆

1. 文章总体评价

（1）这篇文章的体裁是：
  A. 记叙文   B. 说明文
  C. 议论文   D. 应用文

（2）这篇文章的风格是：
  A. 清新的   B. 犀利的
  C. 细腻的   D. 愉悦的

（3）这篇文章主要想表达的意思是：
  A. 不要总是送东西去外国，也要从外国拿东西到中国来
  B. 外国的东西很多是不好的，最好不要随便地拿到中国来
  C. 要正确对待中国传统和外国文化，吸收好的，抛弃坏的
  D. 中国已经进步了，现在我们的文化已经推广到外国去了

2. 文章阅读理解

（1）跟第一句"自从给枪炮打破了大门之后，又碰了一串钉子"中"碰了一串钉子"意思最接近的是：
  A. 进行了针锋相对的反抗   B. 遇到了很多棘手的问题
  C. 经历了很多痛苦的磨难   D. 遇到了很多丢脸的事情

（2）跟"听说不远还要送梅兰芳博士到苏联去，以催进'象征主义'"中"催进"意思接近的是：
  A. 并进   B. 长进   C. 促进   D. 跃进

(3) 对第一段中关于中国文化推广到国外的几件事,作者的态度是:
　　A. 赞美的　　　　　　　　　B. 鼓励的
　　C. 批评的　　　　　　　　　D. 嘲笑的
(4) 关于"送去主义"的危害,主要是在第几段?
　　A. 第一段　　　　　　　　　B. 第二段
　　C. 第三段　　　　　　　　　D. 第四段
(5) 第五段说的是:
　　A. 送来主义的危害　　　　　B. 拿来主义的危害
　　C. 送去主义的危害　　　　　D. 没有说
(6) 跟"所以我们要运用脑髓,放出眼光,自己来拿"中"放出眼光"意思接近的是:
　　A. 用自己的判断　　　　　　B. 用严厉的眼光
　　C. 注意地看周围　　　　　　D. 大胆地盯着看
(7) 第七段主要说的是:
　　A. 送去主义的危害　　　　　B. 拿来主义的危害
　　C. 如何对待传统文化和外国文化　D. 拿来主义会有危机的
(8) 与"还有一群姨太太,也大可以请她们各自走散为是"中"为是"的意思接近的是:
　　A. 是否是正确的　　　　　　B. 为什么是这样
　　C. 这样做就对了　　　　　　D. 可以考虑这样

3. 简单回答问题

(1) 在与外国的关系上,作者说"也可以算得显出一点进步了"的是:_____。
(2) 作者说中国的什么东西"足够全世界几百年之用":_____。
(3) 让清醒的青年们恐怖的是:_____。
(4) 作者说可以送一点儿进博物馆的是:_____。

阅读3

旧上海

　　所谓旧上海,是指抗日战争以前的上海。那时上海除闸北和南市之外,都是租界。洋泾浜(爱多亚路,即今延安路)以北是英租界,以南是法租界,虹口一带是日租界。租界上有好几路电车,都是外国人办的。中国人办的只有南市一路,绕城墙走,叫做华商电车。租界上乘电车,要懂得窍门,否则就被弄得莫名其妙。卖票人要揩油,其方法是这样:

譬如你要乘五站路，上车时给卖票人五分钱，他收了钱，暂时不给你票。等到过了两站，才给你一张三分的票，关照你："第三站上车!"初次乘电车的人就莫名其妙，心想：我明明是第一站上车的，你怎么说我第三站上车？原来他已经揩了两分钱的油。如果你向他论理，他就堂皇地说："大家是中国人，不要让利权外溢呀!"他用此法揩油，眼睛不绝地望着车窗外，看有无查票人上来。因为一经查出，一分钱要罚一百分。他们称查票人为"赤佬"。赤佬也是中国人，但是忠于洋商的。他查出一卖票人揩油，立刻记录了他帽子上的号码，回厂去扣他的工资。有一乡亲初次到上海，有一天我陪她乘电车，买五分钱票子，只给两分钱的。正好一个赤佬上车，问这乡亲哪里上车的，她直说出来，卖票人向她眨眼睛。她又说："你在眨眼睛!"赤佬听见了，就抄了卖票人帽上的号码。

那时候上海没有三轮车，只有黄包车。黄包车只能坐一人，由车夫拉着步行，和从前的抬轿相似。黄包车有"大英照会"和"小照会"两种。小照会的只能在中国地界行走，不得进租界。大英照会的则可在全上海自由通行。这种工人实在是最苦的。因为略犯交通规则，就要吃路警殴打。英租界的路警都是印度人，红布包头，人都喊他们"红头阿三"。法租界的都是安南人，头戴笠子。这些都是黄包车夫的对头，常常给黄包车夫吃"外国火腿"和"五支雪茄烟"，就是踢一脚，一个耳光。外国人喝醉了酒开汽车，横冲直撞，不顾一切。最吃苦的是黄包车夫。因为他负担重，不易趋避，往往被汽车撞倒。我曾亲眼看见过外国人汽车撞杀黄包车夫，从此不敢在租界上坐黄包车。

旧上海社会生活之险恶，是到处闻名的。我没有到过上海之前，就听人说上海"打呵欠割舌头"。就是说，你张开嘴巴来打个呵欠，舌头就被人割去。这是极言社会上坏人之多，非万分提高警惕不可。我曾经听人说：有一人在马路上走，看见一个三四岁的孩子跌了一跤，没人照管，哇哇地哭。此人良心很好，连忙扶他起来，替他揩眼泪，问他家在哪里，想送他回去。忽然一个女人走来，搂住孩子，在他手上一摸，说："你的金百锁哪里去了!"就拉住那人，咬定是他偷的，定要他赔偿……是否真有此事，不得而知。总之，人心之险恶可想而知。

(节选自丰子恺《旧上海》)

参考词语

1.	租界	zūjiè	（名）	指旧时帝国主义国家在中国以"租借"名义划定的侵犯中国主权的区域
2.	窍门	qiàomén	（名）	处理问题的技巧和办法
3.	关照	guānzhào	（动）	吩咐，告诫
4.	论理	lùnlǐ	（动）	讲道理
5.	堂皇	tánghuáng	（形）	体面的、有身份的
6.	笠子	lìzi	（名）	也叫斗笠，一种竹子编制的帽子
7.	横冲直撞	héngchōng-zhízhuàng		不顾后果、不受限制地乱跑乱走
8.	趋避	qūbì	（动）	走开，躲开
9.	打呵欠	dǎ hāqian		人或动物因为困或疲劳而出现的一种生理反应，自动地张大嘴喘气
10.	险恶	xiǎn'è	（形）	危险的

1. 文章总体评价

（1）从体裁看，这篇文章应该是：
　　A. 散文　　　　　　　　　B. 小说
　　C. 戏剧　　　　　　　　　D. 诗歌

（2）这篇文章从语体上来说主要是：
　　A. 口语语体　　　　　　　B. 演讲语体
　　C. 书面语体　　　　　　　D. 混合语体

（3）这篇文章的风格是：
　　A. 激昂的　　　　　　　　B. 典雅的
　　C. 简练的　　　　　　　　D. 忧郁的

（4）这篇文章主要想表达的意思是：
　　A. 上海的租界很险恶　　　B. 上海的坏人太多
　　C. 上海的外国人不好　　　D. 解放前的上海不好

2. 文章阅读理解

（1）跟"卖票人要揩油"中"揩油"意思最接近的是：
　　A. 占便宜　　　　　　　　B. 挖墙脚

C. 走后门   D. 扣帽子

(2) 关于"赤佬",哪个说法不对?
    A. 他们是查票的   B. 卖票的人不喜欢他们
    C. 他们忠于公司   D. 他们当场罚款

(3) 黄包车夫苦最主要的是因为:
    A. 他们工资很低   B. 他们常常被打
    C. 他们不能进租界   D. 他们太累了

(4) 作者"从此不敢在租界上坐黄包车"是因为:
    A. 英国或法国租界的路警会打人
    B. 黄包车夫会违反交通规则
    C. 外国人开车很野蛮
    D. 以上全部

(5) 作者说旧上海社会生活险恶,他举的例子中的女人:
    A. 不照顾孩子   B. 欺负孩子
    C. 偷钱   D. 骗钱

(6) 跟"就拉住那人,咬定是他偷的"中的"咬定"意思接近的词是:
    A. 肯定   B. 设定
    C. 敲定   D. 坚定

3. 简单回答问题

(1) 旧上海的法租界在:_____。
(2) 卖票人向"我"乡亲眨眼睛是因为:_____。
(3) 英租界的路警是:_____。
(4) 可以在全上海自由通行的黄包车是:_____。

第八课

一、阅读技能 文章的风格(2)

(一) 概述

人的性格常常通过情绪等外部感觉表现表露出来,人类的基本情绪一般有愉快、痛苦、愤怒、恐惧和惊奇等。在基本情绪的基础上还能发生、发展出复杂情绪,如妒忌、谄媚、害羞、内疚、悲喜交加和悔恨交织等。人产生某种情绪一般情形是受到社会环境的影响,我们在这里不是去探究作者为什么产生某种情绪,更不是去探究作者属于哪种文学流派,只是希望能从作品中感觉到作者的情绪。

作家可以虚构一切,却不能虚构自己的内心,作家可以与现实抗争,却不能与自己的性格抗争。没有一个作家能在作品中隐藏自己的性格,可以说性格决定了作品叙事的风格。

作者的创作个性是作家在创作实践中养成并表现在他作品中的性格特征。这种性格特征,是与他人不同的,是作家世界观、艺术观、审美趣味、个性、气质、修养和能力等心理特点的独特综合。它制约和影响着文学风格的形成和表现,作品反映了作者的个性,因此也呈现出区别于其他人的特点。在具体的艺术作品中,这种个性可以在作品的很多方面反映出来,如主题、结构、语言、形象和情节等。创作个性具有相对的稳定性,但又有所发展和变异,是艺术家创作风格的具体显现。

我们看到《伊豆舞女》中敏感多愁的主人公,就隐隐能看到川端康成的化身,能感到作者复杂忧郁的内心和澎湃的激情。

> 那舞女看去大约17岁。她头上盘着大得出奇的旧发髻,那发式我连名字都叫不出来,这使她严肃的鹅蛋脸上显得非常小,可是又美又调和。她就像头发画得特别丰盛的历史小说上姑娘的画像。那舞女一伙里有一个四十多岁的女人、两个年轻的姑娘,另外还有一个十五六岁的男人,穿着印有长冈温泉旅店商号的外衣。
>
> 到这时为止,我见过舞女这一伙人两次。第一次是在前往汤岛的途中,她们正到修善寺去,在汤川桥附近碰到。当时年轻的姑娘有三个,那舞女提着鼓。我一再回过头去看望她们,感到一股旅情渗入身心。然后是在

> 汤岛的第二天夜里，她们巡回到旅馆里来了。我在楼梯半当中坐下来，一心一意地观看那舞女在大门口的走廊上跳舞。我盘算着：当天在修善寺，今天夜里到汤岛，明天越过天城山往南，大概要到汤野温泉去。在二十多公里的天城山山道上准能追上她们。我这么空想着匆忙赶来，恰好在避雨的茶馆里碰上了，我心里扑通扑通地跳。

小说在忧郁的色调中，写了一位孤儿出身的大学预科生去伊豆旅行，途中与流浪艺人结伴而行，其间，对一位17岁的舞女产生了似恋非恋的爱慕之情。青年感觉到的是环绕舞女的悲哀的社会气氛，然而，在这种悲哀的氛围中，舞女纯洁的心灵让他们这两颗自卑的、灰暗的心变得自信而明亮了起来。

美国作家海明威的很多作品其实就是自传，因为他本人的形象渗透在他的人物形象中了。他健壮、英武的外形下却有一种女性般的直觉、善感和温情。他忧郁而孤独，在多次的战争中身心都受到严重的伤害，脑壳至少被打碎过一次，脑部震动至少十二次，严重的交通事故三次，飞机失事两次，作战中弹九处，还不算那些数字惊人的弹片。这些外伤多次使他体验到痛苦和死亡边缘的感觉，加上此后折磨他一生的后遗症，造就了他易于关注自身感受的特点，也决定了作品的风格。《丧钟为谁而鸣》《永别了，武器》《决战前夜》等一批以西班牙为背景的小说就是他四次前往西班牙参战、报道的写照。

> 马德里有一座被炮弹打坏了的公寓，从公寓高处可以望到那个所谓"村舍"，我们当时就是以这座公寓作为工作基地的。战斗就在我们的眼皮底下进行。居高临下看得见战斗的场面一直伸展到小山上，鼻子闻得到硝烟的气味，舌头上沾着战场上飞来的尘沙，步枪声和自动步枪声更是如滚石下坡一般在耳边响成一大片，中间还夹着劈劈啪啪的各式枪声，以及我们背后排炮向外发射的接二连三的隆隆巨响。巨响过后总少不了轰然一声，炮弹落地开花，冲天黄尘滚滚而起。不过要拍好电影，这个距离总还嫌稍远了点儿。我们也往前挪过，可是他们老是对着摄影机打冷枪，弄得你根本没法拍下去。
>
> （节选自《决战前夜》）

他的艺术风格基本上是在一种貌似粗犷朴实的笔触下流动着极为深沉的感情，表面看不出，但是内心澎湃。他摒弃了渲染人物的华丽词藻，删去一般认为必不可少的说明、议论和多余的比喻。他文字简练、准确，还常常用不带个人感情色彩的平淡而克制的陈述，真实、客观，这和他当记者的职业训练有关。

中国作家巴金内倾、抑郁、率真、激情和敏感的情绪延续了一生，有时甚至把一种价值的评判也带到小说中。他自己也说自己的写作无隐喻可言，他的所有文字，不过是一种精神的控诉。因此,他的小说排斥了幽默,排斥了多义性,也排斥了唯美主义的情趣,与书中的人物"共振",构成了他小说的迷人的抒情气息。巴金的叙述语言充满了强烈的痛感色彩。他的几乎所有作品,都被这种痛感化的调子所规范着,构成了他的小说底色。《家》写高公馆时,色调灰蒙蒙的,那种主观的态度,一眼便可领略到:

> 有着黑漆大门的公馆接连地,静寂地并排立在寒风里,两个永远沉默的石狮子蹲在门口。门开着,好像一只怪兽底谁也不能够望见。每个公馆都经历过了相当长久的年代,或是更换了几个姓。每一个都有它自己的秘密。大门底黑漆,落了,又涂上新的。虽然经过了这些改变,可是它们的秘密依旧被保守着,不让外面的人知道。
>
> (节选自《家》)

鲁迅在描述旧中国乡村社会悲剧时,是远远地审视,且具有史家的穿透性,他并不把己见直接说出,而是采用白描手法,让人物通过自己的言行表现出来。他笔法犀利、语言辛辣、文字简练,嬉笑怒骂皆成文章,好用反语讽刺。

> 阿Q又很自尊,所有未庄的居民,全不在他眼神里,甚而至于对于两位"文童"也有以为不值一笑的神情。夫文童者,将来恐怕要变秀才者也。赵太爷钱太爷大受居民的尊敬,除有钱之外,就因为都是文童的爹爹,而阿Q在精神上独不表格外的崇奉,他想:我的儿子会阔得多啦!加以进了几回城,阿Q自然更自负,然而他又很鄙薄城里人,譬如用三尺三寸宽的木板做成的凳子,未庄人叫"长凳",他也叫"长凳",城里人却叫"条凳",他想:这是错的,可笑!油煎大头鱼,未庄都加上半寸长的葱叶,城里却加上切细的葱丝,他想:这也是错的,可笑!然而未庄人真是不见世面的可笑的乡下人呵,他们没有见过城里的煎鱼!
>
> (节选自《阿Q正传》)

(二) 技能练习

1. 阅读下列文章片段

> 林雨翔所在的镇是个小镇。小镇一共一个学校,那学校好比独生子女。小镇政府生造的一些教育机构奖项全给了它,那学校门口"先进单位"的牌子都挂不下了,恨不得用奖状铺地。镇上的老少都为这学校自豪。那学校也争过一次气,前几届不知怎么地培养出两个理科尖子,获了全国的数学

竞赛季亚军。消息传来,小镇沸腾得差点儿蒸发掉,学校领导的面子也顿时增大了好几倍,当即把学校定格在培养理科人才的位置上,语文课立马像闪电战时的波兰城市,守也守不住,一个礼拜只剩下四节。学校有个借口,说语文老师都转业当秘书去了。

(节选自韩寒《三重门》)

(1) 这段文字从风格上说是:
    A. 欢乐的   B. 哀愁的
    C. 热情的   D. 幽默的

(2) 从这段文字中我们感到作者对小镇和学校目前情形的情感是:
    A. 同情的   B. 批评的
    C. 赞扬的   D. 讽刺的

(3) 这段文字从语言运用上说是:
    A. 细腻的   B. 烦琐的
    C. 机智的   D. 朴实的

2. 阅读下列文章片段

好像人开始慢慢成长,就会慢慢地缅怀以前过去的种种。无论是失败的,还是伟大的,苍白的,还是绚烂的,都变成像是甘草棒一样,在嘴里咀嚼出新的滋味。甜蜜里是一些淡淡的苦涩,让人轻轻皱起眉头。

但大多数回忆里的自己,都应该是浅薄而无知的、幼稚而冲动的,所以才会有很多很多的后悔萦绕在心里。

但非常微妙的,却会对曾经这样的自己,产生出一种没有来由的羡慕和憧憬。

(节选自郭敬明《幻城》)

(1) 这段文字从风格上说是:
    A. 激昂的   B. 哀伤的
    C. 深情的   D. 幽默的

(2) 这段文字从语言运用上说是:
    A. 优美的   B. 繁琐的
    C. 机智的   D. 朴实的

(3) 跟上一段文字比,你认为哪种说法更合适:
    A. 这段文字跟上段文字同样幽默   B. 这段文字感性而上段文字风趣
    C. 这段文字空灵而上段文字冷峻   D. 这段文字平淡而上段文字华丽

3. 阅读下列文章片段

> 今早过济南,我五时便起来,对窗整发。外望远山连绵不断,都没在朝霭里,淡到欲无。只浅蓝色的山峰一线,横亘天空。山坳里人家的炊烟,镑镑的屯在谷中,如同云起。朝阳极光明地照临在无边的整齐青绿的田畦上。我梳洗毕凭窗站了半点钟,在这庄严伟大的环境中,我只能默然低头,赞美万能智慧的造物者。
>
> 过泰安府以后,朝露还零。各站台都在浓荫之中,最有古趣,最清幽。到此我才下车稍稍散步,远望泰山,悠然神往。默诵"高山仰止,景行行止,虽不能至,心向往之"四句,反复了好几遍。
>
> (节选自冰心《寄小读者》)

(1) 这段文字从风格上说是:
    A. 柔美优雅　　　　　　B. 忧郁悲伤
    C. 激昂澎湃　　　　　　D. 风趣幽默

(2) 这段文字:
    A. 深沉　　　　　　　　B. 激昂
    C. 活泼　　　　　　　　D. 细腻

(3) 这段文字让人感到的是作者的:
    A. 矛盾的心情　　　　　B. 欢乐的情绪
    C. 淡淡的情怀　　　　　D. 深刻的思考

二、阅读训练

阅读 1

断背山

他们都生长在蒙大拿州犄角旮旯那种又小又穷的农场里:杰克来自州北部边境的赖特宁平原,埃尼斯则来自离犹他州边境不远的塞奇郡附近;两人都是高中没读完就辍学了,前途无望,注定将来得干重活、过穷日子;

两人都举止粗鲁、满口脏话,习惯了节俭度日。埃尼斯是他哥哥和姐姐养大的。他们的父母在"鬼见愁"唯一的拐弯处翻了车,给他们留下了二十四块钱现金和一个被双重抵押的农场。埃尼斯十四岁的时候申请了执照,可以从农场长途跋涉去上高中了。他开的是一辆旧的小货车,没有取暖器,只有一个雨刷,轮胎也挺差劲儿。好不容易开到了,却又没钱修车了。他本来计划读到高二,觉得那样听上去体面。可是这辆货车破坏了他的计划,把他直接铲回农场干起了农活。

1963年遇到杰克时,埃尼斯已经和阿尔玛·比尔斯订了婚。两个男人都想攒点儿钱将来结婚时能办个小酒宴。对埃尼斯来说,这意味着香烟罐里得存上个十美元。那年春天,他们都急着找工作,于是双双和农场签了合同,一起到斯加纳北部牧羊。合同上两人签的分别是牧羊人和驻营者。夏日的山脉横亘在断背山林业局外面的林木线上,这是杰克在山上第二次过夏天,埃尼斯则是第一次。当时两人都还不满二十岁。

在一个小得令人窒息的活动拖车办公室里,他们站在一张铺满草稿纸的桌子前握了握手,桌上还搁着一只塞满烟头的树胶烟灰缸。活动百叶窗歪歪斜斜地挂着,一角白光从中漏进来,工头乔·安奎尔的手移到了白光中。乔留着一头中分的烟灰色波浪发,在给他俩面授机宜。

"林业局在山上有块儿指定的露营地,可营地离放羊的地方有好几英里。到了晚上就没人看着羊了,可给野兽吃了不少。所以,我是这么想的:你们中的一个人在林业局规定的地方照看营地,另一个人……"他用手指着杰克,"在羊群里支一个小帐篷,不要给人看到。早饭、晚饭在营地里吃,但是夜里要和羊睡在一起,绝对不许生火,也绝对不许擅离职守。每天早上把帐篷卷起来,以防林业局来巡查。带上狗,你就睡那儿。去年夏天,该死的,我们损失了近百分之二十五的羊。我可不想再发生这种事。你。"他对埃尼斯说。后者留着一头乱发,一双大手伤痕累累,穿着破旧的牛仔裤和缺纽扣的衬衫。"每个星期五中午十二点,你带上下周所需物品清单和你的骡子到桥上去。有人会开车把给养送来。"他没问埃尼斯带表了没,径直从高架上的盒子里取出一只系着辫子绳的廉价圆形怀表,转了转,上好发条,抛给了对方,手臂都懒得伸一伸:"明天早上我们开车送你们走。"

(节选自微雨寒梅译《断背山》(Brokeback Mountain))

参考词语

1.	犄角旮旯儿	jījiǎogālár		角落,常用来形容不被人注意的地方
2.	辍学	chuòxué	(动)	没有完成学业
3.	粗鲁	cūlǔ	(形)	野蛮和没有教养的
4.	度日	dùrì	(动)	生活,过日子
5.	执照	zhízhào	(名)	政府发给的可以从事某种活动的证明,如可以开车的驾驶执照
6.	跋涉	báshè	(动)	很艰难地走
7.	攒	zǎn	(动)	收集(钱、物品等)
8.	窒息	zhìxī	(动)	不能呼吸
9.	面授机宜	miànshòu jīyí		当面、亲自告诉应该怎么做
10.	擅离职守	shànlí zhíshǒu		没有得到批准而离开工作的岗位
11.	骡子	luózi	(名)	一种像马的动物,是由马和驴交配所生
12.	给养	jǐyǎng	(名)	生活工作所需要的物品

1. 文章总体评价

(1) 这篇文章的体裁是:
　　A. 记叙文　　　　　　　　B. 说明文
　　C. 议论文　　　　　　　　D. 应用文

(2) 这篇文章的风格是:
　　A. 哀伤的　　　　　　　　B. 犀利的
　　C. 壮丽的　　　　　　　　D. 自然的

(3) 这篇文章主要写的是:
　　A. 两个年轻男子在山区牧羊时的情感纠葛
　　B. 两个年轻男子找到一份牧羊工作即将开始进入角色
　　C. 两个年轻男子在蒙大拿州北部山区牧羊的情形
　　D. 在蒙大拿州北部山区牧羊时要遵守的规定

2. 文章阅读理解

(1) 杰克和埃尼斯:
　　A. 都来自贫穷的家庭,也没有受过良好的教育

B. 都来自城市,但是家庭经济情况都不好

C. 虽然来自偏远的地方,但受过良好的教育

D. 虽然没受过良好的教育,但是举止很有教养

(2) 根据文章,杰克和埃尼斯的情况是:
    A. 高中都没有毕业   B. 他们的父母都死了
    C. 他们都会开车   D. 以上全部

(3) 杰克和埃尼斯接受工作的原因是:
    A. 他们需要帮助家里   B. 他们需要结婚的钱
    C. 他们想在山上牧羊   D. 以上全部

(4) 乔让杰克住在帐篷里是因为:
    A. 营地离牧羊的地方太远,为了照顾杰克
    B. 林业局的人会来巡查,睡在帐篷里别人看不见
    C. 林业局规定必须有人住在帐篷里照看营地
    D. 怕野兽吃羊,让杰克在牧羊的地方保护羊

(5) 乔说不想像去年一样损失近百分之二十五的羊,所以:
    A. 埃尼斯需要去桥上接给养
    B. 绝对不许生火
    C. 晚上必须有人跟羊在一起
    D. 必须让羊晚上住在帐篷里

(6) 住在帐篷里其实:
    A. 违反了政府的规定
    B. 没有必要
    C. 不需要营地了
    D. 为了让狗保护羊

(7) 最后一句中"上好发条,抛给了对方,手臂都懒得伸一伸"表示出的意思是:
    A. 乔很懒
    B. 乔不重视他们俩
    C. 乔很大方
    D. 乔很幽默

3. 简单回答问题

(1) 埃尼斯父母死后,他没有继续读书的一个原因是:_____。

(2) 埃尼斯如果有十美元,他就可以:_____。

(3) 埃尼斯和乔见面时穿的是:_____。

阅读 2

端午的鸭蛋

　　我的家乡是水乡。出鸭。高邮大麻鸭是著名的鸭种。鸭多,鸭蛋也多。高邮人也善于腌鸭蛋。高邮咸鸭蛋于是出了名。我在苏南、浙江,每逢有人问起我的籍贯,回答之后,对方就会肃然起敬:"哦!你们那里出咸鸭蛋!"上海的卖腌腊的店铺里也卖咸鸭蛋,必用纸条特别标明:"高邮咸蛋。"高邮还出双黄鸭蛋。别处鸭蛋有偶有双黄的,但不如高邮的多,可以成批输出。双黄鸭蛋味道其实无特别处。还不就是个鸭蛋!只是切开之后,里面圆圆的两个黄,使人惊奇不已。我对异乡人称道高邮鸭蛋,是不大高兴的,好像我们那穷地方就出鸭蛋似的!不过高邮的咸鸭蛋,确实是好,我走的地方不少,所食鸭蛋多矣,但和我家乡的完全不能相比!曾经沧海难为水,他乡咸鸭蛋,我实在瞧不上。袁枚的《随园食单·小菜单》有"腌蛋"一条。袁子才这个人我不喜欢,他的《食单》好些菜的做法是听来的,他自己并不会做菜。但是《腌蛋》这一条我看后却觉得很亲切,而且"与有荣焉"。文不长,录如下:"腌蛋以高邮为佳,颜色细而油多,高文端公最喜食之。席间,先夹取以敬客,放盘中。总宜切开带壳,黄白兼用;不可存黄去白,使味不全,油亦走散。"

　　高邮咸蛋的特点是质细而油多。蛋白柔嫩,不似别处的发干、发粉,入口如嚼石灰。油多尤为别处所不及。鸭蛋的吃法,如袁子才所说,带壳切开,是一种,那是席间待客的办法。平常食用,一般都是敲破空头用筷子挖着吃。筷子头一扎下去,吱——红油就冒出来了。高邮咸蛋的黄是通红的。苏北有一道名菜,叫做"朱砂豆腐",就是用高邮鸭蛋黄炒的豆腐。我在北京吃的咸鸭蛋,蛋黄是浅黄色的,这叫什么咸鸭蛋呢?端午节,我们那里的孩子兴挂"鸭蛋络子"。头一天,就由姑姑或姐姐用彩色丝线打好了络子。端午一早,鸭蛋煮熟了,由孩子自己去挑一个,鸭蛋有什么可挑的呢?有!一要挑淡青壳的。鸭蛋壳有白的和淡青的两种。二要挑形状好看的。别说鸭蛋都是一样的,细看却不同。有的样子蠢,有的秀气。挑好了,装在络子里,挂在大襟的纽扣上。这有什么好看呢?然而它是孩子心爱的饰物。鸭蛋络子挂了多半天,什么时候孩子一高兴,就把络子里的鸭蛋掏出来,吃了。端午的鸭蛋,新腌不久,只有一点淡淡的咸味,白嘴吃也可以。

孩子吃鸭蛋是很小心的,除了敲去空头,不把蛋壳碰破,把蛋黄蛋白吃光了,用清水把鸭蛋壳里面洗净,晚上捉了萤火虫来,装在蛋壳里,空头的地方糊一层薄罗。萤火虫在鸭蛋壳里一闪一闪地亮,好看极了!

小时读囊萤映雪故事,觉得东晋的车胤用练囊盛了几十只萤火虫,照了读书,还不如用鸭蛋壳来装萤火虫。不过用萤火虫照亮来读书,而且一夜读到天亮,这能行么?车胤读的是手写的卷子,字大,若是读现在的新五号字,大概是不行的。

(汪曾祺)

参考词语

1. 腌	yān	(动)	用盐浸泡制作食物
2. 肃然起敬	sùránqǐjìng		产生严肃恭敬的感情
3. 双黄	shuānghuáng		有两个蛋黄的蛋
4. 称道	chēngdào	(动)	称赞,说好
5. 嚼	jiáo	(动)	用牙咬碎
6. 萤火虫	yínghuǒchóng	(名)	一种会发光的昆虫
7. 糊	hú	(动)	粘贴
8. 罗	luó	(名)	丝织品
9. 囊萤映雪	nángyíngyìngxuě		囊:袋子。借助装在袋里的萤火虫或积雪反射的光读书,形容刻苦攻读
10. 卷子	juànzi	(名)	书

专有名词

东晋	Dōngjìn	(公元317~公元420)中国的一个朝代

1. **文章总体评价**

(1) 这篇文章的体裁是:
   A. 记叙文　　　　　　　　B. 说明文
   C. 议论文　　　　　　　　D. 应用文

(2) 这篇文章的风格是：
    A. 幽默且豪放的   B. 犀利且悲愤的
    C. 细腻且忧郁的   D. 平淡且诗意的
(3) 这篇文章主要写的是：
    A. 农村生活   B. 对故乡的思念
    C. 高邮鸭蛋的制作方法   D. 高邮鸭蛋的特点及与高邮人的关系

2. 文章阅读理解

(1) 别人对作者称道高邮咸鸭蛋时，作者：
    A. 很自豪   B. 不太高兴
    C. 很生气   D. 没有说
(2) 作者说："曾经沧海难为水，他乡咸鸭蛋，我实在瞧不上。"其中的"曾经沧海难为水"的意思是：
    A. 是肯定的   B. 永远不能改变
    C. 以前非常好   D. 别的不能超过这个
(3) 哪个不是高邮咸鸭蛋的特点：
    A. 质细而油多   B. 蛋白柔嫩
    C. 发干、发粉   D. 双黄蛋多
(4) 高邮咸鸭蛋和别的地方的咸鸭蛋比：
    A. 大   B. 很咸
    C. 蛋黄是红的   D. 以上全部
(5) 作者认为咸鸭蛋的样子：
    A. 有重有轻   B. 每个都一样
    C. 有大有小   D. 有蠢的有秀气的
(6) 作者对囊萤映雪的看法是：
    A. 可以，因为以前的卷子字大
    B. 怀疑萤火虫的能否照亮书本
    C. 如果装鸭蛋壳里就一定可以了
    D. 以上全部

3. 简单回答问题

(1) 上海卖咸鸭蛋的地方是：_____。
(2) 客人来吃咸鸭蛋的方法是：_____。
(3) 孩子挂鸭蛋络子的时间大约是：_____。

阅读 3

象坟的秘密

在大象的产区,无论古今中外,都有这样一个传说:大象到了老年,能自知死亡的来临。快要死的象无论离开自己象族的"坟地"有多远,也要赶回去,好死在"象坟"里。千百年来,那里的象牙和象骨堆积如山,这就是所谓的"象牙矿"。

自古以来,不知有多少探险家、旅行家、狩猎者和那些幻想发财的人,日夜梦想找到"象牙矿"。可是,几百年过去了,却没有一个人找到它。"象牙矿"在哪儿呢?传说,这个地方任何人也找不到,只有大象自己才能找到。

从现代科学技术的观点来看,"象牙矿"只不过是一个美丽而诱人的传说而已。奇怪的是,人们为什么很少发现大象的尸体和象牙呢?

1970年,一位动物学家说他在非洲密林深处看到了大象葬礼的全过程。他说,在离密林几十米处的一块小草原上,几十头象围着一个快要死去的雌象,像在开会一样。当这头雌象倒在地上死去时,周围的象发出一阵哀号,为首的雌象用长长的象牙掘土,用鼻子卷起土朝死象身上投去,其他的象便一起这样做。一会儿,死象身上堆满了土、石块和枯草。接着,为首的雄象带领众象去踏这个土堆,这个土堆就成了一座坚固的"象墓"。众象围着"象墓"转了几圈,像是在和遗体告别,然后就离去了。

也有人说象不但会掩埋同伴的尸体,也会掩埋人的尸体。在塞仑格提国家公园工作的活尔夫说他曾经亲自做过一次实验。他趴在一个垃圾坑附近,装着已经死去的样子。非洲象群在栅栏外,距离有两米远。没过多久,首领象发现了他,便走了过来,用土、树枝和沙石向他扔去。紧跟着,众象也像首领象一样,朝他扔土和其他东西。

不过,有科学家经过考察后指出,象坟并不存在,所谓象坟只不过是一个比较大一点的白蚁巢穴,野象没有人那么高的智商去掩埋死亡的同伴。

人们为什么找不到象的尸体?科学家经过观察发现,大象死了以后,很快就被其他动物所分食了。因为象群一般要流动数十里甚至近百里寻找足够的食物,年老和患病的象追随象群感到吃力,就脱离了象群,去找隐蔽的地方藏身,然后悄然死去。如果遇到热带的大雨或河水泛滥,尸骨和象牙也可能被洪水冲散,或隐于泥沙。此外,热带成群的腐食者如鬣狗、豹、兀鹰等,用不了两天,就会把象的尸体分食净,甚至连象牙也难免被豪猪所啃噬。即使有留下的象牙,也会因炎热、潮湿而被腐蚀掉。

参考词语

1. 探险家	tànxiǎnjiā	（名）	专门从事探险、发现的人
2. 狩猎者	shòulièzhě	（名）	打猎的人
3. 葬礼	zànglǐ	（名）	为死者举行的安葬仪式
4. 雌象	cíxiàng		母象
5. 雄象	xióngxiàng		公象
6. 遗体	yítǐ	（名）	动物死了以后的身体，即尸体
7. 掩埋	yǎnmái	（动）	用土或其他东西盖起来
8. 栅栏	zhàlan	（名）	像篱笆一样起阻拦作用的栏杆
9. 白蚁	báiyǐ	（名）	一种昆虫，像蚂蚁，会飞，能严重破坏木材、建筑物等
10. 巢穴	cháoxué	（名）	鸟兽的窝
11. 泛滥	fànlàn	（动）	不受控制的洪水，现在也形容别的不受控制的坏的事物
12. 啮噬	nièshì	（动）	咬
13. 腐蚀	fǔshí	（动）	（物体、动物机体或思想）被逐渐破坏

1. 文章总体评价

（1）这篇文章是：
    A. 新闻报道   B. 科普文章
    C. 学术论文   D. 政府公文

（2）这篇文章的风格主要是：
    A. 客观的   B. 清新的
    C. 幽默的   D. 豪放的

（3）这篇文章的文字：
    A. 清新   B. 通俗
    C. 典雅   D. 华丽

（4）这篇文章主要是写：
    A. 探险家是如何发现象坟的   B. 象坟是怎样形成的
    C. 象坟的传说和研究   D. 以上全部

2. 文章阅读理解

(1) 关于象坟的传说和事实是：
  A. 那里有很多象牙   B. 象临死以前一定要到那里去
  C. 没有人真正找到过象坟   D. 以上全部

(2) 有人说看到大象的葬礼，他说的不包括：
  A. 象死的时候同伴会伤心地叫
  B. 象会往同伴尸体上堆土
  C. 埋好象的尸体后同伴会在上面踩
  D. 同伴会留下来守着这个象坟

(3) 文章说有科学家研究后发现：
  A. 象喜欢埋葬死去的同伴
  B. 象有跟人一样的智商
  C. 象坟在很难发现的隐蔽地方
  D. 象坟其实是白蚁的巢穴

(4) 关于大象的尸体难以发现，可能不正确的说法是：
  A. 尸体被热带的大雨或河水泛滥冲散或隐于泥沙
  B. 尸体很快就被其他动物所分食了
  C. 尸体被同伴埋起来了
  D. A 和 B

(5) 关于大象，我们知道：
  A. 生活在热带   B. 要走很远去找食物
  C. 是群居的动物   D. 以上全部

3. 简单回答问题

(1) 有人想找"象牙矿"可能是因为：_____。

(2) 鬣狗、豺、兀鹰是什么动物？_____。

(3) 象牙的消失是因为：_____。

第 九 课

一、阅读技能　文章的风格(3)

(一) 概述

说到风格,伍立杨就说过,文艺中最难仿冒的一种东西应是风格,虽然作者可以变换题材、体裁,但他的风格还是容易让人分辨出来,因为风格是相对稳定的。

有人曾经伪造了张飞《铁刀铭》、关羽《三上张翼德书》,钱钟书看了以后就认为是假的,因为这些假的作品:"与汉魏手笔悬绝,稍解文词风格者到眼即辨。"风格表现在作品的字句、句式、文采、文理、脉络和体式内外,要模仿不容易,要完全改变也不容易。

著名作家林语堂去世后,很多人造假。林语堂的女儿林太乙说那些伪作往往"沾染了父亲所讨厌的欧化冗长词句的恶习",而且林语堂从来不用"人们"二字,凡有这二字而标明林著者必为伪托无疑。此为文词风格辨伪的一个显例。

风格可以辨伪,乃因作家心境、学识、性格和质材的差异,因为作家质材不同,则感知方式、表达体式均不一样,这些都在文词风格中深潜着,做不了假。

(二) 技能练习

1. 阅读下列文章片段

> 旧式知识分子的气质心曲,保有传统文化的正大血脉。他们清贫、朴拙,甚至潦倒,或埋头于沉溺所好、不通时务的旧癖,其作品文字,则往往老古、亲切,淡淡的哀伤,这样一种旧时月色,它既与时文的急管繁弦全不搭界,和厌世的伤绝气沮也大不相类。
>
> 日与传媒新文体、新新文体相纠缠,或与赶场文章及帮闲的软性文字相遭遇,生趣泯然尽矣。枯坐微吟老诗家的旧时月色,顿有久违之慨。透过真君子的良工心苦,读后感是贾生太息,回想不已。偶照镜子,也觉得"白发搔更短"呢!不管它是怎样的吧。
>
> (节选自伍立杨《书生心曲》)

(1) 这段文字从风格上说是：
    A. 幽默的   B. 活泼的
    C. 典雅的   D. 朴素的
(2) 从这段文字来看，作者似乎像是一位：
    A. 深沉的老者   B. 激昂的青年
    C. 天真的少年   D. 细腻的女性
(3) 这段文字让人感到作者有明显的：
    A. 革新精神   B. 怀旧情绪
    C. 反传统精神   D. 厌世情绪
(4) 从这段文字我们知道作者对于现在的新文体和新新文体：
    A. 欣赏   B. 讨厌
    C. 热爱   D. 没有说

2. 阅读下列文章片段

> 会议指出，当前国际金融市场急剧动荡，世界经济增长明显放缓，国际经济环境中不稳定因素明显增多，对我国的影响逐步显现，国内经济运行中出现了一些新情况、新问题。主要是经济增长放缓趋势明显，企业利润和财政收入增速下降，资本市场持续波动和低迷。我们既要充分估计国际环境的复杂性和严峻性，深刻认识保持我国经济平稳较快发展的重要性和艰巨性，增强忧患意识，又要正确认识我们的有利条件和积极因素，坚定信心，冷静观察，多管齐下，有效应对，努力把好的形势巩固和发展下去。
>
> （节选自新闻报道《国务院常务会议报告》）

(1) 这段文字的语体风格是：
    A. 明快的   B. 哀愁的
    C. 热情的   D. 庄重的
(2) 这段文字从总体上说是典型的：
    A. 公文语体   B. 科技语体
    C. 文艺语体   D. 政论语体
(3) 这段文字让人感觉到的是：
    A. 深刻的批判   B. 热情的赞美
    C. 清晰的分析   D. 痛苦的控诉
(4) 这段文字主要是政府：
    A. 希望经济增长趋势应该放缓
    B. 表明经济改革一定能成功

C. 如何扩大企业利润的措施
  D. 应对当前经济形势的措施
(5) 从修辞上说这段文字用得比较多的方法是：
  A. 排比　　　　　　　　　　B. 谐音双关
  C. 对偶　　　　　　　　　　D. 倒装

3. **阅读下列文章片段**

> 三点二十分，电话铃响的时候，我正躺在榻榻米上盯着天花板出神。冬天的日光，正好只在我躺着的部分，造成一滩阳光的游泳池。我简直就像死掉的苍蝇一样，在一九七一年十二月的阳光里，呆呆躺了好几个钟头。
>
> 起先听起来，并不觉得是电话铃，只像是空气层里不客气地溜进来被遗忘的记忆片段之类的东西。重复了几次之后，才好不容易开始带上电话铃的体裁，最后变成百分之百的电话铃声。震动着百分之百现实空气的百分之百的电话铃声。我仍然以躺着的姿势，伸手抓起听筒。

（节选自村上春树《意大利粉之年》）

(1) 这段文字从风格上说是：
  A. 优美的　　　　　　　　　B. 平淡的
  C. 深情的　　　　　　　　　D. 幽默的
(2) 从这段文字来看，作者的情绪似乎比较：
  A. 快乐　　　　　　　　　　B. 痛苦
  C. 积极　　　　　　　　　　D. 消极
(3) 评价这段文字，以下哪一种说法比较合适：
  A. 语言典雅，充满乐观主义精神
  B. 语言幽默，表达了作者的自信
  C. 语言简练，透出了内心的无奈
  D. 语言朴实，表现出人类的绝望

4. **阅读下列文章片段**

> 赵辛楣躺在沙发里，含着烟斗，仰面问天花板上挂的电灯道："方先生在什么地方做事呀？"
>
> 方鸿渐有点儿生气，想不理他不可能，"点金银行"又叫不响，便含糊地说："暂时在一家小银行里做事。"

赵辛楣鉴赏着口里吐出来的烟圈道:"大材小用,可惜可惜! 方先生在外国学的是什么呀?"

鸿渐没好气道:"没学什么。"

苏小姐道:"鸿渐,你学过哲学,是不是?"

赵辛楣喉咙里干笑道:"从我们干实际工作的人的眼光看来,学哲学跟什么都不学全没两样。"

"那么得赶快找个眼科医生,把眼光验一下,会这样东西的眼睛,一定有毛病。"方鸿渐为掩饰斗口的痕迹,有意哈哈大笑。赵辛楣以为他讲了俏皮话而自鸣得意,一时想不出回答,只好狠命抽烟。苏小姐忍住笑,有点儿不安。只唐小姐云端里看厮杀似的,悠远淡漠地笑着。鸿渐忽然明白,这姓赵的对自己无礼,是在吃醋,当自己是他的情敌。苏小姐忽然改口,不叫"方先生"而叫"鸿渐",也像有意要姓赵的知道她跟自己的亲密。想来这是一切女人最可夸傲的时候,看两个男人为她争斗。

(节选自钱钟书《围城》)

(1) 这段文字从风格上说是:
  A. 柔美优雅   B. 忧郁悲伤
  C. 激昂澎湃   D. 机智幽默

(2) 从这段文字的描写中,我们感觉作者是:
  A. 睿智的   B. 激昂的
  C. 天真的   D. 忧郁的

(3) 这段文字主要写的是:
  A. 苏小姐和方鸿渐的爱情   B. 方鸿渐和赵辛楣的交锋
  C. 几个女人之间的争斗   D. 苏小姐的心机

二、阅读训练

阅读 1

中国人

(1) 但是虽有此南北之分,与外族对立而言,中国民族尚不失为有共同的特殊个性。这个国民性之来由,有的由于民族,有的由于文化,有的是由于经济环境得来的。中国民族有优点,也有劣处,若俭朴,若爱自然,若勤俭,若幽默,好的且不谈,谈其坏的。为国与为人一样,当就坏处着想,勿专谈己长,才能振作。有人要谈民族文学也可以,但是夸张轻狂,不自检省,终必灭亡。最要紧是研究我们的弱点何在,及其弱点之来源。

(2) 我们姑先就忍耐性、散漫性及老猾性这三个弱点研究一下,并考其来源。我相信这些都是一种特殊文化及特殊环境的结果,不是上天生就华人,就是这样忍辱含垢,这样不能团结,这样老猾奸诈。这有一方法可以证明,就是人人在他自己的经历,可以体会出来。本来人家说屁话,我就反对;现在人家说屁话,我点头称善曰:"是啊,不错不错。"由此度量日宏而福泽日深。由他人看来,说是我的修养功夫进步。不但在我如此,其实人人如此。到了中年的人,若肯诚实反省,都有这样修养的进步。二十岁青年都是热心国事,三十岁的人都是"国事管他娘"。我们要问,何以中国社会使人发生忍耐,莫谈国事,及八面玲珑的态度呢?我想含忍是由家庭制度而来,散漫放逸是由于人权没有保障,而老猾敷衍是由于道家思想。自然各病不只一源,而且其中各有互相关系,但为讲解得清楚便利,可以这样暂时分个源流。

(3) 忍耐、和平,本来也是美德之一。但是过犹不及。在中国忍辱含垢,唾面自干已变成君子之德。这忍耐之德也就成为国民之专长。所以西人来华传教,别的犹可,若是白种人要教黄种人忍耐和平无抵抗,这简直是太不自量而发热昏了。在中国,逆来顺受已成为至理名言,弱肉强食,也几乎等于天理。贫民遭人欺负,也叫忍耐,四川人民预缴三十年课税,结果还是忍耐。因此忍耐乃成为东亚文明之特征。然而越"安排吃苦"越有苦可吃。若如中国百姓不肯这样地吃苦,也就没有这么许多苦吃。所以在中国贪官剥削小百姓,如大鱼吃小鱼,可以张开嘴等小鱼自己游进去,不但毫不费力,而且甚合天理。俄国有个寓言,说一日有小鱼反对大鱼的奸灭同类,就对大鱼反抗,说:"你为什么吃我?"大鱼说:"那么,请你试试看。我让你吃,你吃得下去么?"这大鱼的观点就是中国人的哲学,叫做守己安分。小鱼退避大鱼谓之"守己",退避不及游入大鱼腹中谓之"安分"。

(4) 这种忍耐的态度,我想是由大家庭生活学来的。一人要忍耐,必先把脾气炼好,脾气好就忍耐下去。中国的大家庭生活,天赋给我们练习忍耐的机会,因为在大家庭中,子忍其父,弟忍其兄,妹忍其姊,侄忍叔,妇忍姑,妯娌忍其妯娌,自然成为五代同堂团圆局面。这种日常生活磨炼影响之大,是不可忽略的。这并不是我造谣。以前张公艺九代同堂,唐高宗到他家问何诀。张公艺只请纸连写一百个"忍"字。这是张公艺的幽默,是对大家庭制度最深刻的批评。后人不察,反拿百忍当传家宝训。自然这也有道理。其原因是人口太多,聚在一起,若不相容,就无处翻身,在家在国,同一道理。能这样相忍为家者,自然也能相安为国。

(节选自林语堂《中国人》)

参考词语

1.	劣处	lièchù		不好的、不好的方面
2.	轻狂	qīngkuáng	(形)	轻浮狂妄,骄傲张狂的样子
3.	检省	jiǎnxǐng	(动)	检查和反省自己
4.	散漫	sǎnmàn	(形)	不认真,随意自由的样子
5.	老猾	lǎohuá	(形)	老到、狡猾
6.	忍辱含垢	rěnrǔ-hángòu		忍受屈辱和污蔑
7.	修养	xiūyǎng	(名)	这里指跟人交往接触的正确态度和方法
8.	八面玲珑	bāmiànlínglóng		很善于跟各种人接触,让大家都喜欢他或她(含贬义)
9.	放逸	fàngyì	(形)	自由、随意、安逸的样子
10.	敷衍	fūyǎn	(动)	不认真,随便应付
11.	源流	yuánliú	(名)	开始的地方
12.	过犹不及	guòyóubùjí		做得过分还不如做得不够
13.	唾面自干	tuòmiànzìgān		能忍耐,别人吐口水在脸上也不反抗
14.	不自量	bú zìliàng		做事情前不看自己的能力(指能力不够)
15.	逆来顺受	nìláishùnshòu		什么样的情况下都忍耐、接受
16.	至理名言	zhìlǐmíngyán		正确的、真理一样的话
17.	弱肉强食	ruòròuqiángshí		弱小的就应该被强大的吃掉
18.	天理	tiānlǐ	(名)	天然的道理,绝对的真理
19.	守己安分	shǒujǐ'ānfèn		一般说"安分守己",安于本分,不反抗,不抱怨,听从命运的安排
20.	天赋	tiānfù	(名)	天生的(能力)

1. 文章总体评价

(1) 这篇文章的体裁是:
　　A. 散文　　　　　　　　　　B. 小说
　　C. 说明文　　　　　　　　　D. 应用文

(2) 这篇文章的风格是：

  A. 沉着   B. 悲观

  C. 愤怒   D. 夸张

(3) 对于中国人的忍耐精神，作者的评价：

  A. 基本是正面的   B. 基本是负面的

  C. 客观中性的   D. 看不出来

2. 文章阅读理解

(1) 文章第二段说的主要是：

  A. 中国人的三个弱点及其产生原因

  B. 中国人到了中年，都有这样修养的进步

  C. 中国二十岁青年和三十岁的人修养不同

  D. 忍耐的性格是由家庭制度来的

(2) 忍耐给中国带来的主要社会问题是在第几段说的？

  A. 第一段   B. 第二段

  C. 第三段   D. 第四段

(3) 跟"散漫性"意思接近的是：

  A. 忍辱含垢   B. 不团结

  C. 诚实反省   D. 老猾敷衍

(4) "三十岁的人都是'国事管他娘'"的意思是：

  A. 三十岁的人不激动，但是要参与国家管理

  B. 三十岁的人明白国事跟自己有密切的关系

  C. 三十岁的人关心国事的方法是爱护

  D. 三十岁的人不愿意管国事

(5) 跟"本来人家说屁话，我就反对"中"屁话"意思接近的是：

  A. 脏话   B. 骗人的假话

  C. 坏话   D. 没有意义的话

(6) "由此度量日宏而福泽日深"的意思是：

  A. 从此就知道真正的幸福在哪里了

  B. 因此越来越宽容也越来越有福气

  C. 为此专门深入研究日常生活中的幸福

  D. 每天跟别人商量是一件幸福的事情

(7) 文章中关于中国人忍耐性的最极端的例子是：
　　A. 白种人要教黄种人忍耐是不自量而发热昏
　　B. 四川人民预缴三十年课税,结果还是忍耐
　　C. 在中国贪官剥削小百姓,如大鱼吃小鱼
　　D. 以上全部

(8) "后人不察,反拿百忍当传家宝训"中"后人不察"的意思是：
　　A. 后代不相信　　　　　　B. 后代不明白
　　C. 后代不同意　　　　　　D. 后代不聪明

(9) "其原因是人口太多,聚在一起,若不相容,就无处翻身"中"翻身"的意思是：
　　A. 成功　　　　　　　　　B. 移动
　　C. 和谐　　　　　　　　　D. 反抗

3. 简单回答问题

(1) 作者说国民性来源于三个方面,分别是：_____。
(2) 中国人的三个弱点分别是：_____。
(3) 中国人的三个弱点来源于：_____。

阅读 2

液态奶知识

　　市场上的乳品主要有"××纯牛奶"、"××鲜牛奶"、"××纯鲜牛奶"、"××高钙奶"、"××果味奶"等。可见多数乳品企业在生产液态奶产品的时候,是从其产品的原料和添加物的使用角度进行命名的。

　　液态奶首先要看是否使用奶粉,据现行国家标准GB5408.1—1999《巴氏杀菌乳》和GB5408.2—1999《灭菌乳》的规定,只有灭菌乳可以以奶粉做原料,但要求明确加以标示。常见的液态奶有以下这些：

　　生鲜牛奶(raw milk)：从健康牛体正常乳房挤下的天然乳腺分泌物,仅经过冷却,可能经过过滤,但未杀菌、加热、净乳,特别是未经过巴氏杀菌。又可称为生奶/乳、生鲜牛乳、原料奶/乳。生鲜牛奶不能直接上市,直接食用生鲜牛奶会危害人体健康。

　　鲜牛奶(fresh milk)指用奶牛当天挤出的生鲜牛奶经过巴氏杀菌法加工而成的奶,从牛奶挤出到生产、销售在24小时之内完成。冷藏保质期基

本为5~7天。

灭菌奶(ultra high temperature sterilized milk,简称UTH)是通过瞬间(一般3~4秒)升高灭菌温度(135~150摄氏度)来达到理想的灭菌效果。这种灭菌方式杀死了牛奶中绝大部分细菌,同时避免了对牛奶营养成分造成破坏。超高温灭菌奶一般可以常温保存,保质期可以达6~10个月,特别方便运输和储存。

再制奶(recombined milk):用脱脂奶粉同奶油(butter)或无水奶油(butteroil)等乳脂肪以及水混合勾兑而成的符合GB—6914《生鲜牛奶收购标准》成分的液态奶。又可称为再制乳。

还原奶(reconstituted milk):用全脂奶粉和水勾兑成的,符合GB—6914《生鲜牛奶收购标准》成分的液态奶。又可称为还原奶乳、复原奶/乳。

混合奶(mixed milk):用生鲜牛奶与复原奶或再制奶以某种比率相互混合而成的混合物。又可称为混合乳。

按国际惯例,混合奶中生鲜奶含量不宜小于50%;如果是以再制奶与生鲜牛奶混合成的混合奶,其中生鲜奶含量不宜小于70%。

如果在产品中还使用其他辅料,则形成液态奶的衍生系列产品,据现行国家标准GB 14880—94《食品营养强化剂使用卫生标准》和GB 2760—1996《食品添加剂使用卫生标准》,允许添加的辅料种类繁多,如各种水果口味的,强化铁、锌、多种维生素等,形成了不同的衍生系列产品。

风味奶(flavored milk):以牛奶(或羊奶)或混合奶为主料,脱脂或不脱脂,添加调味辅料物质,经有效加工制成的液态产品。又可称为风味乳、调味牛奶/乳、调香牛奶/乳。

营养强化奶(fortified milk):以牛奶(或羊奶)或混合奶为主料,脱脂或不脱脂,添加营养强化辅料物质(如铁Fe、锌Zn、DHA等),经有效加工制成的液态产品。又可称为营养强化乳。

含乳饮料(milk beverage):以新鲜牛乳为原料,适度调味调酸以及调质地状态,经有效加工而制成的具有相应风味的固态、半固态或液态的饮料。其中含乳量至少应在30%以上。

一般用利乐保鲜纸盒(tetra pak)包装的是超高温灭菌奶(ultra high-temperature sterilized milk,简称UTH)是用135~150摄氏度的高温3~5秒来灭菌的奶。灭菌奶一般可以常温保存,保质期可以达6~10个月。

参考词语

1. 液态奶	yètàinǎi	（名）	形态为液体的奶
2. 乳品	rǔpǐn	（名）	奶产品
3. 添加物	tiānjiāwù	（名）	本身没有，但后来加进去的东西
4. 杀菌	shājūn	（动）	杀死细菌
5. 乳腺	rǔxiàn	（名）	动物身体里能产生奶的腺体
6. 分泌物	fēnmìwù	（名）	从生物体里产生出来的某种物质，如人见到酸的东西分泌出口水
7. 过滤	guòlǜ	（动）	用某种器具把物体中的某种物质挡在外边等
8. 巴氏杀菌	bāshì shājūn		pasteurization；一种用比较低的温度杀死细菌的方法
9. 脱脂奶粉	tuōzhī nǎifěn		去掉脂肪的奶粉
10. 勾兑	gōuduì	（动）	把两种或两种以上的东西按比例进行混合
11. 全脂奶粉	quánzhī nǎifěn		含有脂肪的奶粉
12. 辅料	fǔliào	（名）	制造某种东西的辅助材料
13. 衍生	yǎnshēng	（动）	演变发展出来
14. 固态	gùtài	（名）	固体的形态

1. 文章总体评价

（1）这篇文章的体裁是：
    A. 记叙文   B. 说明文
    C. 议论文   D. 应用文

（2）这篇文章的语体是：
    A. 文艺语体   B. 科技语体
    C. 公文语体   D. 政论语体

（3）这篇文章主要是：
    A. 介绍液态奶种类   B. 介绍液态奶的风味
    C. 介绍液态奶的杀菌   D. 介绍液态奶的原料

2. 文章阅读理解

(1) 通过文章,你觉得哪种奶里面一定没有奶粉:
    A. 鲜牛奶   B. 灭菌奶
    C. 还原奶   D. 再制奶

(2) 生鲜牛乳和鲜牛奶的最大区别是:
    A. 直接来自牛的乳房和用奶粉加水勾兑
    B. 挤出来当天加工的和以后才加工的
    C. 是否经过巴氏杀菌
    D. 以上全部

(3) 用脱脂奶粉、奶油等和水混合勾兑出来的液态奶是:
    A. 鲜牛奶   B. 再制奶
    C. 还原奶   D. 混合奶

(4) 用生鲜牛奶和复原奶或再制奶以某种比率相互混合而成的是:
    A. 鲜牛奶   B. 再制奶
    C. 还原奶   D. 混合奶

(5) 如果有一个产品的名字叫"芒果奶",你觉得它的乳含量可能是:
    A. 100%   B. 70%以上
    C. 50%以上   D. 30%以上

(6) 每天早上送奶工送到你们家门口的用小房子一样的纸盒或瓶子包装的是:
    A. 生鲜奶   B. 鲜牛奶
    C. 灭菌奶   D. 混合奶

(7) 我们一箱一箱买回家放在那里慢慢喝的是:
    A. 生鲜奶   B. 鲜牛奶
    C. 灭菌奶   D. 不知道

3. 简单回答问题

(1) 不能直接喝的是:_____。
(2) 奶含量最低的是:_____。
(3) 可以在冰箱保鲜5～7天的是:_____。

阅读 3

奥运会开幕式、闭幕式和颁奖仪式

开幕式

奥运会开幕式内容包括基本仪式和富有民族特色的团体操及大型体育文艺表演,其基本仪式包括以下固定程序:

1. 奥运会组委会主席宣布开幕式开始,国际奥委会主席和奥运会组委会主席在运动场入口迎接东道国国家元首,并引导他到专席就座。

2. 各代表团按主办国语言的字母顺序列队入场(2008年北京奥运会则是按照简体汉字笔画顺序排列入场。但希腊和东道国代表团例外,按惯例希腊代表团最先入场,东道国最后)。

3. 奥运会组委会主席讲话。

4. 国际奥委会主席讲话。

5. 东道国国家元首宣布奥运会开幕,奏《奥林匹克圣歌》,同时奥林匹克旗以水平展开形式进入运动会场并从赛场的旗杆上升起。

6. 奥林匹克火炬接力跑进入运动场,最后一名接力运动员沿跑道绕场一周后点燃奥林匹克圣火,放飞鸽子。

7. 各代表团旗手绕主席台形成半圆形,主办国的一名运动员登上讲台,他左手执奥林匹克旗的一角,举右手宣誓。

8. 主办国的一名裁判员登上讲台,以同样的方式宣誓。

9. 演奏或演唱主办国国歌。

上述固定程序结束后,由东道国进行大型体育文艺表演。一般而言开幕式的成败与否,在很大程度上取决于大型体育文艺表演的效果。

闭幕式

第29届北京奥运会闭幕式首先由各代表团的旗手按开幕式的顺序列纵队进场,在他们后面是不分国籍的运动员队伍,旗手在讲台后形成半圆形。

国际奥委会主席和当届奥运会组委会主席登上讲台,希腊国旗从升冠军国旗的中央旗杆右侧的旗杆升起,主办国国旗从中央旗杆升起,下届奥运会主办国的国旗从左侧旗杆升起。主办城市市长登上讲台,并把会旗交给国际奥委会主席,国际奥委会主席把旗交给下届奥运会主办城市的市长。

奥运会组委会主席讲话,国际奥委会主席致闭幕词。紧接着,奥林匹克圣火在号声中熄灭,奏《奥林匹克圣歌》的同时,奥林匹克会旗徐徐降下,并以水平展开形式送出运动场,旗手紧随其后退场。同时奏响欢送乐曲。各代表团退场。

最后,进行精彩的文艺表演。由主办国把奥运会旗帜转交给下届主办国代表。缓缓熄灭圣火。

颁奖仪式

在奥运会期间,奖章应由国际奥委会主席(或由他选定的委员)在有关的国际单项体育联合会主席(或其代表)陪同下颁发。通常情况下,在每项比赛结束后,立即在举行比赛的场地以下述方式颁奖:获得前三名的运动员身着正式服装或运动服登上领奖台,面向官员席。冠军所站的位置稍高,然后宣布他们的名字。冠军代表团的旗帜应从中央旗杆升起,第二名和第三名代表团的旗帜分别从紧靠中央旗杆右和左侧的旗杆升起。奏冠军代表团的国歌时,奖章获得者应面向旗帜。

根据国际奥委会规定,中华台北队和中国香港队所用旗帜为中华台北奥委会会旗和香港特别行政区区旗。获得冠军,奏《中华台北奥委会会歌》和《中华人民共和国国歌》。

参考词语

1.	颁奖	bānjiǎng	(动)	颁发,发给奖状、奖牌、奖品等
2.	仪式	yíshì	(名)	举行典礼的程序
3.	东道国	dōngdàoguó	(名)	作为主人的国家
4.	水平	shuǐpíng	(形)	跟水面平行的
5.	火炬	huǒjù	(名)	火把,拿在手里的点着火的东西
6.	宣誓	xuānshì	(动)	发誓,保证
7.	奖章	jiǎngzhāng	(名)	得到奖励的牌子,体育比赛的1~3名分别发给金牌、银牌和铜牌

1. **文章总体评价**

(1) 这篇文章的体裁是:
    A. 记叙文　　　　　　　　B. 说明文
    C. 议论文　　　　　　　　D. 应用文

(2) 这篇文章的语体是：
　　A. 文艺语体　　　　　　　　B. 科技语体
　　C. 公文语体　　　　　　　　D. 政论语体
(3) 这篇文章主要是：
　　A. 介绍奥运会开幕式　　　　B. 介绍奥运会闭幕式
　　C. 介绍奥运会颁奖仪式　　　D. 以上全部

2. 文章阅读理解

(1) 宣布奥运会开幕的应该是：
　　A. 国际奥委会主席　　　　　B. 奥运会举办城市的领导人
　　C. 奥运会举办国的国家元首　D. 奥运会组委会主席
(2) 在2008年北京奥运会开幕式上，美国、德国、越南代表团的入场顺序是：
　　A. 美国、德国、越南　　　　B. 美国、越南、德国
　　C. 德国、美国、越南　　　　D. 越南、德国、美国
(3) 下面哪个说法不正确？
　　A. 开幕式升希腊国旗　　　　B. 开幕式升奥林匹克旗
　　C. 闭幕式升主办国国旗　　　D. 闭幕式升下届主办国国旗
(4) 给获奖选手颁奖的人是：
　　A. 国际奥委会主席（或由他选定的委员）
　　B. 有关的国际单项体育联合会主席（或其代表）
　　C. 奥运主办国家的领导人或他指定的代表
　　D. A和B
(5) 香港选手获得冠军后：
　　A. 奏香港特别行政区区歌　　B. 奏《中华人民共和国国歌》
　　C. 奏奥运会会歌　　　　　　D. 不知道

3. 简单回答问题

(1) 在开幕式和闭幕式上都要讲话的是：_____。
(2) 点燃奥林匹克圣火后的活动是：_____。
(3) 颁奖仪式上在冠军代表团旗帜右边的是：_____。

第十课

一、阅读技能 文章的意境(1)

（一）概述

按中国的文学传统，在评价一个文学作品时，常从作品是否有意境来进行考察。著名学者王国维在《人间词话》中说："文学之事，其内足以摅（shū）己而外足感人者，意与境二者而已。上焉者意与境浑，其次或以境胜，或以意胜。苟缺其一，不足以言文学。"就是说，没有意境也就没有文学了。中国人认为，在评价一个作品时，可以讲风格，可以讲气质，也可以讲神韵或其他技巧，但是如果没有"境界"这个作品的神，文学价值也就大打折扣。意境就是境界，王国维还说"有境界自成高格"。那什么是意境呢？

意境是中国文学理论的核心，是文学艺术的基本审美范畴之一。它是指文学家的主观情感和客观物象相互交融而形成的那种打动读者的艺术化的想象世界。"意"指的是作者的主观感受，就是心情；"境"指的是作者描绘的在那种心情里的景物。有"意"有"境"，"意"在"境"中，二者互为依托，不可分割，就是我们一般说的"情景交融"。

意境的特征表现在：情景交融，虚实相生，韵味无穷。为了表现特定的情感，要选取特定的"境"来烘托气氛，传递情感，营造环境。目的在抒发自己的感情，进而启发读者的联想并打动读者。

意境有很强的民族性，和一个民族特有的审美情趣有很大的关系。能打动一个民族的意境对其他民族来说并不一定就是优美的。说到意境，我们常常用元代杂剧家马致远的《天净沙·秋思》来做例子。这是一首只有五句二十八字的小令，全文如下：

> 枯藤老树昏鸦，
> 小桥流水人家，
> 古道西风瘦马。
> 夕阳西下，
> 断肠人在天涯。

这里描写的是一个旅人在萧瑟秋天里的情景：第一个画面是"枯藤老树昏鸦"，没有生气，没有激情，昏暗、低迷、忧愁。第二个画面是"小桥流水人家"，跟第一个画面比，多了些生气,但依然是远离人群的孤独、寂寞、冷清,游子的心中更加凄苦。第三个画面是"古道西风瘦马",寂寞的道路,肃杀的秋风,衰老的瘦马,远离家乡,前路茫茫。第四个画面是"夕阳西下",黄昏日暮,黑暗来临,但游子无家可归,还要寂寞前行。在这苍凉的秋天,路上孤独的游子迎着黑暗前行,他会有一种怎样心情?最后一句"断肠人在天涯"给出了答案:一个痛苦的游子,远离故乡,在没有亲人的地方孤独地行进。点出了游子难以言说的苦闷哀伤。

这是情景交融的典范之作,简单的几个景物,就营造出一个深远的意境,把秋天的肃杀和游子凄凉孤独的心情完美地结合在了一起。情感的哀愁、凄凉、衰惫,配合眼前昏暗、冷清、寂寞的景物,把这样的"情"放在在这样的"境"里,天衣无缝。

诗歌讲意境,而其他的作品也一样需要意境。鲁迅的《故乡》是20世纪中国意境小说的开源之作之一,我们来看一看:

作品主人公说到他儿时的伙伴闰土时:

> 这时候,我的脑里忽然闪出一幅神异的图画来:深蓝的天空中挂着一轮金黄的圆月,下面是海边的沙地,都种着一望无际的碧绿的西瓜,其间有一个十一二岁的少年,项带银圈,手捏一柄钢叉,向一匹猹尽力的刺去,那猹却将身一扭,反从他的胯下逃走了。
>
> 这少年便是闰土。我认识他时,也不过十多岁,离现在将有三十年了;那时我的父亲还在世,家景也好,我正是一个少爷……

当主人公再一次见到闰土时:

> 虽然我一见便知道是闰土,但又不是我这记忆上的闰土了:他身材增加了一倍;先前的紫色的圆脸,已经变作灰黄,而且加上了很深的皱纹;眼睛也像他父亲一样,周围都肿得通红。这我知道,在海边种地的人,终日吹着海风,大抵是这样的。他头上是一顶破毡帽,身上只一件极薄的棉衣,浑身瑟缩着;手里提着一个纸包和一支长烟管,那手也不是我所记得的红活圆实的手,却又粗又笨而且开裂,像是松树皮了……
>
> 他站住了,脸上现出欢喜和凄凉的神情;动着嘴唇,却没有作声。他的态度终于恭敬起来了,分明的叫道:
>
> "老爷!……"
>
> 我似乎打了一个寒噤。我就知道,我们之间已经隔了一层可悲的厚障壁了。我也说不出话。

海边沙地上少年闰土的生动健美与月夜美丽的夜晚融为一体,和谐动人。但是,时光的流逝,生活的重压,再见成年闰土已经是木讷苍老,一个鲜活的生命已经枯萎。更可怕的是,

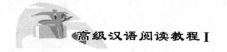

社会等级已经残酷地将他们分开。此情此景,带给人们无限的想象,这就是意境。

> 东城外二里路有庙名八丈亭,由史家庄去约三里。八丈亭有一座亭子,很高,向来又以牡丹著名,此时牡丹盛开。
>
> 他们三个人今天一齐游八丈亭。小林做小孩子的时候,时常同着他的小朋友上八丈亭玩,琴子细竹是第一次了。从史家庄这一条路来,小林也未曾走过,沿河坝走,快到八丈亭,要过一架木桥。这个东西,在他的记忆里渡不过的,而且是一个奇迹,一记起它来,也记起他自己的畏缩的影子,永远站在桥的这一边。
>
> ……
>
> 实在他自己也不知道站在那里看什么。过去的灵魂愈望愈渺茫,当前的两幅后影也随着带远了。很像一个梦境。颜色还是桥上的颜色。细竹一回头,非常之惊异于这一面了,"桥下水流呜咽",仿佛立刻听见水响,望她而一笑。从此这个桥就以中间为彼岸,细竹在那里站住了,永瞻风采,一空倚傍。
>
> 这一下的印象真是深。
>
> (节选自废名《桥》)

中国现代作家废名是一个营造境界的高手,小说《桥》深受中国传统文学的影响,审美情趣高雅。他用写诗的手法写文,用文为画,描绘出如诗如歌的境界。人物心灵纯洁,场景如画,意蕴悠长,情、景、意浑然一体。

(二)技能练习

1. 阅读下列文章片段

> 女孩儿走到纽约市最大的地铁站。进出口像一张魔鬼的嘴,不断吞吐出一股股人流。吐出的人似乎已被咀嚼过,被吸走了精魂,麻木的、呆滞的,毫无生气。站里有几层月台,火车一分钟要过几趟,隆隆的车轮声,尖厉的刹车声,震得人耳膜刺痛。那四壁摇撼有如大地震的感觉,更让女孩儿禁不住心里发抖。到纽约一个月了,很怕进地铁站。
>
> (节选自周小兵《女孩和提琴手》)

(1) 这段文字从风格上说是:

  A. 幽默的   B. 活泼的

C. 阴郁的   D. 激昂的

(2) 这段文字的语体是：

  A. 政论语体   B. 公文语体

  C. 科技语体   D. 文艺语体

(3) 这段文字描绘的情景让人感到的是：

  A. 纽约地铁在女孩心中的可怕感觉

  B. 纽约地铁的人很多，而且坐地铁的人很可怕

  C. 纽约地铁的噪音很大，让人觉得恐怖

  D. 女孩来纽约一个月了，还怕坐地铁

2. **阅读下列文章片段**

>   在我身旁，一群白蝴蝶在尘封的荨麻上懒洋洋地飞来飞去；一只活泼的麻雀飞落在不远的一块半毁坏的红砖上，生气地叽叽喳喳直叫，还不停地扭动身子，舒展着尾巴；那些对我还有疑虑的乌鸦高高地栖息在一株桦树的光秃秃的树梢上，偶尔呱呱地叫几声。阳光与风悄悄地在桦树的稀疏的枝间闪烁、嬉戏；有时飘来了顿河修道院那平静而凄凉的钟声——可我坐着、望着、听着，全身充满一种不可名状的感觉，这里面蕴涵着一切：悲伤、欢乐，对未来的预感、愿望以及对生活的恐惧。可我当时对此一点不理解，我也无法对我心中的一切骚动，安个名称——或者就用一个名字——齐娜依达——来称呼一切更为合适吧。
>
> （节选自屠格涅夫《初恋》）

(1) 这段文字的风格是：

  A. 清新的   B. 哀愁的

  C. 热情的   D. 幽默的

(2) 这段文字从语体上说是典型的：

  A. 公文语体   B. 科技语体

  C. 文艺语体   D. 政论语体

(3) 这段文字描绘的情景让人感到的是"我"内心：

  A. 无比痛苦的心情

  B. 欢乐激动的心情

  C. 愤怒绝望的心情

  D. 复杂骚动的心情

3. 阅读下列文章片段

> 江上横着铁链做成的索桥,巨蟒似的,现出顽强古怪的样子,终于渐渐吞蚀在夜色中了。
>
> 桥下凶恶的江水,在黑暗中奔腾着、咆哮着,发怒地冲打岩石,激起吓人的巨响。
>
> 两岸蛮野的山峰,好像也在拍着脚下的奔流,无法避开一样,都把头尽量地躲入疏星寥落的空际。
>
> 夏天的山中之夜,阴郁、寒冷、怕人。
>
> 桥头的神祠,破败又荒凉的,显然已给人类忘记了,遗弃了,孤零零地躺着,只有山风、江流送着它的余年。
>
> 我们这几个被世界忘却的人,到晚上的时候,趁着月色星光,就从远山那边的市集里,悄悄地爬了下来,进去和残废的神们,一块儿住着,作为暂时的自由之家。
>
> (节选自艾芜《山峡中》)

(1) 这段文字营造出来的意境是:
  A. 美丽平和   B. 悲伤痛苦   C. 孤独寂寞   D. 欢乐幽默
(2) 这段文字从语体上说是典型的:
  A. 公文语体   B. 科技语体   C. 文艺语体   D. 政论语体
(3) 这段文字从文字运用角度看是:
  A. 通俗的   B. 艰涩的   C. 优美的   D. 典雅的

二、阅读训练

阅读 1

中国石拱桥

石拱桥的桥洞成弧形,就像虹。古代神话里说,雨后彩虹是"人间天上的桥",通过彩虹就能上天。我国的诗人爱把拱桥比做虹,说拱桥是"卧虹"、"飞虹",把水上拱桥形容为"长虹卧波"。

石拱桥在世界桥梁史上出现得比较早。这种桥不但形式优美,而且结构坚固,能几十年几百年甚至上千年雄跨在江河之上,在交通方面发挥作用。

我国的石拱桥有悠久的历史。《水经注》里提到的旅人桥,大约建成于公元282年,可能是有记载的最早的石拱桥了。我国的石拱桥几乎到处都有。这些桥大小不一,形式多样,有许多是惊人的杰作。其中最著名的当推河北省赵县的赵州桥,还有北京丰台区的卢沟桥。

赵州桥横跨在洨河上,是世界著名的古代石拱桥,也是建成后一直使用到现在的最古的石桥。这座桥修建于公元605年左右,到现在已经一千三百多年了,还保持着原来的雄姿。到解放的时候,这座古桥又恢复了青春。

赵州桥非常雄伟,全长50.82米,两端宽9.6米,中部略窄,宽9米。桥的设计完全合乎科学原理,施工技术更是巧妙绝伦。唐朝的张嘉贞说它"制造奇特,人不知其所以为"。这座桥的特点是:(一)全桥只有一个大拱,长达37.4米,在当时可算是世界上最长的石拱。桥洞不是普通半圆形,而是像一张弓,因而大拱上面的道路没有陡坡,便于车马上下。(二)大拱的两肩上,各有两个小拱。这是创造性的设计,不但节约了石料,减轻了桥身的重量,而且在河水暴涨的时候,还可以增加桥洞的过水量,减轻洪水对桥身的冲击。同时,拱上加拱,桥身也更美观。(三)大拱由28道拱圈拼成,就像这么多同样形状的弓合拢在一起,做成了一个弧形的桥洞。每道拱圈都能独立支撑上面的重量,一道坏了,其他各道不致受到影响。(四)全桥结构匀称,和四周景色配合得十分和谐,桥上的石栏石板也雕刻得古朴美观。唐朝的张鷟说,远望这座桥就像"初月出云,长虹引涧"。赵州桥高度的技术水平和不朽的艺术价值,充分显示出了我国劳动人民的智慧和力量。桥的主要设计者李春就是一位杰出的工匠,在桥头的碑文里刻着他的名字。

为什么我国的石拱桥会有这样光辉的成就呢?首先,在于我国劳动人民的勤劳和智慧。他们制作石料的工艺极其精巧,能把石料切成整块大石碑,又能把石块雕刻成各种形象。在建筑技术上有很多创造,在起重吊装方面更有意想不到的办法。如福建漳州的江东桥,修建于八百年前,有的石梁一块就有二百来吨重,究竟是怎样安装上去的?至今还不完全知道。其次,我国石拱桥的设计有优良传统,建成的桥用料省、结构巧、强度高。再其次,我国富有建筑用的各种石料,便于就地取材,这也为修造石桥提供了有利条件。

(茅以升)

参考词语

1.	石拱桥	shígǒngqiáo	（名）	用石头建筑的一种桥洞呈拱形的桥
2.	桥洞	qiáodòng	（名）	桥用于通过水流和船只的部分
3.	弧形	húxíng	（名）	圆形的一部分
4.	坚固	jiāngù	（形）	很结实、稳定
5.	巧妙绝伦	qiǎomiàojuélún		很巧妙，别人很难达到这样的程度
6.	弓	gōng	（名）	一种样子呈弧形、利用弹力发射箭或弹丸的武器
7.	陡坡	dǒupō	（名）	陡，斜度很大；斜度很大的坡
8.	匀称	yúnchèn	（形）	很均衡、平稳、端正的样子
9.	和谐	héxié	（形）	配合得很好、匀称、平衡，彼此关系融洽
10.	雕刻	diāokè	（动）	在石头、木头、金属或其他材料上刻画
11.	吊装	diàozhuāng	（动）	提高并安装

1. 文章总体评价

（1）这篇文章从体裁上来说应该是：
  A. 小说   B. 散文
  C. 说明文   D. 议论文

（2）这篇文章从文字上来说是：
  A. 古雅的   B. 通俗的
  C. 华丽的   D. 艰涩的

（3）从情感上来看，这篇文章的作者在写中国石拱桥时是在客观中带着：
  A. 严肃   B. 热情
  C. 冷静   D. 遗憾

（4）这篇文章主要是：
  A. 介绍了中国石拱桥的历史
  B. 分析了中国石拱桥的结构
  C. 探讨了中国石拱桥石料安装的方法
  D. 赞美了中国石拱桥的成就

2. 文章阅读理解

(1) 中国最早的石拱桥可能是：
　　A. 赵州桥　　　　　　　　B. 旅人桥
　　C. 江东桥　　　　　　　　D. 没有说

(2) 赵州桥一共有：
　　A. 一个拱　　　　　　　　B. 三个拱
　　C. 五个拱　　　　　　　　D. 没有说

(3) 赵州桥的美观不是因为：
　　A. 它的全长是50.82米　　　B. 大拱上还带着小拱
　　C. 桥和周围很和谐　　　　D. 桥上石栏石板有装饰

(4) 文章说"桥洞不是普通半圆形，而是像一张弓，因而大拱上面的道路没有陡坡"，你觉得弓的弯曲程度：
　　A. 跟半圆形一样　　　　　B. 没有半圆形大
　　C. 比半圆形大　　　　　　D. 不知道

(5) 下面哪个不是中国石拱桥的特点：
　　A. 美观　　　　　　　　　B. 结实
　　C. 精巧　　　　　　　　　D. 原始

(6) 中国人总喜欢把石拱桥和虹相比，是因为：
　　A. 虹很美，有漂亮的色彩　　B. 虹很美，像桥一样有一个弧度
　　C. 虹很美，因为它是天上的桥　D. 虹很美，通过它能到天上去

3. 简单回答问题

(1) 中国有记载的最早的石拱桥是：_____。
(2) 赵州桥、卢沟桥、江东桥分别在哪里？_____。
(3) 中国人在石拱桥建筑技术上有很多创造，例如：_____。

阅读 2

周瑜火攻赤壁

　　曹操平定北方以后，公元208年，率领大军南下，刘备的人马被曹操的骑兵冲杀得七零八落，他们于是联合孙权共同抵抗曹军。
　　诸葛亮跟孙权分析目前的形势，他说："现在虽然我们暂时被曹操打败，但是还有水军二万。曹操兵马虽然多，远道追来，兵士也已经筋疲力

尽。再说,北方人不习惯水战,南方的人对他们不服。只要我们协力同心,一定能够打败曹军。"

孙权听了诸葛亮的一番分析,心里挺高兴,就立刻召集部下将领,讨论抵抗曹操的办法。

第二天,孙权任命周瑜为都督,拨给他三万水军,叫他同刘备协力抵抗曹操。

周瑜领兵进军,在赤壁(今湖北武昌县西赤矶山)和曹军前哨碰上了。果然不出周瑜所料,曹军兵士很多人水土不服,已经得了疫病。双方一交锋,曹军就打了败仗,被迫撤退到长江的北岸。周瑜率领水军进驻南岸,和曹军隔江遥遥相对。

正像周瑜预料的那样,北方来的曹操兵士不会水战,他们在战船上遇到风浪颠簸就受不了。后来,他们把战船用铁索拴在一起,船果然平稳不少。

周瑜的部将黄盖看到这个情况,向周瑜献个计策,说:"敌人兵多,我们兵少,拖下去对我们不利。现在曹军把战船都连接在一起,我看可以用火攻的办法来打败他们。"

周瑜觉得黄盖的主意好,两人还商量好让黄盖派人送了一封信给曹操,表示要脱离东吴,投降曹操。曹操以为东吴将领害怕他,对黄盖的假投降一点儿也没怀疑。

黄盖叫兵士偷偷地准备好十艘大船,每艘船上都装着枯枝,浇足了油,外面裹着布幕,插着旗帜,另外又准备一批轻快的小船拴在大船船尾上,准备在大船起火时转移。

隆冬的十一月,天气突然回暖,刮起了东南风。当天晚上,黄盖带领一批兵士分乘十条大船,驶在前面,后面跟随着一批船只。船队到了江心,扯满了风帆,像箭一样驶向江北。

曹军水寨的将士听说东吴的大将来投降,正纷纷挤到船头看热闹。没想到东吴船队离开北岸约摸二里光景,前面十条大船突然同时起火。火借风势,风助火威。十条火船好比十条火龙一样,闯进曹军水寨。那里的船舰都挤在一起,又躲不开,很快地都燃烧起来。一眨眼工夫,已经烧成一片火海。水寨烧了不算,岸上的营寨也着了火,曹军一大批兵士被烧死了,还有不少人被挤到江里,因不会泅水,马上就淹死了。

周瑜一看北岸起火,马上带领精兵渡江进攻。他们把战鼓擂得震天响。北岸的曹军不知道后面有多少人马进攻,吓得全部崩溃。刘备和周瑜一起进攻,曹操的几十万大军战死的加上得疫病死的,损失了一大半,只好逃回北方去了。

经过这场赤壁大战，三国分立的局面已经基本形成。

（节选自曹宗章《上下五千年》，标题为选编者所加）

参考词语

1.	七零八落	qīlíng-bāluò		零散破败的样子
2.	筋疲力尽	jīnpí-lìjìn		非常累，非常疲劳
3.	水土不服	shuǐtǔbùfú		不适应某地的环境而导致身体出问题
4.	疫病	yìbìng	（名）	传染病
5.	交锋	jiāofēng	（动）	接触并开始打斗
6.	遥遥相对	yáoyáoxiāngduì		在对面，能远远地看见
7.	投降	tóuxiáng	（动）	承认失败，放弃战斗
8.	风帆	fēngfān	（名）	船上利用风力产生动力的装置
9.	约摸	yuēmo	（副）	大概
10.	一眨眼	yìzhǎyǎn		形容时间很短
11.	水寨	shuǐzhài	（名）	古时军队驻扎在水中的营地
12.	泅水	qiúshuǐ	（动）	游泳
13.	崩溃	bēngkuì	（动）	（军队、政府、系统、精神等）完全破坏、垮台

1. 文章总体评价

（1）这篇文章从体裁上来说应该是：
    A. 记叙文   B. 说明文
    C. 政论文   D. 应用文

（2）这篇文章从文字上来说更倾向于：
    A. 优美   B. 高雅
    C. 简洁   D. 幽默

（3）这篇文章说的内容应当来源于：
    A. 一段历史   B. 一个传说
    C. 一部电影   D. 一本漫画

2. 文章阅读理解

(1) 从文章看,完全控制了中国北方的是:
  A. 曹操   B. 刘备
  C. 周瑜   D. 周瑜和刘备

(2) 根据文章,诸葛亮是:
  A. 曹操的部下   B. 刘备的部下
  C. 孙权的部下   D. 没有说

(3) 曹军把战船用铁索拴在一起是因为:
  A. 这样能使船上装更多人   B. 这样船不容易被攻击
  C. 这样船就稳定了   D. 这样就不会生病

(4) 根据文章,黄盖假装投降是为了:
  A. 获得曹操的信任后再骗他   B. 能接近曹操的船然后放火
  C. 能让曹操骄傲、轻敌   D. 去夺取曹操的船

(5) 紧跟黄盖进攻曹操的是:
  A. 周瑜的军队   B. 刘备的军队
  C. 周瑜和刘备的军队   D. 没有说

(6) 用火进攻时刮的是东南风,时间是:
  A. 春天   B. 夏天
  C. 秋天   D. 冬天

(7) 哪个不是曹军失败的原因:
  A. 刮了东南风   B. 船拴在了一起
  C. 曹操的军人不勇敢   D. 曹军不适应南方的环境

3. 简单回答问题

(1) 这场战斗的名字叫:_____。
(2) 刘备和周瑜的水军加在一起有多少?_____。
(3) 说要投降曹操的人是:_____。
(4) 这场大战以后基本形成的局面叫:_____。

阅读3

凤凰树

　　大淀川的河滨公园里,到处种着凤凰树,撑着斑驳陆离的遮阳伞,伞下面放着些简朴的桌子和长椅子。

　　凤凰树,它的叶子可说与"苏铁"的叶子相似,属阔叶树。从树干顶部起,威猛的枝叶朝四面八方伸展开去,弓一般地向下垂着,长长枝叶的顶端甚至快擦到地面了。枝叶间露出的树干,足有一人围抱那么粗。细枝叶落掉后,留下了粗粗的鳞斑。

　　大河边一排凤凰树,营造了一派南国气氛。美人蕉开出的红花,在凤凰树强劲的脚下显得渺小。

　　凤凰树影落在了旅馆门前的人行道上。即使在轻柔和煦的傍晚雾霭中,那影子的形状也清清楚楚,既像一排排锋利的刀,又像鸟儿长长的尾巴。浓绿而强劲的凤凰树枝叶聚集在一起,成了茜色晚霞中浓重的一抹。

　　穿过马路,来到河岸边,周一用手摸着凤凰树叶。隅子没等周一招呼,也用手去碰碰那树叶。

　　"有一种鸟叫凤凰吧?"周一说。

　　"什么样的鸟?"

　　"那种神话里的鸟……是埃及神话吧,不死鸟,不会死去的鸟呀。"

　　看到隅子一副纳闷的样子,周一继续说:

　　"烧死了又复生的鸟。五百年前,神祭坛的烈焰里,凤凰自己引火烧身,从那骨灰里,雏鸟苏醒了。这种新生,返老还童,隔五百年才重复一次,它永远活着。于是,凤凰就成了永生不死的象征了。"

　　"这凤凰树的叶子像凤凰鸟的翅膀吗?"

　　"啊,是吧,也许是吧。可那是神话鸟呀。那神话,我也记不太清楚了。到底是怎么一回事呢?去查查书本吧,毕竟是供咱俩一生回忆的树嘛。"周一又望望凤凰树说,"走近看,可真是散发着强劲生命力的树哇。热带的树,给人热带的魁梧的感觉。"

　　两人穿过的马路上,少女们正骑着自行车放学回家。一辆接一辆,自行车都朝河的下游方向,慢慢地骑过去。没有市内有轨电车的宫崎市,是个自行车多的市镇,少女们的自行车看上去也是悠闲、宁静,像是不愿打破这傍晚的和煦气氛似的。

两人站在河边,晚霞朦胧,似水如潮。晚霞延伸到大河的表面。静静的水色,包溶进晚霞,融成一片泛泛的红波。秋天傍晚之色,移到了水中,也不露一丝冰凉感。哪怕点点黑色大雁,也瞧不出些微寒意。

　　宫崎平原在河对岸一线展开,南边山峦起伏波动,在傍晚朦胧的山色里,漂浮着浅紫色和粉红色的光影。山际上空的暮色越来越浓,一直扩展到周一他们的头上,笼罩着大地。

　　山,并不很高,波浪起伏般,向河的上游缓缓低斜下去,那坡的尽头,太阳落了下去。橘桥的影子优雅地映入水中。桥的那一头,是一片苍翠的树林。

　　周一回过头来,隅子的半边脸,直到颈部,都映上了一片火红的霞光。天真烂漫的隅子心里,充满了一片暖洋洋的光明。

　　"真幸福啊,我……我让幸福笼罩着哟。简直无法想象这个世界的幸福,我不惊慌失措,毫不犹豫,和煦的晚霞这才会来惠顾我们。我还没习惯幸福呢。活着可真开心。"

　　于是,周一对隅子说:

　　"谢谢你,真的,谢谢你。"

　　"我……"隅子支支吾吾。

　　"是对你隅子小姐说的呀。"

　　"知道。"

　　"你刚才说'像春天的霞光,笼罩着温暖的梦',隅子,你也觉得幸福吧?不仅仅是来到这美丽风景地的缘故吧?"

　　"是。"隅子点点头。

　　河下游传来声音,三辆相接的有轨电车正隆隆地开过铁桥。电车的车身,让暖洋洋的落日照耀着。电车一点不走样地倒映在水中,继续开动着。

　　傍晚的雾霭中,河口的海像是近在眼前。

(节选自川端康成《玉响·凤凰树》,标题为选编者所加)

参考词语

1. 斑驳陆离	bānbólùlí		斑驳:色彩杂乱;陆离:参差不一的样子。形容色彩多样
2. 和煦	héxù	(形)	温暖的

3. 雾霭	wù'ǎi	（名）	雾气
4. 神祭坛	shénjìtán	（名）	也叫祭台，宗教或拜祭仪式中用来放置拜祭物品的台子
5. 烈焰	lièyàn	（名）	燃烧的火焰
6. 魁梧	kuíwú	（形）	（男子）身材很高大
7. 朦胧	ménglóng	（形）	不太清楚的
8. 笼罩	lǒngzhào	（动）	完全盖住了
9. 惠顾	huìgù	（动）	特别地关照
10. 支支吾吾	zhīzhīwúwú		不愿意说出来，说话不连贯的样子

1. 文章总体评价

(1) 这篇文章的体裁是：
   A. 散文　　　　　　　　　　B. 小说
   C. 说明文　　　　　　　　　D. 应用文

(2) 这篇文章营造的意境是：
   A. 空灵、淡雅、唯美　　　　B. 悲伤、痛苦、哀怨
   C. 壮丽、崇高、欢乐　　　　D. 孤独、寂寞、冷清

(3) 这篇文章从语体上说是：
   A. 公文语体　　　　　　　　B. 科技语体
   C. 文艺语体　　　　　　　　D. 政论语体

2. 文章阅读理解

(1) 从文章中我们知道：
   A. 凤凰是一种树的名字　　　B. 凤凰是一种鸟的名字
   C. 凤凰树的叶子像苏铁　　　D. 以上全部

(2) 文章写的大淀川的河滨公园里应该在：
   A. 温暖的南方　　　　　　　B. 寒冷的北方
   C. 不冷不热的中部地区　　　D. 没有说

(3) 文章写的城市应该：
   A. 人口不多　　　　　　　　B. 很繁华
   C. 很落后　　　　　　　　　D. 很偏僻

(4) 周一对隅子说："谢谢你，真的，谢谢你。"最直接的原因是：
   A. 因为周一觉得隅子给了他幸福，他要感谢隅子

B. 因为周一觉得隅子认为和自己在一起很幸福

C. 因为周一觉得只有隅子能够给他幸福

D. 因为周一发现自己的幸福都是隅子给的

(5) 周一和隅子在这个城市的原因是：

  A. 他们的家在这里　　　　　B. 他们到这里旅行

  C. 他们在这里工作　　　　　D. 没有说

(6) 文章最后部分说"电车一点不走样地倒映在水中,继续开动着"中"不走样"的意思是：

  A. 一模一样　　　　　　　　B. 不走动的样子

  C. 安静平稳的样子　　　　　D. 以上全部

(7) 根据文章我们知道：

  A. 这个城市靠海　　　　　　B. 这个城市靠河

  C. 这个城市又靠海又靠河　　D. 没有说

3. 简单回答问题

(1) 作品主人公说的"永生不死的象征"是：＿＿＿＿＿＿＿＿＿＿＿＿＿＿＿。

(2) 作品写的是什么季节？＿＿＿＿＿＿＿＿＿＿＿＿＿＿＿＿＿＿＿＿＿。

(3) 从地理位置来说,这个城市位于：＿＿＿＿＿＿＿＿＿＿＿＿＿＿＿＿。

第十一课

一、阅读技能　文章的意境(2)

(一) 概述

意境,一般是就文学作品来说的。我们常常说哪个作品有意境或意境很美,就是说那部作品里表现出的韵味、蕴含的思想、描写的情景像画一样,给人美好的感觉,像哲学一样让人思考,能打动读者的心。有人说,叙事性文学的最高境界和追求就是意境。

从阅读角度来说,对意境的透析是鉴赏文学作品的一个重要途经。只有注重对意境的透析,才能进入真正意义上的鉴赏境界,才能真正理解作品和作者,也才能品味作品文字之外的意趣。这种鉴赏和审美能力要借助想象能力,要依托对作品蕴含文化的了解,才能达到目的。

意境总是要描绘出一个画面,再把情感放到这个画面里去。从作者来说,这个画面是他表达内心情感的最好选择,借助这个画面,作者的情感得以很好地抒发。我们在分析作品的意境时,就要还原和感受这个画面。只有这样,才能真正品味到意境的艺术美。

意境不像意思一样能比较直接地看到,意境是藏而不露的,你只能去感受。但是意境也不是那么遥不可及,只要我们发挥想象,就能重现作者所描绘的情景,体会作者当时的心境。

> 我的很重的心忽而轻松了,身体也似乎舒展到说不出的大。一出门,便望见月下的平桥内泊着一只白篷的航船,大家跳下船,双喜拔前篙,阿发拔后篙,年幼的都陪我坐在舱中,两岸的豆麦和河底的水草所发散出来的清香,夹杂在水气中扑面吹来,月色便朦胧在这水汽里。淡黑的起伏的连山,仿佛是踊跃的铁的兽脊似的,都远远的向船尾跑去了,但我却还以为船慢。他们换了四回手,渐望见依稀的赵庄,而且似乎听到歌吹了,还有几点火,料想便是戏台,但或者也许是渔火。
>
> 那声音大概是横笛,婉转、悠扬,使我的心也沉静,然而又自失起来,觉得要和他弥散在含着豆麦蕴藻之香的夜气里。

鲁迅的《社戏》也是20世纪中国意境文学的开源之作之一,这篇散文创造了一个充满诗情画意的江南水乡的优美画面,契合中国美学对意境的理解:自然、宁静、悠远、古朴。作者的故乡情结和童年情怀在这段诗意的描写里表露无遗。

鲁迅之后的沈从文的小说更把意境的美推到高峰,在小说《边城》里,他用田园牧歌似的优美文字,为我们勾画了一幅湘西独有的山水画,和谐、古朴、恬静。

> 茶峒地方凭水依山筑城,近山的一面,城墙如一条长蛇,缘山爬去。临水一面则在城外河边留出余地设码头,湾泊小小篷船。船下行时运桐油青盐以及染色的桤子,上行则运棉花棉纱以及布匹杂货同海味。贯串各个码头有一条河街,人家房子多一半着陆,一半在水,因为余地有限,那些房子莫不设有吊脚楼。河中涨了春水,到水逐渐进街后,河街上人家,便各用长长的梯子,一端搭在屋檐口,一端搭在城墙上,人人皆骂着嚷着,带了包袱、铺盖、米缸,从梯子上进城里去,水退时方又从城门口出城。某一年水若来得特别猛一些,沿河吊脚楼必有一处两处为大水冲去,大家皆在城上头呆望。受损失的也同样呆望着,对于所受的损失仿佛无话可说,与在自然安排下,眼见其他无可挽救的不幸来时相似。涨水时在城上还可望着骤然展宽的河面,流水浩浩荡荡,随同山水从上流浮沉而来的有房子、牛、羊、大树。

其实这种淡雅、悠然的风格是中国文学中的一大流脉。这种把情怀置身自然的风格,与其说是对自然的热爱和怀念,不如说是一种高度纯化、美化了的意境,是中国文学追求的一种道德境界和人生境界。如果借用西方文化话语来说就是"伊甸园",就是崇尚自然的卢梭所说的"自然状态"。

(二) 技能训练

1. 阅读下列文章片段

> 我沿了一条小路走去。小路上脚印稀罕,不闻人语,它直通故地。谁没有故地?故地连接了人的血脉,人在故地上长出第一绺根须。可是谁又会一直心系故地?直到今天我才发现,一个人长大了,走向远方,投入闹市,足迹印上大洋彼岸,他还会固执地指认:故地处于大地的中央。他的整个

世界都是那一小片土地生长延伸出来的。

　　我又看到了山峦、平原,一望无边的大海。泥沼的气息如此浓烈,土地的呼吸分明可辨。稼禾、草、丛林;人、小蚁、骏马;主人、同类、寄生者……搅缠共生于一体。我渐渐靠近了一个巨大的身影……

　　故地指向野地的边缘,这儿有一把钥匙。这里是一个入口,一个门。满地藤蔓缠住了手足,丛丛灌木挡住了去路,它们挽留的是一个过客,还是一个归来的生命?

(节选自张炜《融入野地》)

(1) 这段文字从风格上说是:
　　A. 淡静的　　　　　　　B. 活泼的
　　C. 阴郁的　　　　　　　D. 激昂的
(2) 这段文字的语体是:
　　A. 政论语体　　　　　　B. 公文语体
　　C. 科技语体　　　　　　D. 文艺语体
(3) 这段文字营造的意境是:
　　A. 在美丽的大自然里快乐的心情
　　B. 故乡的美丽和我对故乡的怀念
　　C. 故乡是生命的归宿是心灵的家
　　D. 对美丽的故乡来说我是个过客

2. **阅读下列文章片段**

　　千重子发现老枫树干上的紫花地丁开了花。

　　"啊,今年又开花了。"千重子感受到春光的明媚。

　　在城里狭窄的院落里,这棵枫树可算是大树了。树干比千重子的腰围还粗。当然,它那粗老的树皮,长满青苔的树干,怎能比得上千重子娇嫩的身躯……

　　枫树的树干在千重子腰间一般高的地方,稍向右倾;在比千重子的头部还高的地方,向右倾斜得更厉害了。枝丫从倾斜的地方伸展开去,占据了整个庭院。它那长长的枝梢,也许是负荷太重,有点儿下垂了。

　　在树干弯曲的下方,有两个小洞,紫花地丁就分别在那儿寄生,并且每到春天就开花。打千重子懂事的时候起,那树上就有两株紫花地丁了。

(节选自川端康成《古都·春花》)

(1) 这段文字从风格上说是：
    A. 幽默的   B. 热情的
    C. 阴郁的   D. 风雅的

(2) 这段文字的语体是：
    A. 政论语体   B. 公文语体
    C. 科技语体   D. 文艺语体

(3) 这段文字的情景营造的意境是：
    A. 自然的美丽，幽远、雅致
    B. 青春的喜悦，欢乐、积极
    C. 生命的伟大，坚强、忍耐
    D. 爱情的甜蜜，温暖、幸福

3. 阅读下列文章片段

> 波士顿一天一天地下着秋雨，好像永没有开晴的日子。落叶红的黄的堆积在小径上，有一寸来厚，踏下去又湿又软。湖畔是少去的了，然而还是一天一遭。很长很静的道上，自己走着，听着雨点打在伞上的声音。有时自笑不知这般独往独来，冒雨迎风，是何目的！走到了，石矶上、树根上，都是湿的，没有坐处，只能站立一会儿，望着蒙蒙的雾。湖水白极淡极，四围湖岸的树，都隐没不见，看不出湖的大小，倒觉得神秘。
>
> 回来已是天晚，放下绿帘，开了灯，看中国诗词和新寄来的晨报副镌（juān），看到亲切处，竟然忘却身在异国。听得敲门，一声"请进"，回头却是金发蓝睛的女孩子，笑颊粲然的立于明灯之下，常常使我猛觉，笑而吁气！
>
> （节选自冰心《寄小读者》）

(1) 这段文字从风格上说是：
    A. 幽默的   B. 清新的
    C. 阴郁的   D. 激昂的

(2) 这段文字可能选自：
    A. 小说   B. 散文
    C. 新闻   D. 论文

(3) 这段文字让人感到作者：
    A. 对国外气候的不适应
    B. 在波士顿的寂寞孤独
    C. 享受波士顿的秋天和生活
    D. 对故乡祖国深深的怀念

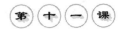

二、阅读训练

秋　收

　　绰号叫土耳其人的那个猎人,头上戴着毛茸茸的帽子,肩上背着大号角,腰带里插着刀子,骑在一匹钩鼻子的、青灰色的马背上,走在大家前面。看了这个人的阴沉凶狠的外貌,会以为他是去决一死战,而不是去打猎。各种各样的猎狗汇成一支骚动的队伍,跟在他那匹马的后腿周围奔驰着。看到不幸掉队的狗会遭到怎样的命运,心里真觉得可怜。它必须费九牛二虎之力拖住自己的伴侣。而当它达到这个目的时,后面一个骑马的管猎狗的人一定会用短柄长鞭抽打它,大喊一声:"归队!"我们出大门时,爸爸吩咐猎人和我们走大路,他自己却向裸麦田里走去。

　　正是秋收大忙季节。一望无际的、金光闪闪的田野只有一面同呈蓝色的高高的森林接壤,当时在我看来,那片森林是个极其遥远的神秘所在,它后面不是天涯海角,就是荒无人烟的国度。整个田野上净是麦垛和农民。在割了麦子的麦地的茂密高大的裸麦中间,可以看见一个割麦女人弯着的脊背,她抓住麦秆时麦穗的摆动,一个妇人俯在阴凉里的摇篮上,还有散布在长满矢车菊的割完麦子的麦地上的一束束裸麦。在另外一边,农民们只穿着衬衣,站在大车上装麦捆,弄得龟裂的田地上尘土飞扬。村长穿着靴子,肩上披着厚呢上衣,手里拿着记数的筹码,他远远地看见爸爸摘下毡帽,用毛巾擦擦他那长着红头发的脑袋和胡子,并且对妇女们吆喝。爸爸骑的那匹小小的赤骝马,迈着轻快嬉戏的步子走着,有时把头俯在胸前,牵扯着缰绳,用蓬松的尾巴驱拂着贪婪地粘在它身上的牛虻和苍蝇。两条狼狗紧张地把尾巴弯成镰刀形,高高地抬起脚,跟在马蹄后面,从高高的麦茬上优美地跳过去。米尔卡跑在前面,昂着头,等待着野味。农民们的谈话声,马蹄践踏声,车轮的辚辚声,鹌鹑快活的啼鸣声,始终在空中成群飞绕的昆虫的嗡嗡声,艾草、麦秸和马汗的气味,炽烈的阳光在淡黄色麦茬上,在远处深蓝色的森林上,在淡紫色的云彩上照射出万紫千红、或明或暗的色调,以及那飘在空中、或者伸展在麦茬上的白蜘蛛网,这一切我都看见、听见和感觉到。

我们骑马到达卡里诺伏树林的时候,发现马车已经到达,而且出乎意料之外,还有一辆单马车,车上坐着厨师。干草下面露出一个茶炊、一只冰激凌桶,还有一些吸引人的包裹和盒子。绝对错不了:这是要在野外吃茶点,还有冰激凌和水果。一看见单马车,我们就喜欢得大叫起来,因为在树林里的草地上,总之,在大家都认为没有人吃过茶点的地方来吃茶点,是一件莫大的乐事。

　　土耳其人骑着马走近猎场,停下来,留心听爸爸的详细指示。像怎样看齐、往哪儿冲等等,不过,他从来也不考虑这些指示,而是照自己的意思去做。他解开那群狗的皮带,不慌不忙地绑在他的马鞍上,又上了马,吹着口哨消失在小白桦树后面。解开皮带的那群狗,先摇摇尾巴表示喜悦,又抖抖身子振作了一番,然后就闻一闻,摇摇尾巴,迈着小步向四面八方跑去。

(节选自列夫·托尔斯泰《幼年》,标题为选编者所加)

参考词语

1.	阴沉	yīnchén	(形)	生气的
2.	凶狠	xiōnghěn	(形)	恶的,仇恨的
3.	决一死战	juéyìsǐzhàn		拼死决斗
4.	掉队	diàoduì	(动)	跟不上队伍而离开
5.	裸麦	luǒmài	(名)	又叫黑麦,适应寒冷干燥的气候,多在东欧、中欧种植
6.	一望无际	yíwàngwújì		广阔而看不到边的
7.	接壤	jiērǎng	(动)	土地连接
8.	天涯海角	tiānyá-hǎijiǎo		比喻最边远的地方
9.	茂密	màomì	(形)	植物生长得很好,密集且数量多
10.	俯	fǔ	(动)	从上向下
11.	阴凉	yīnliáng	(形)	阳光照不到的
12.	龟裂	guīliè	(动)	裂开
13.	吆喝	yāohe	(动)	大叫
14.	茬	chá	(名)	(植物)割掉以后留在地上的部分
15.	振作	zhènzuò	(动)	打起精神

1. 文章总体评价

(1) 这篇文章从体裁上来说应该是：
  A. 小说   B. 散文
  C. 说明文   D. 议论文

(2) 这篇文章中描绘的乡村给人的感觉是：
  A. 落后   B. 美丽
  C. 富裕   D. 荒凉

(3) 这篇文章从语体上说是：
  A. 政论语体   B. 公文语体
  C. 科技语体   D. 文艺语体

(4) 这篇文章主要写的是：
  A. 绰号叫土耳其人的那个人如对待猎狗
  B. 秋收时节的农村景色和打猎情形
  C. 绰号叫土耳其人的那个人如何不听爸爸的话
  D. 绰号叫土耳其人的那个人如何凶狠

2. 文章阅读理解

(1) "我"对被绰号叫土耳其人管理的那些猎狗：
  A. 很恐惧   B. 很喜爱
  C. 很好奇   D. 很同情

(2) 狗被打是因为：
  A. 跑得太快   B. 跑得太慢
  C. 不听指挥   D. 乱跑

(3) 跟"整个田野上净是麦垛和农民"中的"净"意思接近的词语是：
  A. 只   B. 还
  C. 仅   D. 都

(4) 文章里的女人在做的事情是：
  A. 照顾孩子、割麦及吆喝   B. 照顾孩子及给男人做饭
  C. 割麦及照顾孩子   D. 照顾孩子及装麦子

(5) 跟着爸爸的狗有：
  A. 两条   B. 三条
  C. 很多条   D. 没有说

(6) "吹着口哨消失在小白桦树后面"中"口哨"的意思是：
  A. 不用乐器，直接用嘴吹出声音等

B. 一种能发出声音的乐器

C. 口号

D. 号子

(7) 从文章里看爸爸最可能是：

　　A. 农民　　　　　　　　B. 猎人

　　C. 村长　　　　　　　　D. 地主

(8) "我"见到马车时高兴是因为：

　　A. 在草地上吃冰激凌和水果是"我"最喜欢的

　　B. "我"可以在没有人吃过茶点的地方吃茶点了

　　C. "我"喜欢在外边吃茶点，没想到今天又可以了

　　D. "我"没有想到有吃的东西，因为"我们"太饿了

3. 简单回答问题

(1) 那个绰号叫土耳其人的猎人给人的感觉不是去打猎，而是：_____。

(2) 跟着爸爸的狗的名字叫：_____。

(3) 村长的衣着是怎么样的？_____。

 阅读 2

一只特立独行的猪

　　插队的时候，我喂过猪，也放过牛。假如没有人来管，这两种动物也完全知道该怎样生活。它们会自由自在地闲逛，饥则食渴则饮，春天来临时还要谈谈爱情。这样一来，它们的生活层次很低，完全乏善可陈。人来了以后，给它们的生活做出了安排：每一头牛和每一口猪的生活都有了主题。就它们中的大多数而言，这种生活主题是很悲惨的：前者的主题是干活儿，后者的主题是长肉。我不认为这有什么可抱怨的，因为我当时的生活也不见得丰富了多少，除了八个样板戏，也没有什么消遣。有极少数的猪和牛，它们的生活另有安排。以猪为例，种猪和母猪除了吃，还有别的事可干。就我所见，它们对这些安排也不大喜欢。种猪的任务是交配，换言之，我们的政策准许它当个花花公子。但是疲惫的种猪往往摆出一种肉猪（肉猪是阉过的）才有的正人君子架势，死活不肯跳到母猪背上去。母猪的任务是生崽儿，但有些母猪却要把猪崽儿吃掉。总的来说，人的安排使猪痛苦不堪。但它们还是接受了：猪总是猪啊。

对生活做种种设置是人特有的品性。不光是设置动物,也设置自己。我们知道,在古希腊有个斯巴达,那里的生活被设置得了无生趣,其目的就是要使男人成为亡命战士,使女人成为生育机器。前者像些斗鸡,后者像些母猪。这两类动物是很特别的,但我以为,它们肯定不喜欢自己的生活。但不喜欢又能怎么样?人也好,动物也罢,都很难改变自己的命运。

以下谈到的一只猪有些与众不同。我喂猪时,它已经有四五岁了,从名分上说,它是肉猪,但长得又黑又瘦,两眼炯炯有光。这家伙像山羊一样敏捷,一米高的猪栏一跳就过;它还能跳上猪圈的房顶,这一点又像是猫——所以它总是到处游逛,根本就不在圈里呆着。所有喂过猪的知青都把它当宠儿来对待,它也是我的宠儿——因为它只对知青好,容许他们走到三米之内。要是别的人,它早就跑了。它是公的,原本该劁掉。不过你去试试看,哪怕你把劁猪刀藏在身后,它也能嗅出来,朝你瞪大眼睛,噢噢地吼起来。我总是用细米糠熬的粥喂它,等它吃够了以后,才把糠对到野草里喂别的猪。其他猪看了嫉妒,一起嚷起来。这时候整个猪场一片鬼哭狼嚎,但我和它都不在乎。吃饱了以后,它就跳上房顶去晒太阳,或者模仿各种声音。它会学汽车响、拖拉机响,学得都很像。有时整天不见踪影,我估计它到附近的村寨里找母猪去了。我们这里也有母猪,都关在圈里,被过度的生育搞得走了形,又脏又臭,它对它们不感兴趣。村寨里的母猪好看一些。它有很多精彩的事迹,但我喂猪的时间短,知道得有限,索性就不写了。

总而言之,所有喂过猪的知青都喜欢它,喜欢它特立独行的派头,还说它活得潇洒。但老乡们就不这么浪漫,他们说,这猪不正经。领导则痛恨它,这一点以后还要谈到。我对它则不止是喜欢——我尊敬它,常常不顾自己虚长十几岁这一现实,把它叫做"猪兄"。如前所述,这位猪兄会模仿各种声音。我想它也学过人说话,但没有学会——假如学会了,我们就可以做倾心之谈。但这不能怪它。人和猪的音色差得太远了。

我已经四十岁了,除了这只猪,还没见过谁敢于如此无视对生活的设置。相反,我倒见过很多想要设置别人生活的人,还有对被设置的生活安之若素的人。因为这个缘故,我一直怀念这只特立独行的猪。

(节选自王小波《一只特立独行的猪》)

参考词语

1.	特立独行	tèlìdúxíng		跟别的不一样，很特别
2.	插队	chāduì	（动）	这里指中国在20世纪60～70年代让城市知识青年到农村生活、工作的一场政治运动，也叫上山下乡，70年代末结束
3.	乏善可陈	fáshànkěchén		没有什么好的东西值得说出来
4.	主题	zhǔtí	（名）	（会议、作品、活动、谈话等）主要的问题
5.	种猪	zhǒngzhū	（名）	因为品质好，因此专门用来繁殖的猪
6.	交配	jiāopèi	（动）	这里指雌雄动物发生性行为
7.	疲惫	píbèi	（形）	累
8.	阉	yān	（动）	去掉动物的生殖器官使之不能繁殖
9.	品性	pǐnxìng	（名）	品质、性格
10.	宠儿	chǒng'ér	（名）	大家都喜欢的
11.	劁	qiāo	（动）	同"阉"，去掉动物的生殖器官使之不能繁殖
12.	嗅	xiù	（动）	闻
13.	鬼哭狼嚎	guǐkū-lángháo		大声地叫，发出可怕的声音
14.	索性	suǒxìng	（副）	干脆
15.	派头	pàitóu	（名）	（显示地位、身份、财富等）气派、样子
16.	潇洒	xiāosǎ	（形）	（神情、举止、风貌等）自然大方，别致，不拘束
17.	倾心	qīngxīn	（动）	信任、爱慕
18.	安之若素	ānzhīruòsù		习惯并接受目前的情况，不想改变

1. 文章总体评价

（1）这篇文章从体裁上来说应该是：
    A. 小说　　　　　　　　　　B. 杂文
    C. 说明文　　　　　　　　　D. 应用文

（2）这篇文章的风格倾向于：
    A. 哀伤　　　　　　　　　　B. 清新
    C. 风雅　　　　　　　　　　D. 幽默

（3）这篇文章说的是那只猪，其实还在：
    A. 赞美一种独立的精神　　　B. 怀念插队的美好时光
    C. 羡慕无拘无束的生活　　　D. 反映农村生活的枯燥

(4) 你会给这篇文章哪个评价：
　　A. 意境深远、细腻生动　　　　B. 思想深刻、笔锋犀利
　　C. 隽永高雅、感人心脾　　　　D. 气势恢弘、发人深省

2. 文章阅读理解

(1) 根据文章，"我"认为插队时候的生活跟猪牛比起来也不见得丰富了多少，是因为：
　　A. 物质生活很贫乏　　　　　　B. 精神生活很贫乏
　　C. 物质和精神生活都贫乏　　　D. 没有说

(2) 根据文章，人把猪安排成了：
　　A. 种猪和肉猪　　　　　　　　B. 公猪和母猪
　　C. 公猪和种猪　　　　　　　　D. 母猪和种猪

(3) "其他猪看了嫉妒"是因为：
　　A. 它可以到处游逛而别的猪不可以
　　B. 它是肉猪但是比较瘦
　　C. 它吃的东西比较好而别的猪吃得差
　　D. 它不被阉割而别的被阉割了

(4) 根据文章，那只特别的猪是一只肉猪，但是和别的肉猪不同的是：
　　A. 像山羊一样敏捷　　　　　　B. 它没有被阉割
　　C. 它也很瘦　　　　　　　　　D. 以上全部

(5) "我"喜欢和尊敬这只猪是因为：
　　A. 它会模仿各种声音　　　　　B. 它特立独行
　　C. 它能跳上房顶　　　　　　　D. 它不在圈里呆着

(6) 作者觉得：
　　A. 人不应该设置别人的生活
　　B. 人的生活应该被设置
　　C. 人对被设置的生活应该安之若素
　　D. 以上全部

3. 简单回答问题

(1) "我们"的政策准许它当个花花公子说的是：_____。
(2) 在古希腊的斯巴达把男人女人分别设置成了：_____。
(3) 这只猪到附近的村寨里找母猪是因为：_____。

阅读 3

响尾蛇的"热眼"

茫茫黑夜,万籁俱寂。一只田鼠贼头贼脑从洞口探出头来,没有发现什么危险的迹象,它两条后腿一蹬,就跳到洞外。说时迟,那时快,只见一道黑色闪电袭来,田鼠还没弄明白是怎么回事,就被"闪电"吞进肚子里。这"闪电"就是一条响尾蛇。

响尾蛇是怎样发现田鼠的呢?

有人说:"蛇眼睛可凶了,又圆又亮,小田鼠一定是让蛇看见了。"这话不对!蛇眼虽然又圆又亮,但炯而无神,视力很差,加上夜间漆黑一团,蛇是看不到东西的。然而,田鼠千真万确是被蛇发现后捕捉到的,原来响尾蛇是靠自己的"热感受器"来发现田鼠的。田鼠、小鸟和青蛙等小动物都会散发出一定的热量。有热量,就有一种人眼看不见的光丝——红外线。热量不断,这种红外线就不停地向四面八方辐射出去。蛇的热感受器接收到这些红外线之后,就可以判断出这些小动物的位置而一举把它捕获。所以,人们就把蛇的热感受器叫做"热眼"。

响尾蛇和蝮蛇一类的蛇,它们的"热眼"都长在眼睛和鼻孔之间,叫颊窝的地方。颊窝一般深5毫米,只有一粒米那么长。这个颊窝是个喇叭形,喇叭口斜向朝前,其间被一片薄膜分成内外两个部分。里面的部分有一个细管与外界相通,所以里面的温度和蛇所在的周围环境的温度是一样的。而外面的那部分却是一个热收集器,喇叭口所对的方向如果有热的物体,红外线就经过这里照射到薄膜的外侧一面。显然,这要比薄膜内侧一面的温度高,布满在薄膜上的神经末梢就感觉到了温差,并产生生物电流,传给蛇的大脑。蛇知道了前方什么位置有热的物体,大脑就发出相应的"命令",去捕获这个物体。要验证这一点很容易,你把一块烧到一定热度的铁块放到蛇的附近,蛇会马上去袭击这个铁块的。

实验告诉我们,蛇的"热眼"对波长为0.01毫米的红外线的反应最灵敏、最强烈,而田鼠等小动物身体发出的红外线的波长正好在0.01毫米左右,所以蛇很容易发现和逮住它们,哪怕在伸手不见五指的黑夜。

响尾蛇还有一个奇异的特性,它会剧烈摇动自己的尾巴,发出"嘎啦嘎啦"的声音。响尾蛇利用这种声音引诱小动物跑来,以便捕捉它们,或者用来威吓敌人。

> 响尾蛇的尾巴为什么会发出响声呢?
>
> 原来,响尾蛇尾巴的尖端地方,长着一种角质环,成年的响尾蛇有6～10块,角质环围成一个空腔,角质膜又把空腔隔成两个环状空泡,仿佛是两个空气振荡器。当响尾蛇不断摇动尾巴的时候,空泡内形成了一股气流,一进一出地来回振荡,空泡就发出了"嘎啦嘎啦"的声音。

参考词语

1. 万籁俱寂	wànlàijùjì		(大自然)非常安静,什么声音也没有
2. 贼头贼脑	zéitóu-zéinǎo		像做贼的样子
3. 说时迟,那时快	shuōshíchí, nàshíkuài		非常快地
4. 红外线	hóngwàixiàn	(名)	红外线是不可见的光线。所有高于绝对零度(−273℃)的物质都可以产生红外线。现代物理学称之为热射线
5. 喇叭口	lǎbakǒu	(名)	像喇叭那样敞开的口子
6. 薄膜	bómó	(名)	很薄的膜
7. 末梢	mòshāo	(名)	最末端的地方
8. 波长	bōcháng	(名)	科学术语,沿着波传播方向,相邻两个波峰或波谷之间的距离
9. 灵敏	língmǐn	(形)	灵活、敏捷、敏感
10. 角质环	jiǎozhìhuán	(名)	质地像动物角那样的环
11. 空腔	kōngqiāng	(名)	四周被围起来,中间是空的腔体
12. 环状	huánzhuàng	(名)	像圆环那样的形状
13. 空泡	kōngpào	(名)	中间是空的泡
14. 振荡	zhèndàng	(动)	振动、摇荡

1. 文章总体评价

(1) 这篇文章从体裁上来说应该是:
 A. 记叙文 B. 应用文
 C. 说明文 D. 议论文

(2) 这是一篇科普文章,主要部分是:
 A. 公文语体 B. 科技语体

  C. 政论语体   D. 文艺语体

(3) 这篇文章主要是说：
  A. 响尾蛇是如何捕获猎物的   B. 响尾蛇的生活环境和身体情况
  C. 响尾蛇的眼睛是如何工作的   D. 红外线是如何产生的

2. 文章阅读理解

(1) 我们知道：
  A. 响尾蛇没有眼睛   B. 响尾蛇的视力不好
  C. 响尾蛇的眼睛能接受红外线   D. 响尾蛇的眼睛晚上很好

(2) 喇叭口接收到红外线的原理是：
  A. 喇叭口里面的细管接收到了外面的温度
  B. 分割喇叭口内外的薄膜外侧感觉到温差
  C. 喇叭口里面的部分感觉到了周围环境变化
  D. 以上全部

(3) 根据文章，如果小动物装死，响尾蛇还会捕获它们吗？
  A. 会   B. 不会
  C. 不一定   D. 不知道

(4) 响尾蛇尾巴会响是因为：
  A. 角质环的碰撞   B. 空腔内气泡的振荡
  C. 尾巴上有空气振荡器   D. 以上全部

3. 简单回答问题

(1) 响尾蛇能抓到猎物是靠接收猎物产生的：_____。
(2) 响尾蛇感觉到温度的部分是：_____。
(3) 哪些小动物身体发出的红外线的波长正好在 0.01 毫米左右？_____。

第十二课

一、阅读技能　文章的意境(3)

（一）概述

有的时候，即便是同一作家创作的同一题材的作品，其意境也有不同。巴金曾先后写过《爱尔克的灯光》和《灯》两篇散文，都是借景抒情，文章里都出现了灯，但是两篇文章给人的感觉却很不同，意境也不同。

在《爱尔克的灯光》里，出现在旧居大门内亮起的灯光"是阴暗中的一线微光"，但是这个灯光"并不曾照亮什么"，它代表了作者的故居，一个让他感到失望的地方，黑暗、痛苦；二是哈立希岛上的灯光，即姐姐爱尔克的灯光，它光明，照亮了兄弟的路，是希望的灯，可它又是生活悲剧和希望破灭的象征，整个格调显得消沉、悲观。

傍晚，我靠着逐渐黯淡的最后的阳光的指引，走过十八年前的故居。这条街、这个建筑物开始在我的眼前隐藏起来，像在躲避一个久别的旧友。但是它们的改变了的面貌于我还是十分亲切。我认识它们，就像认识我自己。还是那样宽的街、宽的房屋，巍峨的门墙代替了太平缸和石狮子，那一对常常做我们坐骑的背脊光滑的雄狮也不知逃进了哪座荒山。然而大门开着，照壁上"长宜子孙"四个字却是原样地嵌在那里，似乎连颜色也不曾被风雨剥蚀。我望着那同样的照壁，我被一种奇异的感情抓住了，我仿佛要在这里看出过去的十九个年头，不，我仿佛要在这里寻找十八年以前的遥远的旧梦。

守门的卫兵用怀疑的眼光看我。他不了解我的心情。他不会认识十八年前的年轻人。他却用眼光驱逐一个人的许多亲密的回忆。

黑暗来了。我的眼睛失掉了一切。于是大门内亮起了灯光。灯光并不曾照亮什么，反而增加了我心上的黑暗。我只得失望地走了。我向着来时的路回去。已经走了四五步，我忽然掉转头，再看那个建筑物。依旧是阴暗中一线微光。我好像看见一个盛满希望的水碗一下子就落在地上打碎了一般，我痛苦地在心里叫起来。在这条被夜幕覆盖着的近代城市的静

> 寂的街中,我仿佛看见了哈立希岛上的灯光。那应该是姐姐爱尔克点的灯吧。她用这灯光来给她的航海的兄弟照路。每夜每夜灯光亮在她的窗前,她一直到死都在等待那个出远门的兄弟回来。最后她带着失望进入坟墓。

作者的另一篇文章《灯》有明显不同的格调,作者的情绪高昂,要快乐得多。灯是希望,是温暖。文章也给人一种积极、振奋的格调,意境明显地与《爱尔克的灯光》不同。

> 我半夜从噩梦中惊醒,感觉到室闷,便起来到廊上去呼吸寒夜的空气。
>
> 夜是漆黑的一片,在我的脚下仿佛横着沉睡的大海,但是渐渐地像浪花似的浮起来灰白色的马路。然后夜的黑色逐渐减淡。哪里是山,哪里是房屋,哪里是菜园,我终于分辨出来了。
>
> 在右边,傍山建筑的几处平房里射出来几点灯光,它们给我扫淡了黑暗的颜色。
>
> 我望着这些灯,灯山带着昏黄色,似乎还在寒气的袭击中微微颤抖。有一两次我以为灯会灭了。但是一转眼昏黄色的光又在前面亮起来。这些深夜还燃着的灯,它们(似乎只有它们)默默地在散布一点点的光和热,不仅给我,而且还给那些寒夜里不能睡眠的人,和那些这时候还在黑暗中摸索的行路人。是的,那边不是起了一阵急促的脚步声吗?谁从城里走回乡下来了?过了一会儿,一个黑影在我眼前晃一下。影子走得极快,好像在跑,又像在溜,我了解这个人急忙赶回家去的心情。那么,我想,在这个人的眼里、心上,前面那些灯光会显得是更明亮、更温暖吧。

体会意境要感受作者描绘的画面,重现作者描绘的情景,更可以扩展、补充、再造那个画面。意境是审美情趣的反映,我们就是要通过作品的境界获得审美的感受。如陶渊明的名句"采菊东篱下,悠然见南山",历来就为人称道。苏东坡就赞叹是:"境与意合。"因为它通过这个画面,把一个人厌恶官场、倾心自然、忘情田园的陶然和闲适心境表露无遗。

叶圣陶在《文艺作品的鉴赏》一文中对唐朝诗人王维的"大漠孤烟直,长河落日圆"做过示范性的欣赏。他说:"在想象中睁开眼睛来,看这十个文字所构成的一幅图画。这幅图画简单得很,景物只选四样,大漠、长河、孤烟、落日,传出北方旷远荒凉的印象。给'孤烟'加上个'直'字,见得没有一丝的风,当然也没有风声,于是更来了个静寂的印象。给'落日'加上个'圆'字,并不是说唯有'落日'才'圆',而是说'落日'不声不响地衬托在'长河'的背后,这又是多么静寂的境界啊!一个'直',一个'圆',在图画方面说起来,都是简单的线条,和那旷远荒凉的大漠、长河、孤烟、落日正相配合,构成通体的一致。"

意境就是一种情调,虽然西方国家文学理论中没有"意境"的说法,但不是说西方国家的作者就不关心意境。其实,每个作者都自觉不自觉地创造着意境。因为情景交融的艺术境界是作者都向往的。因此,我们就是要从具体景物里去感受、去体会,从而更好地理解文章。

(二) 技能训练

1. 阅读下列文章片段

> 地面坚硬,空气沉静,路沟寂寞。我走得很快,直到浑身暖和起来才放慢脚步,欣赏和品味此时此景蕴蓄着的种种欢乐。时候是三点,我经过钟楼时,教堂的钟正好敲响。这一时刻的魅力,在于天色渐暗,落日低垂,阳光惨淡。我走在离桑菲尔德一英里的一条小路上。夏天,这里野玫瑰盛开;秋天,坚果与黑草莓累累。就是现在,也还留着珊瑚色珍宝般的蔷薇果和山楂果。但冬日最大的愉悦,却在于极度的幽静和光秃秃的树木所透出的安宁。微风吹来,在这里听不见声息,因为没有一枝冬青,没有一棵常绿树,可以发出婆娑之声。片叶无存的山楂和榛灌木,像小径中间磨损了的白石那样寂静无声。小路两旁,远近只有田野,却不见吃草的牛群。偶尔拨弄着树篱的黄褐色小鸟,看上去像是忘记掉落的零星枯叶。
>
> (节选自夏洛蒂·勃朗特《简·爱》)

(1) 这段文字的语言风格是:
    A. 幽默的   B. 典雅的
    C. 自然的   D. 豪放的

(2) 这段文字的语体是:
    A. 政论语体   B. 公文语体
    C. 科技语体   D. 文艺语体

(3) 从这段文字营造的意境我们看到作者是:
    A. 在大自然里快乐的心情   B. 在野外"我"的寂寞和孤独
    C. 教堂的钟声给"我"安慰   D. 离开桑菲尔德的痛苦

2. 阅读下列文章片段

> 湖岸极不规则,所以一点不单调。我闭目也能看见,西岸有深深的锯齿形的湾,北岸较开朗,而那美丽的扇贝形的南岸,一个个岬角相互地交叠着,使人想起岬角之间一定还有人迹未到的小海湾。在群山之中,小湖中央,望着水边直立而起的那些山上的森林,这些森林不能再有更好的背景,

也不能更美丽了。因为森林已经反映在湖水中,这不仅是形成了最美的前景,而且那弯弯曲曲的湖岸,恰又给它做了最自然又最愉悦的边界线。不像斧头砍伐出一个林中空地,或者露出了一片开垦了的田地的那种地方,这儿没有不美的或者不完整的感觉。树木都有充分的余地在水边扩展,每一棵树都向了这个方向伸出最强有力的桠枝。大自然编织了一幅很自然的织锦,眼睛可以从沿岸最低的矮树渐渐地望上去,望到最高的树。这里看不到多少人类的双手留下的痕迹。水洗湖岸,正如一千年前。

一个湖是风景中最美、最有表情的姿容。它是大地的眼睛,望着它的人可以测出他自己的天性的深浅。湖所产生的湖边的树木是睫毛一样的镶边,而四周森林蓊郁的群山和山崖是它的浓密突出的眉毛。

(节选自梭罗《瓦尔登湖》)

(1) 这段文字从风格上说是:
  A. 淡静的 B. 活泼的 C. 阴郁的 D. 激昂的
(2) 这段文字的语体是:
  A. 政论语体   B. 公文语体
  C. 科技语体   D. 文艺语体
(3) 这段文字营造的意境是:
  A. 天堂般的快乐、幸福 B. 世外桃源般的宁静、自然
  C. 梦幻般地奇妙、美丽 D. 大海一样地深沉、广阔

3. 阅读下列文章片段

大淖的南岸,有一座漆成绿色的木板房,房顶、地面,都是木板的。这原是一个轮船公司。靠外手是候船的休息室。往里去,临水,就是码头。原来曾有一只小轮船,往来本城的兴化,隔日一班,单日开走,双日返回。小轮船漆得花花绿绿的,飘着万国旗,机器突突地响,烟筒冒着黑烟,装货、卸货,上客、下客,也有卖牛肉、高粱酒、花生瓜子、芝麻灌香糖的小贩,吆吆喝喝,是热闹过一阵的。后来因为公司赔了本,股东无意继续经营,就卖船停业了。这间木板房子倒没有拆去。现在里面空荡荡、冷清清,只有附近的野孩子到候船室来唱戏玩儿,棍棍棒棒,乱打一气,或到码头上比赛撒尿。七八个小家伙,齐齐地站成一排,把一泡泡骚尿哗哗地撒到水里,看谁尿得最远。

(节选自汪曾祺《大淖记事》)

(1) 这段文字从风格上说是：
    A. 幽默的   B. 华丽的
    C. 自然的   D. 典雅的

(2) 这段文字的语体是：
    A. 政论语体   B. 公文语体
    C. 科技语体   D. 文艺语体

(3) 这段文字营造的意境是：
    A. 气势恢弘   B. 朴素自然
    C. 哀怨缠绵   D. 万紫千红

二、阅读训练

阅读 1

瓦尔登湖

在我干完了一天的锄地工作之后，偶尔来到一个不耐烦的侣伴跟前。他从早晨起就在湖上钓鱼了，静静的，一动不动的，像一只鸭子，或一张漂浮的落叶，沉思着他的各种各样的哲学，而在我来到的时候，大概他认为自己是属于修道院僧中的古老派别了。有一个老年人，是个好渔夫，尤精于各种木工，他很高兴把我的屋子看做是为便利渔民而建筑的屋子，他坐在我的屋门口整理钓丝，我也同样高兴。我们偶尔一起泛舟湖上，他在船的这一头，我在船的另一头。我们并没有说多少话，因为他近年来耳朵聋了，偶尔他哼起一首圣诗来，这和我的哲学异常地和谐。我们的神交全部都是和谐的，回想起来真是美妙，比我们的谈话要有意思得多。我常是这样的，当找不到人谈话了，就用桨敲打我的船舷，寻求回声，使周围的森林被激起了一圈圈扩展着的声浪，像动物园中那管理群兽的人惹了兽群那样，每一个山林和青翠的峡谷最后都发出了咆哮之声。

在温和的黄昏中，我常坐在船里弄笛，看到鲈鱼在我的四周游泳，好似我的笛音迷住了它们一样，而月光旅行在肋骨似的水波上，那上面还零乱地散布着破碎的森林。很早以前，我一次次探险似的来到这个湖上，在一些夏天的黑夜里，跟一个同伴一起来。在水边生了一堆火，吸引鱼群，我们又在钓丝钩上放了虫子做鱼饵,钓起了一条条鳖鱼。这样我们一直搞到夜深以后,才把火棒高高地抛掷到空中,它们像流星烟火一样,从空中落进湖里发出一些响亮的咝声,便熄灭了,于是我们就突然在完全的黑暗之中摸索。我用口哨吹着歌,穿过黑暗,又上路口到人类的集合处。可是现在我已经在湖岸上有了自己的家。

有时,在村中一个客厅里待到他们一家子都要休息时,我就回到了森林里。那时,多少是为了明天的伙食,我把子夜的时辰消耗在月光之下的垂钓之上,坐在一条船里,听枭鸟和狐狸唱它们的小夜曲,时时我还听到附近的不知名的鸟雀发出尖厉的啸声。这一些经验对我是很值得回忆和很宝贵的,在水深四十英尺的地方抛了锚,离岸约二三杆之远,有时大约有几千条小鲈鱼和银鱼围绕着我,它们的尾巴给月光下的水面点出了无数的水涡。用了一根细长的麻绳,我和生活在四十英尺深的水底的一些神秘的夜间的鱼打交道了。有时我拖着长六十英尺的钓丝,听凭柔和的夜风把我的船儿在湖上漂荡,我时不时地感到了微弱的震动,说明有一个生命在钓丝的那一端徘徊,却又愚蠢地不能确定它对这盲目撞上的东西怎样办,还没有完全下决心呢。到后来,一手又一手,慢慢地拉起钓丝,而一些长角的鳖鱼一边发出咯吱咯吱的声音,一边扭动着身子,给拉到了空中。特别在黑暗的夜间,当你的思想驰骋在广大宇宙的主题上的时候,而你却感到这微弱的震动,打断了你的梦想,又把你和大自然联结了起来,这是很奇怪的。我仿佛直接把钓丝往上甩,甩到天空里去,正如我同时把钓丝垂入这密度未必更大的水的元素中去的情况一样。这样我像是用一只钓钩捉住了两条鱼。

(节选自梭罗《瓦尔登湖》,徐迟译)

参考词语

1. 锄　　　chú　　　　　(动)　　用锄头修整土地
2. 修道院　xiūdàoyuàn　(名)　　天主教和东正教等教徒出家修道的机构
3. 派别　　pàibié　　　 (名)　　宗教、政党等由于观点、方法的不同而形成的分支和门派
4. 桨　　　jiǎng　　　　(名)　　用来划船的工具,一般是一个扁平的板子
5. 船舷　　chuánxián　　(名)　　船的左右两边

6. 咆哮	páoxiāo	（动）	大声地叫
7. 探险	tànxiǎn	（动）	冒险地到些前人没有去过的地方发现新的事物
8. 子夜	zǐyè	（名）	晚上11点到凌晨1点,也叫半夜、午夜
9. 时辰	shíchen	（名）	时刻
10. 垂钓	chuídiào	（动）	钓鱼
11. 锚	máo	（名）	让船停泊在水里的工具,一般是铁质的钩状物体
12. 水涡	shuǐwō	（名）	水里的漩涡
13. 听凭	tīngpíng	（连）	不管,不控制
14. 驰骋	chíchěng	（动）	飞快地跑

1. 文章总体评价

(1) 这篇文章从体裁上来说应该是：
　　A. 记叙文　　　　　　　　B. 应用文
　　C. 说明文　　　　　　　　D. 议论文

(2) 这篇文章营造的意境是：
　　A. 幸福感动　　　　　　　B. 苍凉悲壮
　　C. 美丽温馨　　　　　　　D. 宁静安详

(3) 这篇文章主要是：
　　A. 介绍了在湖上钓鱼的方法　　B. 表达了对人生的思考
　　C. 记述了"我"怡然的乡间生活　D. 描绘了大自然的美丽

2. 文章阅读理解

(1) 与"有一个老年人,是个好渔夫,尤精于各种木工"中"精于"意思接近的是：
　　A. 胜于　　　　　　　　　B. 由于
　　C. 善于　　　　　　　　　D. 至于

(2) "我们偶尔一起泛舟湖上,他在船的这一头,我在船的另一头"的"泛舟湖上"的意思是：
　　A. 在湖上划船　　　　　　B. 在湖上游玩
　　C. 在湖上交谈　　　　　　D. 在湖上欣赏

(3) 作者认为和耳朵不好的老人在一起"和我的哲学异常地和谐",原因可能是：
　　A. "我"的哲学思想和老人的一致　　B. "我"喜欢老人唱的圣诗
　　C. "我"喜欢和钓鱼的老人在一起　　D. "我"更喜欢心灵的交流

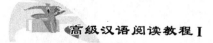

(4)"在温和的黄昏中,我常坐在船里弄笛"中"弄笛"的意思是:
　　A. 钓鱼　　　　　　　　　B. 撒渔网
　　C. 吹口哨　　　　　　　　D. 吹笛子

(5)作者钓鳖鱼时的鱼饵是:
　　A. 小鸟　　　　　　　　　B. 虫子
　　C. 小鱼　　　　　　　　　D. 没有说

(6)"我时不时地感到了微弱的震动,说明有一个生命在钓丝的那一端徘徊"的意思是:
　　A. 鱼在犹豫吃不吃鱼饵　　B. 鱼的生命也是宝贵的
　　C. 钓鱼让我心里有些不忍　D. 生命里经常出现困惑

(7)从文章看,作者很像是一个:
　　A. 农民　　　　　　　　　B. 工人
　　C. 渔民　　　　　　　　　D. 不知道

3. **简单回答问题**

(1)那个钓鱼的人像一只鸭子或一张漂浮的落叶是因为:_____。
(2)老人坐在"我"的屋子门口:_____。
(3)被"我"高高地抛掷到空中的火棒最后到了:_____。
(4)尾巴给月光下的水面点出了无数的水涡的鱼是:_____。

阅读 2

年　龄

　　从前看人作序,或是题画,或是写匾,在署名的时候往往特别注明"时年七十有二"、"时年八十有五"或是"时年九十有三",我就肃然起敬。春秋时人荣启期以为行年九十是人生一乐,我想拥有一大把年纪的人大概是有一种可以在人前夸耀的乐趣。只是当时我离那耄耋之年还差一大截子,不知自己何年何月才有资格在署名的时候也写上年龄。我揣想署名之际写上自己的年龄,那时心情必定是扬扬得意,好像是在宣告:"小子们,你们这些黄口小儿,乳臭未干,虽然幸离襁褓,能否达到老夫这样的年龄恐怕尚未可知哩。"须知得意不可忘形,在夸示高龄的时候,未来的岁月已所余无几了。

　　除了将要诹吉纳采交换庚帖之外,对于别人的真实年龄根本没有多加探讨的必要。但是我们的习俗,于请教"贵姓"、"大名"、"府上"之后,有时

就会问起"贵庚"、"高寿"。有人问我多大年纪,我据实相告"七十八岁了"。他把我上下打量,摇摇头说:"不像,不像,很健康的样子,顶多五十。"好像他比我自己知道得更清楚。那是言不由衷的恭维话,我知道,但是他有意无意地提醒了我刚忘记了的人生四苦。能不能不提年龄,说一些别的,如今天天气之类?

女人的年龄是一大禁忌,不许别人问的。有一位女士很旷达,人问其芳龄,她据实以告:"三十以上,八十以下。"其实人的年龄不大容易隐密,下一番考证功夫,就能找出线索,虽不中亦不远矣。这样做,除了满足好奇心以外,没有多少意义。可是人就是好奇。有一位男士在咖啡厅里邂逅一位女士,在暗暗的灯光之下他实在摸不清对方的年龄,他用臂肘触了我一下,偷偷地在桌下伸出一只巴掌,戟张着五指,低声问我有没有这个数目,我吓了一跳,以为他要借五万块钱,原来他是打听对方芳龄有无半百。我用四个字回答他:"干卿底事?"有一位道行很高的和尚,涅槃的时候据说有一百好几十岁,考证起来聚讼纷纷。据我看,估量女士的年龄不妨从宽,七折八折优待。计算高僧的年龄也不妨从宽,多加三成五成。

人到了迟暮,如石火风灯,命在须臾,但是仍不喜欢别人预言他的大限。丘吉尔八十岁过生日,一位冒失的新闻记者有意讨好地说:"丘吉尔先生,我今天非常高兴,希望我能再来参加您的九十岁生日宴。"丘吉尔耸了一下眉毛说:"小伙子,我看你身体满健康的,没有理由不能来参加我九十岁的宴会。"胡适之先生素来善于言词,有时也不免说溜了嘴,他六十八岁时候来台湾,在一次欢宴中遇到长他十几岁的齐如山先生,没话找话地说:"齐先生,我看您活到九十岁绝无问题。"齐先生愣了一下说:"我倒有个故事,有一位矍铄老叟,人家恭维他可以活到一百岁,忿然作色曰:'我又不吃你的饭,你为什么限制我的寿数?'"胡先生急忙道歉:"我说错了话。"

(节选自梁实秋《年龄》)

参考词语

1. 乳臭未干	rǔxiùwèigān		吃奶的味道还在,表示很小,很幼稚
2. 襁褓	qiángbǎo	(名)	包婴儿的被子和带子等
3. 所余无几	suǒyúwújǐ		剩下的不多了
4. 诹吉纳采	zōujínàcǎi	(动)	结婚前的仪式。诹吉:选定好日子;纳采:给女方下聘礼

5. 据实相告	jùshíxiānggào			告诉真的情况
6. 言不由衷	yánbùyóuzhōng			说出来的话不是心里真正的想法
7. 旷达	kuàngdá	（形）		心胸开阔，想得开
8. 邂逅	xièhòu	（动）		意外地遇到了
9. 涅槃	nièpán	（动）		佛教术语。意译为灭、灭度、寂灭、无为、圆寂等
10. 聚讼纷纷	jùsòngfēnfēn			大家都在争论，不能决定哪个意见是正确的
11. 迟暮	chímù	（名）		晚上，比喻到了老年
12. 石火风灯	shíhuǒfēngdēng			比喻时间短暂
13. 须臾	xūyú	（副）		很短的时间
14. 矍铄	juéshuò	（形）		形容老人健康健旺的样子
15. 忿然作色	fènránzuòsè			由于愤怒而变了脸色

专有名词

荣启期	Róng Qǐqī	传说是春秋时期的一个隐士，活到九十多岁

1. 文章总体评价

（1）这篇文章从体裁上来说应该是：

  A. 小说   B. 散文

  C. 诗歌   D. 戏曲

（2）这篇文章从文字上来说是：

  A. 古雅的   B. 通俗的

  C. 华丽的   D. 艰涩的

（3）这篇文章从风格上来说是：

  A. 平和的   B. 严肃的

  C. 热烈的   D. 哀伤的

（4）这篇文章主要是想说：

  A. 我们总是打听别人年龄   B. 中国人不在乎别人问自己年龄

  C. 随便打听别人年龄不好   D. 女人的年龄是禁忌

2. 文章阅读理解

(1) 根据文章,第一段似乎是想说以前的中国人:
    A. 喜欢夸耀自己年长　　　　　B. 讨厌别人知道自己年纪
    C. 不喜欢年轻人　　　　　　　D. 不怕死

(2) "能否达到老夫这样的年龄恐怕尚未可知哩"中"尚未可知"的意思是:
    A. 尚且可以知道　　　　　　　B. 倘若不知道
    C. 现在还不知道　　　　　　　D. 以后可知道

(3) 关于年龄,哪个不是作者的看法?
    A. 年龄很不容易猜出来　　　　B. 猜别人年龄没什么意思
    C. 把女人说年轻一点儿好　　　D. 把和尚说老一点儿好

(4) "我用四个字回答他:'干卿底事?'""干卿底事"的意思是:
    A. 干什么好事　　　　　　　　B. 这是秘密的事
    C. 别卿卿我我了　　　　　　　D. 跟你有什么关系

(5) 跟"但是仍不喜欢别人预言他的大限"中与"大限"的意思接近的词语是:
    A. 年龄　　　　　　　　　　　B. 健康
    C. 死亡　　　　　　　　　　　D. 限制

(6) 丘吉尔对记者的问话:
    A. 很高兴　　　　　　　　　　B. 很奇怪
    C. 很不高兴　　　　　　　　　D. 很愤怒

(7) "胡适之先生素来善于言词,有时也不免说溜了嘴"中"说溜了嘴"的意思是:
    A. 不小心说错话　　　　　　　B. 不小心说出了秘密
    C. 说话不流利的样子　　　　　D. 说话结巴

(8) 作者认为老人似乎:
    A. 更喜欢表现自己的年长　　　B. 更喜欢别关心他年纪的人
    C. 不喜欢别人说他能活多久　　D. 不喜欢别人知道他的年龄

3. 简单回答问题

(1) 请写出三个询问年龄的词语:＿＿＿＿＿＿＿＿＿＿＿＿＿＿＿＿＿＿＿＿。
(2) 别人说"我""很健康的样子,顶多五十"时"我"知道他是:＿＿＿＿＿＿＿＿＿。
(3) "我"朋友在桌下伸出一只巴掌时"我"以为:＿＿＿＿＿＿＿＿＿＿＿＿＿。

阅读 3

从母亲到外遇

"大陆是母亲,台湾是妻子,香港是情人,欧洲是外遇。"我对朋友这么说过。

欧洲开始成为外遇,则在我将老未老、已晡未暮的善感之年。我初践欧土,是从纽约起飞,而由伦敦入境,绕了一个大圈,已经四十八岁了。等到真的步上巴黎的卵石街头,更已是五十之年,不但心情有点"迟暮",季节也值春晚,偏偏又是独游。临老而游花都,总不免感觉是辜负了自己,想起李清照所说:"春归秣陵树,人老建康城。"

一个人略谙法国艺术有多风流倜傥,眼底的巴黎总比一般观光嬉客所见要丰盈。"以前只是在印象派的画里见过巴黎,幻而似真;等到亲眼见了法国,却疑身在印象派的画里,真而似幻。"我在《巴黎看画记》一文,就以这一句开端。

巴黎不但是花都、艺都,更是欧洲之都。整个欧洲当然早已"迟暮"了,却依然十分"美人",也许正因迟暮,美艳更教人怜。而且同属迟暮,也因文化不同而有风格差异。例如伦敦吧,成熟之中仍不失端庄,至于巴黎,则不仅风韵犹存,更透出几分撩人的明艳。

大致说来,北欧的城市比较秀雅,南欧的则比较艳丽;新教的国家清醒中有节制,旧教的国家慵懒中有激情。所以斯德哥尔摩虽有"北方威尼斯"之美名,但是冬长夏短,寒光斜照,兼以楼塔之类的建筑多以红而带褐的方砖砌成,隔了茫茫烟水,只见灰蒙蒙阴沉沉的一大片,低压在波上。那波涛,也是蓝少黑多,说不上什么浮光耀金之美。南欧的明媚风情在那样的黑涛上是难以想象的:格拉纳达的中世纪"红堡"(alhambra),那种细柱精雕、引泉入室的回教宫殿,即使再三擦拭阿拉丁的神灯,也不会赫现在波罗的海岸。

不过话说回来,无论是沉醉醉人,或是清醒醒人,欧洲的传统建筑之美总会令人仰瞻低回,神游中古。且不论西欧南欧了,即使东欧的小国,不管目前如何弱小"落后",其传统建筑如城堡、宫殿与教堂之类,比起现代的暴发都市来,仍然一派大家风范,耐看得多。历经两次世界大战,遭受纳粹的浩劫,岁月的沧桑仍无法摧尽这些迟暮的美人,一任维也纳与布达佩斯在多瑙河边临流照镜,或是战神刀下留情,让布拉格的桥影卧魔涛而横陈。爱伦坡说得好:

> 你女神的风姿已招我回乡，
> 回到希腊不再的光荣
> 和罗马已逝的盛况。
>
> 　　一切美景若具历史的回响、文化的意义，就不仅令人兴奋，更使人低回。何况欧洲文化不仅悠久，而且多元，"外遇"的滋味远非美国的单调、浅薄可比。美国再富，总不好意思在波多马克河边盖一座卢浮宫吧？怪不得王尔德要说："善心的美国人死后，都去了巴黎。"
>
> 　　　　　　　　　　　　　（节选自余光中《从母亲到外遇》）

参考词语

1.	善感	shàngǎn	（形）	思想敏感，容易感慨、感动
2.	略谙	lüè'ān		略：一点。知道、了解一些
3.	风流倜傥	fēngliútìtǎng		很潇洒、很有风度气质的样子
4.	丰盈	fēngyíng	（形）	丰满
5.	幻而似真	huàn'érsìzhēn		幻象，但好像是真的
6.	风韵犹存	fēngyùnyóucún		形容中年妇女还保持着美好的风姿
7.	撩人	liáorén		吸引人
8.	新教	xīnjiào	（名）	在中国，新教一般指基督教
9.	节制	jiézhì	（动）	控制
10.	旧教	jiùjiào	（名）	在中国，旧教一般指天主教
11.	慵懒	yōnglǎn	（形）	懒惰、懒散
12.	明媚	míngmèi	（形）	亮丽、美好的
13.	低回	dīhuí	（动）	徘徊，流连；回味，留恋地回顾。形容萦绕回荡
14.	神游	shényóu	（动）	用精神去游历、交流
15.	中古	zhōnggǔ	（名）	次于上古的时代，每个地方表示的意思不同。在西方，指约从公元500年～1500年之间的历史
16.	暴发	bàofā	（动）	突然一下子发达富裕起来
17.	大家	dàjiā	（名）	有成就的名家
18.	浩劫	hàojié	（名）	巨大的灾难
19.	沧桑	cāngsāng	（名）	"沧海桑田"的简缩。沧海：大海；桑田：种桑树的地，泛指农田。大海变成农田，农田变成大海。比喻世事变化很大
20.	浅薄	qiǎnbó	（形）	肤浅，没有深度的

专有名词

1. 威尼斯　　Wēinísī　　意大利城市，市内河流众多，称为水城
2. 纳粹　　　Nàcuì　　　第一次世界大战后兴起的德国社会主义工人党，是以希特勒为首的最反动的法西斯主义政党
3. 卢浮宫　　Lúfúgōng　法国巴黎的一座宫殿，现为著名的博物馆

1. 文章总体评价

(1) 这篇文章从体裁上来说应该是：
　　A. 小说　　　　　　　　　　B. 说明文
　　C. 议论文　　　　　　　　　D. 散文

(2) 这篇文章主要是：
　　A. 介绍欧洲城市的历史　　　B. 赞美欧洲古老文明
　　C. 描绘欧洲的美丽风光　　　D. 批评美国文化浅薄

(3) 一般意义上的"外遇"是什么意思：
　　A. 外边遇到的人　　　　　　B. 对自己的工作有很大帮助的异性朋友
　　C. 非常了解自己的朋友　　　D. 婚后不是丈夫或妻子的亲密异性

2. 文章阅读理解

(1) "我初践欧土，是从纽约起飞"中"初践欧土"的意思是：
　　A. 第一次认识欧洲　　　　　B. 第一次到欧洲
　　C. 我开始了解欧洲　　　　　D. 我到欧洲去实践

(2) 根据文章，作者到了法国以后的感觉是：
　　A. 梦想成真　　　　　　　　B. 似梦似真
　　C. 变幻莫测　　　　　　　　D. 梦幻泡影

(3) 根据文章，作者在欧洲的感觉是：
　　A. 激动的　　　　　　　　　B. 悲伤的
　　C. 冷静的　　　　　　　　　D. 留恋的

(4) 作者认为色调和气氛比较低沉阴郁的是：
　　A. 东欧　　　　　　　　　　B. 南欧
　　C. 北欧　　　　　　　　　　D. 西欧

(5) 作者认为哪个东西让人感受到欧洲历史文化的悠久？

　　A. 绘画　　　　　　　　B. 建筑

　　C. 海岸　　　　　　　　D. 神灯

(6) 作者认为欧洲是"外遇"主要因为：

　　A. 欧洲风景的美丽　　　B. 欧洲精美的建筑

　　C. 欧洲独特的风韵　　　D. 欧洲发达的经济

3. 简单回答问题

(1) 作者对巴黎和伦敦的感觉分别是：_____。

(2) 慵懒中有激情的是：_____。

(3) 清醒中有节制的是：_____。

(4) 作者觉得美国文化是：_____。

第十三课

一、阅读技能　文言文与白话文(1)

（一）概述

现代汉语与古代汉语的关系是汉语发展史上一个重要的内容,在白话文运动以前,汉语书面语大致有两个系统:文言和白话。

文言是指以先秦口语为基础而形成的上古汉语书面语言以及后来历代作家仿古的作品中的语言,文言文也就是用文言写成的文章,即上古的文言作品以及历代模仿它的作品。文言文作为汉语的书面语,不间断地沿用了两三千年,我们一般也叫它古代汉语。可以说,大部分中国的文献都是用文言文记录的,它是中国古代使用最普遍的书面语。

白话是指唐宋以来在汉语口语的基础上形成的一种书面语,起初只用于通俗文学作品,如唐代的变文,宋、元、明、清的话本、小说等,及宋元以后的部分学术著作和官方文书。到"五四"新文化运动以后,才在全社会上普遍应用,目前的现代汉语的语法规范就来自于典范的白话文著作。

白话文的历史可以追溯到唐代,在民间文学和平民文学中也很常见,但文言文依然是规范的书面语形式,直到"五四"的白话文运动后,白话文最终取代文言文成为主要的书面表达方式。胡适、李大钊、鲁迅、周作人、刘半农、钱玄同等在这个运动中起了重要的作用。1920年1月,教育部训令全国各国民学校先将一二年级国文改为语体文（白话文）。1920年4月,教育部又发一个通告,明令国民学校除一二年级国文科改为语体文外,其他各科教科书亦相应改用语体文（白话文）。

虽然白话文取代了文言文,但白话文与文言文的关系密不可分。白话文来源于文言文,二者既有差异性,又有千丝万缕的联系,实际上是不能完全分开的。有学者对现代汉语和古代汉语的两个常用字表进行了研究(前者是现代汉语3755个一级字,后者是1086个古代汉语常用字)。通过比较发现,有1001个古汉语常用字可以在现代汉语一级字表中找到,占到古汉语常用字的92%;另外84个古汉语常用字中也有82个可以在现代汉语4500个常用字表找到。可见,古汉语常用字绝大多数仍然保留在现代汉语中,而且还保持着相当强大的生命力。

我们很难将文言文与白话文彻底分开,因为汉语一个很大的特点是"语"、"文"分家,口语和书面语差别较大。有些文言的词在口语中早已消失,可在书面语中还大量使用,不用反

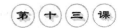

而别扭。如日常生活最常见的介绍信,标准的行文是这样的:"兹有我校历史系教授王以民等一人,赴贵馆查阅清朝档案,请予接洽为盼。"如果改成口语体的白话文,是这样的:"这里有我们学校历史系教授王以民等一个人,要去你们图书馆查阅清朝档案,我们希望你们接待他。"

如果真有人这样写,就闹大笑话了,这个口语体的白话文的介绍信明显地表现出写介绍信的人缺乏基本的语文教育,是一个文化水平很低的人,不懂起码的公文写作。可见,文言文以各种形式存在于现代汉语之中,甚至可以这样说:文言文水平的高低甚至决定了一个人语文水平的高低。今天我们提倡使用白话文,但是文言文古雅、简洁的特点又让一些人学习模仿文言文。也有一些人的文章半文半白,在白话里夹杂着很多文言文。事实上大部分文章都有文言文的成分,只是多少而已。

还有一点有趣的是,白话文比较长而文言文要短得多。"五四"时代,有人就这个现象还开过玩笑呢。事情是这样的,胡适与黄侃同在北大讲学。黄侃反对胡适提倡白话文。一次,黄侃在讲课中举例说:"如胡太太死了,他的家人来电报必须说:'你的太太死了,赶快回来啊!'十一个字。而用文言文则只需要'妻丧速归'四个字就可以了,电报费可以省下三分之二。"

一次,胡适在提倡白话文的讲课中,有学生提出反对,讲的也是文言可省字省电报费。胡适听后平静地说道:"不一定吧。前几天行政院有位朋友给我打来电报,邀我去行政院做秘书,我不愿从政,决意不去。我的回电就是用白话文写的,看起来也很省字。"接着说:"现在请同学们根据这一件事,用文言文写一复电,看看究竟哪个省字。"一刻钟后,胡适从同学们的电文中选出一份用字最少的电文,电文是这样写的:"才学疏浅。恐难胜任,不堪从命。"胡适称赞地说,这份电文确实简练,仅用十二个字。但我的白话文却只有五个字:"干不了,谢谢。"

这是一个玩笑,因为那个学生的文言电报翻译成白话文后信息量很大,大概的意思是"我的知识和能力都不够,恐怕不能胜任这样工作,因此不能接受您的邀请。"胡适的电报是短,但就信里的信息量来说,不能和学生的相比。我们来看下面的文言文:

> 宰予昼寝,子曰:"朽木不可雕也,粪土之墙不可杇也,于予与何诛!"子曰:"始吾于人也,听其言而信其行;今吾于人也,听其言而观其行。于予与改是。"
>
> 【译文】
>
> 宰予白天睡觉。孔子说:"腐朽的木头无法雕刻,粪土垒的墙壁无法粉刷。对于宰予这个人,责备还有什么用呢?"孔子说:"起初我对于人,是听了他说的话便相信了他的行为;现在我对于人,听了他说的话还要观察他的行为。在宰予这里我改变了观察人的方法。"

《论语》是两千多年前记录孔子言行的一部著作,对比白话文,我们发现文言文要短得多。这是因为文言文以单音节词为主而白话文以双音节词为主的原因,文言文基本是一字一词。

我们再来看一篇一千六百多年以前的文学家写的《桃花源记》的一段,看看我们能否看懂。

> 晋太元中,武陵人捕鱼为业,缘溪行,忘路之远近。忽逢桃花林,夹岸数百步,中无杂树,芳草鲜美,落英缤纷,渔人甚异之。复前行,欲穷其林。
>
> 【译文】
>
> 东晋太元年间,武陵郡有个人以打鱼为生。一天,他顺着溪水划船,忘记了路程的远近。忽然遇到一片桃花林,生长在溪的两岸,长达几百步,中间没有夹杂别的树,花草遍地,鲜嫩而美丽,落花纷纷飘落。他非常诧异,继续往前走,想走到林子的尽头。

我们在这里不是教大家学习文言文,那是古代汉语课的任务。我们的目的是介绍一些文言文成分在当代白话作品中的表现,以便更顺利地阅读日常所见的白话汉语文章。

(二) 技能练习

1. 阅读下列文章片段

> 人一生下来,便有与他相关系之人(父母、兄弟等),人生且将始终在与人相关系中而生活(不能离社会),如此则知,人生实存于各种关系之上。此种种关系,即是种种伦理。伦者,伦偶,正指人们彼此之相与。相与之间,关系遂生。家人父子,是其天然基本关系,故伦理首重家庭。父母总是最先有的,再则有兄弟姊妹。既长,则有夫妇,有子女,而宗教戚党亦即由此而生。出来到社会上,于教学则有师徒;于经济则有同伙;于政治则有君臣官民;平素多往返,遇事相扶持,则有乡邻朋友。随一个人年龄和生活之开展,而渐有其四面八方若近若远数不尽的关系。是关系,皆是伦理;伦理始于家庭,而不止于家庭。
>
> (节选自梁漱溟《中国文化要义》)

1) 选择正确答案

(1) 这段文字从语体上说倾向于:

    A. 政论语体   B. 公文语体

    C. 科技语体   D. 文艺语体

(2) 这段文字从语言上说：

    A. 幽默   B. 典雅

    C. 艰涩   D. 浅白

(3) 这段文字主要的意思是说：

    A. 伦理是与父母的关系   B. 伦理会随着年龄的增长而变化

    C. 伦理是社会发展的保证   D. 伦理关系到社会多方面

2）解释带点词语

(1) 人一生下来，便有与他相关系之人（父母、兄弟等）。

(2) 此种种关系，即是种种伦理。

(3) 相与之间，关系遂生。

(4) 故伦理首重家庭。

(5) 既长，则有夫妇，有子女。

(6) 于教学则有师徒。

(7) 是关系，皆是伦理。

2. 阅读下列文章片段

> 二人歌罢，抚掌大笑。玄德曰："卧龙其在此间乎！"遂下马入店。见二人凭桌对饮：上首者白面长须，下首者清奇古貌。玄德揖而问曰："二公谁是卧龙先生？"长须者曰："公何人？欲寻卧龙何干？"玄德曰："某乃刘备也。欲访先生，求济世安民之术。"长须者曰："我等非卧龙，皆卧龙之友也：吾乃颍川石广元，此位是汝南孟公威。"玄德喜曰："备久闻二公大名，幸得邂逅。今有随行马匹在此，敢请二公同往卧龙庄上一谈。"广元曰："吾等皆山野慵懒之徒，不省治国安民之事，不劳下问。明公请自上马，寻访卧龙。"
>
> （节选自罗贯中《三国演义》）

1）选择正确答案

(1) 这段文字的语体是：

    A. 政论语体   B. 公文语体

    C. 科技语体   D. 文艺语体

(2) 这段文字是：

    A. 标准现代白话文   B. 典型古代文言文

    C. 很难的白话文   D. 浅白的文言文

(3) 这段文字说的是：

    A. 刘备见到了卧龙先生   B. 刘备找卧龙时见到两位先生

C. 刘备没找到卧龙,那两位先生不想理他

D. 刘备没找到卧龙,那两位先生他也不想理

2) 解释带点词语

(1) 二人歌罢,抚掌大笑。

(2) 玄德曰:"卧龙其在此间乎!"

(3) 长须者曰:"公何人?欲寻卧龙何干?"

(4) 玄德曰:"某乃刘备也。欲访先生,求济世安民之术。"

(5) 广元曰:"吾等皆山野慵懒之徒……"

3. 阅读下列文章片段

在近300年以前,外国人可不是随随便便就可以在中国待下来的,必须先留在广州,过了"语言关"!意大利画师马国贤、法国地理学家山遥瞻(Domenico Perroni)等人登陆广州后,想从广州北上京城,却被阻止了。康熙帝下了一道手谕:"西洋新来之人且留广州学汉话,若不会汉话,即到京里亦难用他。会话之时,尔等写奏折奏闻。"就是从那时候起,老外一来中国,就必须先留在广州学中文,学会了,才能进京。

据悉,苦练了中文后,马国贤进入皇宫供职达13年,而山遥瞻则在参与皇家舆图《皇舆全览图》测绘工程中,殉职于云南。

(节选自2008年9月5日《新快报》陈琦钿文)

1) 选择正确答案

(1) 这段文字的语体是:

　　A. 政论语体　　　　　　　B. 公文语体

　　C. 科技语体　　　　　　　D. 文艺语体

(2) 皇帝要外国人在广州先学好汉语的理由是:

　　A. 不学好汉语到北京不能跟别人说话

　　B. 不学好汉语到了北京也没有用

　　C. 不学好汉语表示对中国没有兴趣

　　D. 不学好汉语说话的时候还要翻译,太麻烦

2) 翻译康熙皇帝手谕

西洋新来之人且留广州学汉话,若不会汉话,即到京里亦难用他。会话之时,尔等写奏折奏闻。

白话文:

二、阅读训练

 阅读1

螺蛳姑娘

有种田人，家境贫寒。上无父母，终鲜兄弟。薄田一丘，茅屋数椽。孤身一人，艰难度日。日出而作，春耕夏锄。日落回家，自任炊煮。身为男子，不善烧饭。冷灶湿柴，烟熏火燎。往往弄得满脸乌黑，如同灶王。有时怠惰，不愿举火，便以剩饭锅巴，用冷水泡泡，摘取野葱一把，辣椒五颗，稍蘸盐水，大口吞食。顷刻之间，便已果腹。虽然饭食粗粝，但是田野之中，不乏柔软和风，温暖阳光，风吹日晒，体魄健壮，精神充沛，如同牛犊马驹。竹床棉被，倒头便睡。无忧无虑，自得其乐。忽一日，作田既毕，临溪洗脚，见溪底石上，有一螺蛳，螺体硕大，异于常螺，壳有五色，晶莹可爱，怦然心动，如有所遇。便即携归，养于水缸之中。临睡之前，敲石取火，燃点松明，时往照视。心中欢喜，如得宝贝。

次日天明，青年男子，仍往田间作务。日之夕矣，牛羊下来。余霞散绮，落日熔金。此种田人，心念螺蛳，急忙回家。到家之后，俯视水缸：螺蛳犹在，五色晶莹。方拟升火煮饭，揭开锅盖，则见饭菜都已端整。米饭半锅，青菜一碗。此种田人，腹中饥饿，不暇细问，取箸便吃。热饭热菜，甘美异常。食毕之后，心生疑念：此等饭菜，何人所做？或是邻居媪婶，怜我孤苦，代为炊煮，便往称谢。邻居皆曰："我们不曾为你煮饭，何用谢为！"此种田人，疑惑不解。

又次日，青年男子，仍往作田。归家之后，又见饭菜端整。油煎豆腐，细嫩焦黄；酱姜一碟，香辣开胃。

又又次日，此种田人，日暮归来，启锁开门，即闻香气。揭锅觑视：米饭之外，兼有腊肉一碗，烧酒一壶。此种田人，饮酒吃肉，陶然醉饱。

心念：果是何人，为我做饭？以何缘由，做此善举？复后一日，此种田人，提早收工，村中炊烟未起，即已抵达家门。轻手蹑足，于门缝外，向内窥视。见一姑娘，从螺壳中，冉冉而出。肤色微黑，眉目如画。草屋之中，顿生光辉。行动婀娜，柔若无骨。取水濯手，便欲做饭。此种田人，破门而入，三步两步，抢过螺壳；扑向姑娘，长跪不起。螺蛳姑娘，挣逃不脱，含羞弄带，允与成婚。种田人惧姑娘复入螺壳，乃将螺壳藏过。严封密裹，不令人知。

一年之后，螺蛳姑娘，产生一子，眉目酷肖母亲，聪慧异常。一家和美，幸福温馨，如同蜜罐。

唯此男人，初得温饱，不免骄惰。对待螺蛳姑娘，无复曩时敬重，稍生侮慢之心。有时入门放锄，大声喝唤："打水洗脚！"凡百家务，垂手不管。唯知戏弄孩儿，打火吸烟。衣来伸手，饭来张口，俨然是一大爷。螺蛳姑娘，性情温淑，并不介意。一日，此种田人，忽然想起，昔年螺壳，今尚在否？探身取视，晶莹如昔。遂以逗弄婴儿，以箸击壳而歌："丁丁丁，你妈是个螺蛳精！橐橐橐，这是你妈的螺蛳壳！"

彼时螺蛳姑娘，方在炝锅炒菜，闻此歌声，怫然不悦，抢步入房，夺过螺壳，纵身跳入。倏忽之间，已无踪影。此种田人，悔恨无极。抱儿出门，四面呼喊。山风忽忽，流水潺潺，茫茫大野，迄无应声。

此种田人，既失娇妻，无心作务，田园荒芜，日渐穷困。神情呆滞，面色苍黑。人失所爱，易于速老。

（节选自汪曾祺《拟故事两篇》）

参考词语

1. 螺蛳	luósī	（名）	一种生长在水里的软体动物，身体外边有硬壳
2. 鲜	xiǎn	（形）	少
3. 怠惰	dàiduò	（形）	懒惰，不愿意工作
4. 蘸	zhàn	（动）	在液体、粉末、糊状的东西里蘸一下就拿出来
5. 果腹	guǒfù		填饱肚子
6. 自得其乐	zìdéqílè		自己觉得很快乐
7. 晶莹	jīngyíng	（形）	光亮美丽的
8. 携	xié	（动）	带
9. 箸	zhù	（名）	筷子
10. 疑惑不解	yíhuòbùjiě		不明白为什么
11. 允	yǔn	（动）	同意，答应
12. 酷肖	kùxiào		（长得）非常像
13. 昔	xī	（名）	以前

14. 怫然	fúrán	（副）	生气地
15. 倏忽	shūhū	（副）	快速地
16. 荒芜	huāngwú	（形）	被废弃的土地
17. 呆滞	dāizhì	（形）	没有表情，反应很慢的样子

1. 文章总体评价

(1) 这篇文章从体裁上来说应该是：
　　A. 记叙文　　　　　　　B. 说明文
　　C. 议论文　　　　　　　D. 应用文

(2) 这篇文章从语言上来说是：
　　A. 现代白话文　　　　　B. 典型文言文
　　C. 文言成分多的白话文　D. 白话成分多的文言文

(3) 这篇文章实际是一个：
　　A. 历史故事　　　　　　B. 民间传说
　　C. 童话故事　　　　　　D. 科幻小说

(4) 这篇文章主要是想说：
　　A. 幸福来得快也走得快
　　B. 不真实的东西不能长久
　　C. 人要靠自己的努力获得美好生活
　　D. 人不应该忘恩负义

2. 文章阅读理解

(1) 根据文章，螺蛳姑娘没有到男子家时，男子：
　　A. 很勤劳　　　　　　　B. 很安逸
　　C. 很可怜　　　　　　　D. 很悲惨

(2) 根据文章，男子发现螺蛳时是：
　　A. 他干完活儿后在河里洗脚　　B. 他想在河里洗脚后去干活儿
　　C. 他到溪水边为水缸打水　　　D. A 和 B

(3) 根据文章，男子带螺蛳回家是因为：
　　A. 螺蛳颜色很好看　　　B. 螺蛳很大
　　C. 螺蛳是女子　　　　　D. A 和 B

(4) "以何缘由，做此善举"的意思是：
　　A. 以为是这个理由，做了这个事情

B. 因为什么缘故,做了这个好事
C. 是什么样的因缘才出现了这样的事
D. 这个举动是善良的,但是有些奇怪

(5) 下面哪个饭菜不是螺蛳做的?
A. 青菜　　　　　　　　B. 豆腐
C. 腊肉　　　　　　　　D. 烧鸡

(6) "轻手蹑足,于门缝外,向内窥视"中"蹑足"的意思是:
A. 用手爬着走　　　　　B. 放慢脚步
C. 放轻脚步　　　　　　D. 停下脚步

(7) 螺蛳姑娘答应跟男子结婚是:
A. 男子很帅　　　　　　B. 男子很善良
C. 男子跪着求她　　　　D. 以上全部

(8) 结婚以后:
A. 螺蛳姑娘变坏了　　　B. 男子变坏了
C. 孩子变坏了　　　　　D. 以上全部

(9) 导致螺蛳姑娘离开男子的原因是:
A. 螺蛳姑娘觉得男子太懒了　　B. 男子当着孩子的面轻慢螺蛳姑娘
C. 他没有能力养家和养育孩子　D. 男子用筷子敲打螺蛳姑娘的壳

3. 简单回答问题

(1) 男子觉得是邻居的妇女帮他做饭,理由是:_____。
(2) 螺蛳姑娘长得怎么样?_____。
(3) 男子用筷子敲螺蛳壳是为了:_____。
(4) 螺蛳姑娘走了以后男子变得:_____。

阅读 2

《春香传》介绍

　　朝鲜肃宗时代,南原府使李翰林之子李梦龙随父亲一起住在南原。整日在书房中苦读的李梦龙,感觉十分无聊。
　　一日,李梦龙心血来潮,带着下人去广寒楼游玩儿。这一天正值民间的端午节,到处是欢声笑语。男人们进行着摔跤比赛,女人们则悠闲地荡着秋千。李梦龙对其中一位特别美丽的姑娘一见钟情,她那闭月羞花的容貌使其失魂落魄。李梦龙立即派下人去打听那姑娘的下落,侍从悄悄地回报说,是艺妓月梅的女儿春香。李梦龙马上催促侍从去向春香表达自己的

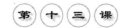

心意,但是春香只留下一句谜语就走了:"大雁随鱼飞,蝴蝶随花舞,小蟹随贝居。"李梦龙经过苦苦的思考,终于悟出了其中的意思,于是趁着夜色去拜见了春香。

他们在广寒楼相遇,私订终身,但是尊卑贵贱、等级分明的封建社会不会允许贵族公子和艺妓之女结为秦晋之好。李梦龙在父亲奉调离任时,只好忍痛告别春香,随家进京。一对相爱的人就这样分开了。

以好色而闻名的南原御使卞学道听说了春香的绝色后,放着别处的好职位不去却来到了南原任府使。在他赴任的第三天,就想方设法要把春香占为己有。虽然春香的母亲已经从良,但是根据当时的法律中"妓女的女儿只能是妓女"的规定,他想尽办法要把春香留在自己的府中,春香宁死不屈,恼羞成怒的御使又给春香加了一些莫须有的罪名,处以重刑,并投入牢狱。而此时,李梦龙发愤图强,考中状元,被委任为钦差大臣。在南原附近,李梦龙听到了民间广为流传的有关春香崇高的气节和南原残暴的故事后,他乔装打扮混进监狱见到了春香,表示一定要严惩这个恶魔。悲喜交集的春香向李梦龙表白了自己不变的爱。李梦龙隐瞒身份,出席了卞学道的生日宴会。正当气氛热烈时,李梦龙以钦差大臣的身份出现了,严惩了卞学道。一对相爱的人团聚了。

《春香传》在朝鲜和韩国可谓是妇孺皆知,它是一部流传甚广的古典小说,被认为是最能够表现他们的民族心理的一部作品。它广受大众喜爱的原因主要有两个:一是春香从一而终符合儒家思想,能引起观众强烈的共鸣;二是《春香传》这个故事在高潮迭起的悲情之后,衍生出皆大欢喜的喜剧结尾,满足了观众希望大团圆的愿望。

因为大家对《春香传》的喜爱,它被频频改编。2000年韩国著名导演林权泽执导的《春香传》成为韩国首部入围戛纳电影节的作品,被誉为韩国电影史上最宏大的史诗。

参考词语

1.	心血来潮	xīnxuèláicháo	没有计划,突然想到要做一件事情
2.	闭月羞花	bìyuè-xiūhuā	形容女子特别漂亮,她的美让月亮和花都感到惭愧
3.	失魂落魄	shīhún-luòpò	精神不集中,情绪低落的样子
4.	秦晋之好	qínjìnzhīhǎo	指结婚
5.	从良	cóngliáng (动)	妓女不再做妓女了

6. 宁死不屈	nìngsǐbùqū		宁愿死也不屈服
7. 莫须有	mòxūyǒu		不需要给出证据的罪名,比喻强加的罪名,冤枉、陷害
8. 钦差大臣	qīnchāi dàchén		从帝王那里得到特别权利去处理某些事情的高级官员(大臣)
9. 气节	qìjié	(名)	骨气和节操,指坚持正义,在敌人、压力、诱惑面前保持美好的品格
10. 恶魔	èmó	(名)	魔鬼一样的(坏人)
11. 妇孺皆知	fùrújiēzhī		女人孩子都知道,形容大家都知道的
12. 从一而终	cóngyī'érzhōng		女人一生只跟一个男人
13. 共鸣	gòngmíng	(名)	共同的感受
14. 高潮迭起	gāocháodiéqǐ		这里形容作品的矛盾冲突不断达到最高点
15. 入围	rùwéi	(动)	进入某个选拔的范围内

专有名词

戛纳电影节	Jiánà Diànyǐngjié	一个著名的电影节,每年在法国南部城市戛纳举行

1. 文章总体评价

(1) 这篇文章是:
    A. 简介   B. 小说
    C. 评论   D. 新闻

(2) 这篇文字的语体倾向于:
    A. 政论语体   B. 公文语体
    C. 科技语体   D. 文艺语体

(3) 根据介绍,《春香传》的主题是似乎是:
    A. 批判社会的黑暗   B. 赞美了忠贞的爱情
    C. 批判官员的腐败   D. 表现了妓女的苦难

2. 文章阅读理解

(1) 根据文章我们知道李梦龙和春香的家庭：
    A. 分别是上层社会和下层社会　　B. 都是来自上层社会
    C. 都是来自下层社会　　　　　　D. 没有说

(2) 与"李梦龙经过苦苦的思考，终于悟出了其中的意思"中"悟"意思接近的词语是：
    A. 觉悟　　　　　　　　　　　　B. 领会
    C. 猜测　　　　　　　　　　　　D. 研究

(3) "于是趁着夜色去拜见了春香，私订终身"中"私订终身"的意思是：
    A. 决定结婚　　　　　　　　　　B. 发誓永远在一起
    C. 根据自己的情况决定　　　　　D. 没有经过双方家长认可的结合

(4) 李梦龙离开春香是因为：
    A. 等级分明的封建社会反对他们在一起
    B. 李梦龙后悔了
    C. 李梦龙的父亲要到别的地方工作了
    D. 李梦龙想进京

(5) 李梦龙可以严惩卞学道是因为：
    A. 李梦龙父亲的职位比卞学道高
    B. 李梦龙隐瞒了身份
    C. 李梦龙是状元
    D. 李梦龙是钦差大臣

(6) 根据文章，下面哪个说法是不正确的：
    A. 春香传在韩国和朝鲜非常有名
    B. 韩国和朝鲜受儒家思想影响比较大
    C. 卞学道最后被李梦龙杀死了
    D. 李梦龙和春香最后在一起了

3. 简单回答问题

(1) 李梦龙和春香第一次见面是在什么时候？_____。
(2) 卞学道为什么到南原任府使？_____。
(3) 春香在牢房见到李梦龙时的表现是：_____。
(4)《春香传》来源自古典小说，被认为是最能够表现韩国和朝鲜人民的：_____。

阅读 3

打 猎

和风熏柳，花香醉人，正是南国春光烂漫季节。福建省福州府西门大街，青石板路笔直的伸展出去，直通西门。一座建构宏伟的宅第之前，左右两座石坛中各竖一根两丈来高的旗杆，杆顶飘扬青旗。右首旗上黄色丝线绣着一头张牙舞爪、神态威猛的雄狮，旗子随风招展，显得雄狮更奕奕若生。雄狮头顶有一对黑丝线绣的蝙蝠展翅飞翔。左首旗上绣着"福威镖局"四个黑字，银钩铁划，刚劲非凡。大宅朱漆大门，门上茶杯大小的铜钉闪闪发光，门顶匾额写着"福威镖局"四个金漆大字，下面横书"总号"两个小字。进门处两排长凳，分坐着八名劲装结束的汉子，个个腰板笔挺，显出一股英悍之气。

突然间后院马蹄声响，那八名汉子一齐站起，抢出大门。只见镖局西侧门中冲出五骑马来，沿着马道冲到大门之前。当先一匹马全身雪白，马勒脚镫都是烂银打就，鞍上一个锦衣少年，约摸十八九岁年纪，左肩上停着一头猎鹰，腰悬宝剑，背负长弓，泼剌剌纵马疾驰。身后跟随四骑，骑者一色青布短衣。一行五人驰到镖局门口，八名汉子中有三个齐声叫了起来："少镖头又打猎去啦！"那少年哈哈一笑，马鞭在空中啪的一响，虚击声下，胯下白马昂首长嘶，在青石板大路上冲了出去。一名汉子叫道："史镖头，今儿再抬头野猪回来，大伙儿好饱餐一顿。"那少年身后一名四十来岁的汉子笑道："一条野猪尾巴少不了你的，可先别灌饱了黄汤。"众人大笑声中，五骑马早去得远了。

五骑马一出城门，少镖头林平之双腿轻轻一夹，白马四蹄翻腾，直抢出去，片刻之间，便将后面四骑远远抛离。他纵马上了山坡，放起猎鹰，从林中赶了一对黄兔出来。他取下背上长弓，从鞍旁箭袋中取出一支雕翎，弯弓搭箭，刷的一声响，一头黄兔应声而倒，待要再射时，另一头兔却钻入草丛中不见了。郑镖头纵马赶到，笑道："少镖头，好箭！"只听得趟子手白二在左首林中叫道："少镖头，快来，这里有野鸡！"林平之纵马过去，只见林中飞出一只雄鸡，林平之刷的一箭，那野鸡对正了从他头顶飞来，这一箭竟没射中。林平之急提马鞭向半空中抽去，劲力到处，波的一声响，将那野鸡打了下来，五色羽毛四散飞舞。五人齐声大笑。史镖头道："少镖头这一鞭，别说野鸡，便大兀鹰也打下来了！"五人在林中追逐鸟兽，史、郑两名镖头和趟子手白二、陈七凑少镖头的兴，总是将猎物赶到他身前，自己纵有良机，也不下手。打了两个多时辰,林平之又射了两只兔子,两只雉鸡,只是没打到野猪和獐子之类的大兽,兴犹未足,说道:"咱们到前边山里再找找去。"

(节选自金庸《笑傲江湖》,标题为选编者所加)

参考词语

1.	宅第	zháidì	(名)	住房
2.	奕奕若生	yìyìruòshēng		很有精神,像活的一样
3.	镖局	biāojú	(名)	古代中国的一种依靠武功保护人员、运送货物的机构
4.	刚劲非凡	gāngjìnfēifán		特别有力量的样子
5.	朱漆	zhūqī	(名)	红色的漆
6.	匾额	biǎn'é	(名)	写有字的牌子,一般是挂在门楣上方
7.	笔挺	bǐtǐng	(形)	站立得非常直
8.	英悍	yīnghàn	(形)	英勇彪悍,勇敢强壮
9.	锦衣	jǐnyī	(名)	华丽的衣服
10.	镖头	biāotóu	(名)	镖局内保镖的头领
11.	雕翎箭	diāolíngjiàn	(名)	一种以鸟(雕)的羽毛为羽的箭,性能很好
12.	兴犹未足	xìngyóuwèizú		同"意犹未尽",还没有尽兴

1. 文章总体评价

(1) 这篇文章从体裁上来说应该是:
    A. 小说   B. 散文
    C. 议论文   D. 应用文

(2) 这篇文章从文字上来说是:
    A. 古雅的   B. 通俗的
    C. 华丽的   D. 艰涩的

(3) 这篇文章主要说的是福威镖局的情形以及:
    A. 保镖们的武功如何   B. 林平之外出打猎的装备
    C. 林平之的箭法如何   D. 林平之外出打猎的过程

2. 文章阅读理解

(1) 福威镖局给人的感觉是：
    A. 安详的   B. 冷清的
    C. 威严的   D. 亲切的

(2) 少镖头给人的感觉是：
    A. 朴素的   B. 英气的
    C. 斯文的   D. 土气的

(3) "刷的一声响，一头黄兔应声而倒"中"应声而倒"的意思是：
    A. 听到声音就倒了   B. 叫了一声就倒了
    C. 没有叫就倒了   D. 随着声音倒了

(4) 第一只野鸡是怎么打到的？
    A. 雕翎箭射下来的   B. 用鞭子打下来的
    C. 猎鹰咬下来的   D. 用宝剑砍下来的

(5) 林平之一共打到多少猎物？
    A. 两个   B. 三个
    C. 四个   D. 六个

(6) 跟林平之一起打猎的人与他关系如何？
    A. 很会讨好   B. 很关心
    C. 很随意自然   D. 很害怕

3. 简单回答问题

(1) 福威镖局门外旗上那只雄狮的样子是：_____。
(2) 那位约摸十八九岁年纪的锦衣少年出门时的样子是：_____。
(3) 林平之还想继续打猎是因为：_____。

第十四课

一、阅读技能　文言文与白话文(2)

(一) 概述

文言文不容易懂,但不是越早的文言文就越难懂。其实古人写的文言文也可以浅显,而现代人写的文言文也可能很难懂。我们可以来比较以下几段文言文,感受一下文言文的难度。

> 齐人有一妻一妾而处室者,其良人出,则必餍酒肉而后反。其妻问所与饮食者,则尽富贵也。其妻告其妾曰:"良人出,则必餍酒肉而后反;问其与饮食者,尽富贵也,而未尝有显者来,吾将间良人之所之也。"
>
> (节选自《孟子·离娄下》)

【译文】

> 齐国有一个人,家里有一妻一妾。那丈夫每次出门,必定是吃得饱饱地,喝得醉醺醺地回家。他妻子问他一起吃喝的是些什么人,据他说来全都是些有钱有势的人。他妻子告诉他的妾说:"丈夫出门,总是酒醉肉饱地回来;问他和些什么人一道吃喝,据他说来尽是些有钱有势的人,但我们却从来没见到什么显赫的人物到家里面来过,我打算悄悄地看看他到底去些什么场所。"

这是一篇两千年前的文言文。我们再来看一篇一千年前的文言文:

> 陈康肃公尧咨善射,当世无双,公亦以此自矜。尝射于家圃,有卖油翁释担而立,睨之,久而不去。见其发矢十中八九,但微颔之。
>
> (节选自欧阳修《卖油翁》)

【译文】

陈尧咨擅长射箭,当时世上没有人能和他相比,他也凭着这一点自夸。一次,他曾在自家的园圃里射箭,有个卖油的老翁放下挑着的担子,站在一旁,不在意地斜着眼看他,久久地不离去。老翁见到陈尧咨射出的箭十支能中八九支,只不过微微地点点头赞许。

我们再来看一篇短文,这是鲁迅在1912年用文言文写的。

吾家门外有青桐一株,高可三十尺,每岁实如繁星,儿童掷石落桐子,往往飞入书窗中,时或正击吾案,一石入,吾师秃先生辄走出斥之。桐叶径大盈尺,受夏日微瘁,得夜气而苏,如人舒其掌。家之阍人王叟,时汲水沃地去暑热,或掇破几椅,持烟筒,与李妪谈故事。每月落参横,仅见烟斗中一星火,而谈犹弗止。

(节选自鲁迅《怀旧》)

【译文】

我家门外有一棵青桐树,高约三十尺,每年结的果实像天上的星星,有小孩用石头把那些桐子打下来,石头常常飞进书窗里,有时候就打中我的书桌,石头打进来,我的老师秃先生就走出去骂。桐树的叶子直径有一尺多大,夏天阳光把它晒蔫了,晚上得到夜气就能复苏,跟人舒展手掌一样。家里看门的王老汉,常常打水浇在地上去暑气,有时拿着破椅子破茶几,端着烟筒,跟李老太讲过去的事情。夜深了,只见烟筒里的火星,而谈话还没有停止。

通过对比我们知道,并不是越早的文言文就越难。

如果以为文言文只是在文学创作时使用,那就错了!我们只要打开报纸,就能看到新闻标题有相当部分含有文言成分。可以这样说,使用文言文成分的词语、语法结构当标题是当代汉语文章的一个特点。包括台湾、香港,整个中国都是这样。请看2008年11月2日雅虎中国(yahoo.com.cn)的部分新闻标题:

国内新闻

1. 哈尔滨警察打死人案:同事称涉事警察将负刑责
2. 国家税务总局:买卖虚拟货币将征个人所得税
3. 发改委称将适时调整成品油价格:未给出时间表
4. 中国女留学生在悉尼坠亡续:屋内四人均遭性侵犯

5. 全国平均工资水平排序：北京上海西藏居前三名
6. 三名遇害中国工人遗体运抵苏丹首都喀土穆
7. 西昌卫星发射中心明年将迁至海南

"称"、"将"、"亡"、"均"、"居"、"迁"等都是文言色彩很浓的书面语。

国际新闻

1. 伦敦74年来首现10月飞雪
2. 约旦疑发现"所罗门王宝藏"，仍无法最后确定
3. 朝鲜屡次要求韩国停止散发中伤金正日传单
4. 佩林舍弃党内为其添购昂贵服饰
5. 莎士比亚首部全集失窃10年后回归英国
6. 七位诺贝尔经济学奖得主建言挽救美国经济

"首"、"疑"、"屡"、"其"、"建言"等也是文言色彩很浓的书面语。由此可见，文言文在我们现在的日常写作中依然是常用的。

（二）技能练习

1. 阅读下列文章片段

次日醒来，就有人回："那边小蓉大爷带了秦相公来拜。"宝玉忙接了出去，领了拜见贾母。贾母见秦钟形容标致，举止温柔，堪陪宝玉读书，心中十分欢喜，便留茶留饭，又命人带去见王夫人等。众人因素爱秦氏，今见了秦钟是这般人品，也都欢喜，临去时都有表礼。贾母又与了一个荷包并一个金魁星，取"文星和合"之意。又嘱咐他道："你家住的远，或有一时寒热饥饱不便，只管住在这里，不必限定了。只和你宝叔在一处，别跟着那些不长进的东西们学。"秦钟一一的答应，回去禀知。

（节选自曹雪芹《红楼梦》）

1）选择正确答案
（1）从这段文字的体裁是：
    A. 记叙文　　　　　　　　B. 议论文
    C. 说明文　　　　　　　　D. 应用文

(2) 这段文字是：
　　A. 标准现代白话文　　　　　B. 典型古代文言文
　　C. 有点难的白话文　　　　　D. 浅白的文言文
(3) 这段文字说的是：
　　A. 秦钟受到大家的喜爱　　　B. 宝玉喜欢秦钟
　　C. 秦钟决定住在这里了　　　D. 宝玉接待秦钟

2) 解释带点词语
(1) 次日醒来，就有人回。
(2) 贾母见秦钟形容标致，举止温柔，堪陪宝玉读书。
(3) 贾母又与了一个荷包并一个金魁星。
(4) 又嘱咐他道："你家住的远……"
(5) 秦钟一一的答应，回去禀知。

2. 阅读下列文章片段

> 刘×系组织、领导黑社会性质组织的首要分子，应对该组织的全部罪行承担责任。其直接或者指使、授意他人持刀、持枪实施故意伤害犯罪，致1人死亡，5人重伤并造成4人严重残疾，8人轻伤，手段特别残忍，情节特别恶劣，罪行极其严重，社会危害极大，且不具有法定或者酌定从轻处罚情节，依法应当判处死刑，立即执行。其所犯其他罪行，亦应依法惩处，数罪并罚。
>
> （节选自最高人民法院再审刘×案刑事判决书）

1) 选择正确答案
(1) 从这段文字属于：
　　A. 新闻报道　　　　　　　　B. 法律文书
　　C. 政府规定　　　　　　　　D. 报告文学
(2) 刘×犯伤害罪的事实是：
　　A. 他直接持刀持枪去伤害别人
　　B. 他指使手下去伤害别人
　　C. 他们的手段特别残忍
　　D. 以上全部
(3) 最后一句"数罪并罚"翻译成口语就是：
　　A. 几个罪行加到一起处罚
　　B. 犯了很多罪一定要处罚

C. 按照法律这个罪要处罚
D. 处罚是为了避免再犯罪

2) 解释带点词语

(1) 刘×系组织、领导黑社会性质组织的首要分子,应对该组织的全部罪行承担责任。

系:_____ 该:_____

(2) 其直接或者指使、授意他人持刀、持枪实施故意伤害犯罪,致1人死亡。

其:_____ 致:_____

(3) 且不具有法定或者酌定从轻处罚情节。

且:_____

(4) 其所犯其他罪行,亦应依法惩处。

亦:_____ 应:_____

3. 将下列报纸标题翻译成白话口语,并解释带点词语

(1) 今取劳工签证,杜威即将赴英
(2) 宋楚瑜将赴上海
(3) 此种喜悦,巴人近百年未曾感受
(4) 市检拟成立反渎职侵权局
(5) 中美战略经济对话影响深远,美财长撰文进一言
(6) 秦刚:六方会谈具体日程未定,相信18日上午会开幕
(7) 因妒恨买凶斩贤仔,继母重囚12年
(8) 货船失控后获救,众船员安然无恙
(9) 美国据称愿向朝鲜提供书面安全保证促朝鲜弃核
(10) 特首吁持平看待拆钟楼
(11) 废气是"杀手",一少女殒命浴室
(12) 走穴医生酒后操刀,骨折病人不幸丧命
(13) 作家孙犁昨晨辞世
(14) 六方会谈复会,朝美分歧犹在
(15) 参加六方会谈的外方代表团全部抵京
(16) 温家宝两年三次莅深视察。
(17) 吉林10余名记者采访时被围殴,场面就像是屠杀
(18) 欣闻中奖,一男子兴奋坠楼
(19) 穆特罢演三分钟,遗憾之中见和谐
(20) 偷食"禁果"少女渐多,关爱女孩迫在眉睫

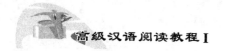

二、阅读训练

焚书坑儒

秦始皇"焚书坑儒",早就定格为文化摧残的象征符号。天下举凡读书人皆好称引,鲁迅用它来和希特勒焚书相比,博尔赫斯用它和造长城来对始皇帝大发议论。

就人类文明史而言,对书籍和读书人的迫害时时都在发生,从未中止。类似"焚书坑儒"这样的举动在中国历史上既非第一次,更远远算不上最大的一次。史上大"革"文化之"命"的惨烈事历历可数,固不待言;而"焚书"更早在秦始皇之前一个半世纪即已发生:在商君教引下秦孝公"燔《诗》、《书》而明法令"。(《韩非子·和氏》)如果我们重新查账的话,秦始皇"焚书坑儒"的直接后果其实真算不得十分严重。

所谓的"焚书坑儒"实际上是两个独立的事件。

公元前213年(秦始皇34年),在秦始皇的咸阳宫酒会上,70博士为这位始皇帝祝寿。仆射周青臣大拍马屁,说什么"自上古不及陛下威德",被书呆子型的博士淳于越直斥为面谀;淳于越大唱"事不师古而能长久者,非所闻也"的儒家老调,却惹得身为丞相的法家李斯大为不满,认为:"今诸生不师今而学古,以非当世,惑乱黔首。"因此倡言:"史官非'秦记'皆烧之。非博士官所职,天下敢有藏《诗》、《书》、百家语者,悉诣守、尉杂烧之。有敢偶语《诗》、《书》者弃市。以古非今者族。"(《史记·秦始皇本纪》)秦自商鞅变法后,依靠法家的严刑峻法大大提高了它的军事实力和行政效率,并最终得以并吞六国、统一宇内,因此秦始皇自然批准了李斯的建议。

《诗》、《书》、百家语非博士官所职皆烧之:"令下三十日不烧,黥为城旦。"也就是说,民间不许再收藏、传授《诗》、《书》、百家语,但博士职掌的这些书籍还是被保留的。"若欲有学法令,以吏为师",儒、道、名、墨等诸家学说在民间被禁,唯法令可学,鼓励向"吏"学习各种法令。此外,"所不去者,医药、卜筮、种树之书",各种相关实用技艺的书籍也都受到保护。

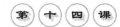

　　秦始皇在"收天下书不中用者尽去之"之后,"悉召文学方术士甚众,欲以兴太平",虽属冠冕堂皇的门面话,但儒生和方士事实上确实还是相当自在甚至可以说很活跃。公元前212年(秦始皇35年),秦始皇羡慕长生不死的"真人",用侯生、卢生等方士以求灵芝仙药。方士以无法交差而"亡去"。"始皇闻亡,乃大怒曰:'……方士欲练以求奇药。今闻韩众去不报,徐市等费以巨万计,终不得药,徒奸利相告日闻。卢生等吾尊赐之甚厚,今乃诽谤我,以重吾不德也。诸生在咸阳者,吾使人廉问,或为妖言以乱黔首。'于是使御史悉案问诸生,诸生传相告引,乃自除。犯禁者四百六十余人,皆坑之咸阳,使天下知之,以惩后。益发谪徙边。"(《史记·秦始皇本纪》)首先,令秦始皇愤然的侯、卢、韩、徐诸生皆是方士。被逮着的诸生及其"传相告引"而供出的"犯禁者"中有些是儒生,但司马迁时代,确确实实并没有"坑儒"一说。《史记·儒林列传》明言:"及至秦之季世,焚《诗》、《书》,坑术士,六艺从此缺焉。"其次,方士以所谓仙药诱惑人主并造谣诽谤,罪当杀。"皆坑之咸阳,使天下知之,以惩后",处置亦未见得有什么特别过分处。如果我们同样相信《史记》的话,比起长平之战大将白起坑杀40万降卒来,堂堂始皇帝坑杀460余人又算得了什么?

　　既然是两个实际影响并不算太大的事件,为什么会给国人世人如此深刻的印象,以致固定地作为文化摧残的象征符号?我一直怀疑有人做了手脚,进行了故意的夸大。

(节选自朱渊雷《"焚书坑儒"新说》,标题为选编者所加)

参考词语

1.	定格	dìnggé	(动)	原来是电影术语,就是让一个画面静止不动地维持一段时间
2.	符号	fúhào	(名)	记号、标记
3.	迫害	pòhài	(动)	对人进行压迫、伤害
4.	惨烈	cǎnliè	(形)	悲惨的、激烈的
5.	历历可数	lìlìkěshǔ		可以清楚地一个个数出来
6.	固不待言	gùbúdàiyán		这是当然的,不用再说了
7.	直斥	zhíchì	(动)	当面骂

8. 面谀	miànyú	（动）	阿谀奉承，当面奉承
9. 丞相	chéngxiàng	（名）	古代官职，相当于今天的总理
10. 法家	fǎjiā	（名）	中国春秋战国时代的一个学派，强调用法制管理国家
11. 严刑峻法	yánxíng-jùnfǎ		严厉的法律
12. 并吞	bìngtūn	（动）	把别国领土或别人的产业强行并入自己的范围
13. 方士	fāngshì	（名）	方士就是方术士，或称为有方之士，多是求长生不老的方法之人
14. 诽谤	fěibàng	（动）	用假话和坏话攻击人
15. 夸大	kuādà	（动）	夸张，把一个小事说得很大

专有名词

| 秦始皇 | Qín Shǐhuáng | （公元前259～前210年）完成中国统一的秦王朝的皇帝，姓嬴，名政。是中国历史上第一位皇帝。 |

1. 文章总体评价

（1）这篇文章从体裁上来说倾向于：
　　A. 小说　　　　　　　　　B. 散文
　　C. 科学论文　　　　　　　D. 议论文
（2）这篇文章从语体上说是：
　　A. 政论语体　　　　　　　B. 公文语体
　　C. 科技语体　　　　　　　D. 文艺语体
（3）这篇文章主要是想说：
　　A. 秦始皇很残酷　　　　　B. 焚书坑儒并不是那么可怕
　　C. 焚书坑儒是假的　　　　D. 焚书坑儒是应该做的事情

2. 文章阅读理解

（1）一说到"焚书坑儒"就让人联想到：
　　A. 对文化的摧残　　　　　B. 秦始皇统一中国
　　C. 秦始皇很残酷　　　　　D. 以上全部

(2) 根据文章,在中国历史上类似"焚书坑儒"的事情:
　　A. 很少发生　　　　　　B. 总是发生
　　C. 发生过　　　　　　　D. 从未发生

(3) 李斯提出焚书的建议是因为:
　　A. 他想拍秦始皇的马屁　　B. 他看不惯周青臣的做法
　　C. 他反对淳于越的看法　　D. 法家不喜欢书

(4) 根据文章,下面哪种书不会被烧:
　　A. 诗、书、百家语　　　　B. 儒、道、名、墨家的书
　　C. 医药、卜筮、种树的书　D. 不是"秦记"的历史书

(5) 根据文章,事实上被"坑"的是:
　　A. 都是方士　　　　　　　B. 都是儒生
　　C. 有方士也有儒生　　　　D. 没有说

(6) 秦始皇说要"坑"那些人的直接原因是他们:
　　A. 太活跃,说话过分地随便而且弄不出长生不老药
　　B. 花钱弄不出长生不老的药还准备在咸阳造反
　　C. 花了很多钱弄不出长生不老的药还逃跑了
　　D. 花钱弄不出长生不老的药还到处说坏话

3. 简单回答问题

(1) 在什么场合引发焚书这件事的?＿＿＿＿＿＿＿＿＿＿＿＿＿＿＿＿＿。
(2) 秦国最终统一中国是因为:＿＿＿＿＿＿＿＿＿＿＿＿＿＿＿＿＿＿。
(3) 被坑的人一共有多少个?＿＿＿＿＿＿＿＿＿＿＿＿＿＿＿＿＿＿。

 阅读 2

三碗不过冈

　　武松在路上行了几日,来到阳谷县地面。此去离县治还远。当日晌午时分,走得肚中饥渴,望见前面有一个酒店,挑着一面招旗在门前,上头写着五个字道:"三碗不过冈。"

　　武松入到里面坐下,把哨棒倚了,叫道:"主人家,快把酒来吃。"只见店主人把三只碗、一双箸和一碟热菜放在武松面前,满满筛一碗酒来。武松拿起碗一饮而尽,叫道:"这酒好生有气力!主人家,有饱肚的,买些吃酒。"酒家道:"只有熟牛肉。"武松道:"好的切二三斤来吃酒。"

少刻,店家去里面切出二斤熟牛肉,做一大盘子,将来放在武松面前,随即再筛一碗酒。武松吃了道:"好酒!"又筛下一碗。

恰好吃了三碗酒,再也不来筛。武松敲着桌子,叫道:"主人家,怎的不来筛酒?"酒家道:"客官,要肉便添来。"武松道:"我也要酒,也再切些肉来。"酒家道:"肉便切来添与客官吃,酒却不添了。"武松道:"却又作怪!"便问主人家道:"你如何不肯卖酒与我吃?"酒家道:"客官,你须见我门前招旗上面明明写道:'三碗不过冈。'"武松道:"怎地唤做'三碗不过冈'?"酒家道:"俺家的酒虽是村酒,却比老酒的滋味;但凡客人,来我店中吃了三碗的,便醉了,过不得前面的山冈去,因此唤做'三碗不过冈'。若是过往客人到此,只吃三碗,便不再问。"武松笑道:"原来恁地,我却吃了三碗,如何不醉?"酒家道:"我这酒叫做'透瓶香',又唤做'出门倒'。初入口时,醇浓好吃,少刻时便倒。"武松道:"休要胡说!没地不还你钱!再筛三碗来我吃!"

酒家见武松全然不动,又筛三碗。武松吃道:"端的好酒!主人家,我吃一碗还你一碗酒钱,只顾筛来。"酒家道:"客官,休只管要饮。这酒端的要醉倒人,没药医!"武松道:"休得胡鸟说!便是你使蒙汗药在里面,我也有鼻子!"

店家被他发话不过,一连又筛了三碗。武松道:"肉便再把二斤来吃。"酒家又切了二斤熟牛肉,再筛了三碗酒。

武松吃得口滑,只顾要吃,去身边取出些碎银子,叫道:"主人家,你且来看我银子!还你酒肉钱够么?"酒家看了道:"有余,还有些贴钱与你。"武松道:"不要你贴钱,只将酒来筛。"酒家道:"客官,你要吃酒时,还有五六碗酒哩!只怕你吃不得了。"武松道:"就有五六碗多时,你尽数筛将来。"酒家道:"你这条长汉倘或醉倒了时,怎扶得你住!"武松答道:"要你扶的,不算好汉!"

酒家那里肯将酒来筛。武松焦躁,道:"我又不白吃你的!休要引老爷性发,通教你屋里粉碎!把你这鸟店子倒翻转来!"酒家道:"这厮醉了,休惹他。"再筛了六碗酒与武松吃了。前后共吃了十八碗,绰了哨棒,立起身来,道:"我却又不曾醉!"走出门前来,笑道:"却不说'三碗不过冈'!"手提哨棒便走。

(节选自施耐庵《水浒传》,标题为选编者所加)

参考词语

1. 县治	xiànzhì	(名)	县城所在	
2. 晌午	shǎngwǔ	(名)	中午	
3. 哨棒	shàobàng	(名)	一种用做武器的棍子	
4. 把	bǎ	(动)	拿	
5. 筛	shāi	(动)	斟酒	
6. 一饮而尽	yìyǐn'érjìn		一下子就喝完了	
7. 恁地	níndì	(代)	这样	
8. 少刻	shǎokè	(副)	立刻	
9. 端的	duānde	(副)	确实	
10. 蒙汗药	ménghànyào	(名)	一种麻醉药	
11. 尽数	jìnshù	(副)	全部	
12. 倘或	tǎnghuò	(连)	如果	
13. 厮	sī	(名)	仆人,多见于早期白话	
14. 休	xiū	(副)	不要	
15. 绰	chāo	(动)	拿	

1. 文章总体评价

(1) 这篇文章从体裁上来说应该是：
  A. 记叙文   B. 说明文
  C. 议论文   D. 应用文

(2) 这篇文章从语言上来说是：
  A. 现代白话文   B. 典型文言文
  C. 文言成分多的白话文   D. 白话成分多的文言文

(3) 根据文章说到：
  A. 武松很能喝酒   B. 武松喝了很多酒,还吃了很多肉
  C. 武松不听店家的劝告喝了很多酒   D. 以上全部

2. 文章阅读理解

(1) 根据文章,武松在这个酒家吃了：
  A. 二斤牛肉   B. 四斤牛肉
  C. 六斤牛肉   D. 没有说

(2) 武松觉得这家的酒：
　　A. 不好　　　　　　　　　B. 很好
　　C. 很便宜　　　　　　　　D. 很贵
(3) 根据文章，对于酒家说的话，武松：
　　A. 不相信　　　　　　　　B. 信了，但是不管
　　C. 没听见　　　　　　　　D. A 和 B
(4) 武松说"怎地唤做'三碗不过冈'"中"怎地唤做"的意思是：
　　A. 怎么这样呼唤　　　　　B. 什么叫
　　C. 什么地方有　　　　　　D. 怎么样才可以
(5) "武松吃得口滑，只顾要吃"中"口滑"的意思是：
　　A. 可口　　　　　　　　　B. 放慢脚步
　　C. 放轻脚步　　　　　　　D. 停下脚步
(6) 武松喝了很多酒：
　　A. 酒家觉得他一定醉了　　B. 武松觉得有点儿醉了
　　C. 酒家后来相信他没醉　　D. 以上全部
(7) 武松在酒家喝酒时态度：
　　A. 很客气　　　　　　　　B. 不客气
　　C. 一般　　　　　　　　　D. 没有说

3. 简单回答问题

(1) 武松是什么时候到酒店的？＿＿＿＿＿＿＿＿＿＿＿＿＿＿＿＿＿＿＿＿。
(2) 酒家说他们的酒的特点是：＿＿＿＿＿＿＿＿＿＿＿＿＿＿＿＿＿＿＿。
(3) 最后武松一共喝了多少碗酒？＿＿＿＿＿＿＿＿＿＿＿＿＿＿＿＿＿。

阅读 3

美国的网速

美国电信工会（Communications Workers of America/CWA）周二发表一份美国国内网速调查，一年来美国的网络速率成长缓慢，其下载速度位居全球第 15 位，远远落后于其他先进国家，甚至需要 100 多年才可能迎头赶上日本。

美国网民平均下载速度只有 2.35Mbps，上传速度仅 435Kbps。其下行网速在全球范围内仅列第 15 位，远远低于其他发达国家，如日本 63.6 Mbps、韩国 49.5Mbps、芬兰 21.7Mbps、法国 17.6Mbps、加拿大 7.6Mbps。

这份报告名为"Speed Matters",调查在 2007 年 5 月~2008 年 5 月间进行,来自美国 50 个州和哥伦比亚特区、波多黎各自由邦的近 23 万人在 CWA 旗下 speedmatters.org 网站上测试了自己的网速。

与 2007 年相比,美国宽带的进步非常小,上传和下载速度分别只提高了 64Kbps 和 0.4Mbps。照这样的发展速度,美国需要再过 150 年才能达到日本现在的下载水平。形象地说,日本用户用 2 分钟就可下载的文件,美国用户要用 2 个小时才能下载完毕,而且两国的上网资费水平相当。

这样的比喻似乎略显"夸张",CWA 总裁拉里·科恩(Larry Cohen)表示,这不是下载一部电影需要多少时间的问题,而是美国经济在全球市场的竞争力问题。不论是偏远地区的开发、通讯医疗或远程教学都需要依赖普及高速网络。

"美国是工业国家中唯一没有国家政策推动高速网络普及的,提高宽带互联网连接速度对保持美国在全球市场上的竞争力度而言极为重要。"他表示,"提高宽带互联网连接速度不仅仅是为了让人们能够更快地下载电影等娱乐,它是关系到我们的经济和在全球市场上保持竞争力的能力。"

CWA 希望利用这份报告呼吁美国国会制订全国性的宽带互联网连接政策,协会支持参议院提出的一项名为《宽带速度提高法案》,以提高美国宽带互联网连接的速度。

在此之前,美国联邦通信委员会(FCC)一致投票决定修订评估美国宽带普及程度的测算方法,最低标准为 768kbps。多年来,FCC 在起草有关美国互联网接入状况的报告时依据的测算方法一直是将 200kbps 作为"高速"服务的标准。

FCC 修订要点如下:200kbps 网速不再被视为"宽带"。此前,不管是在上行或下行,只要能提供 200kbps 速率的服务都被看做是"高速"。而现在,基本宽带服务的最低标准为 768kbps,最高标准则定为 1.5Mbps。此前,FCC 将宽带速率分为 6 大类,FCC 以前只追踪下行速率,而现在要求上行速率也必须报告。

FCC 还要求:上行和下行速率必须以更具体的方式报告。此前,有线公司和电话公司提供的宽带服务速率通常分为两大类:一类是 200kbps~2.5Mbps,另一类是 2.5Mbps~10Mbps。而 FCC 的新规则把该分类进一步细分为:200kbps~768kbps,768kbps~1.5Mbps,1.5Mbps~3Mbps,3Mbps~6Mbps,6Mbps 及以上。

决定废弃旧的测算方法的潜在意义重大。FCC 内部及外界的批评人士一直指责 FCC 每半年从互联网服务提供商那里收集的数据不充分,不仅阻碍政府制订更高效的宽带激励政策,还可能延缓业界对技术的投资。该决定还有助于FCC确定是否真的如一些国际研究机构所说的那样,在过去几年中,美国的宽带普及率远远地落于世界先进水平。

(据2008年8月15日新华网消息)

参考词语

1.	网速	wǎngsù	(名)	网络的速度
2.	速率	sùlǜ	(名)	这里指网络单位时间传输的数量,如400Kbps、640Kbps、1280Kbps等
3.	下载	xiàzǎi	(动)	从网络上获得文件并保存到自己的电脑里
4.	上传	shàngchuán	(动)	下载的反义词,把自己的文件传到网络上
5.	下行	xiàxíng	(动)	下载文件时的速度
6.	宽带	kuāndài	(名)	目前还没有一个公认的定义,从一般的角度理解,就是传输速度快的网络
7.	略显	lüèxiǎn		稍微表现出
8.	上行	shàngxíng	(动)	上传文件时的速度
9.	废弃	fèiqì	(动)	不要了,放弃了
10.	潜在	qiánzài	(形)	现在还没有表现,但是以后可能发展的
11.	指责	zhǐzé	(动)	批评
12.	阻碍	zǔ'ài	(动)	挡住,不让通过
13.	激励	jīlì	(动)	激发鼓励

1. 文章总体评价

(1) 这篇文章从体裁上来说应该是:
  A. 记叙文　　　　　　　　B. 说明文
  C. 议论文　　　　　　　　D. 应用文

(2) 这篇文章主要是想说一些美国专家机构认为:
  A. 美国的网络技术发展得很快
  B. 美国的网络技术以前很先进
  C. 美国网络发展的速度慢,影响到美国竞争力
  D. 日本的网络技术和美国一样快

(3) 一些美国专家机构认为改善宽带能:
  A. 更快地下载电影等娱乐　　　B. 超过日本

C. 保持国家的竞争力　　　　　　D. 赶上韩国

2. 文章阅读理解

(1) 网络速度比美国高的国家没有说到的有：
　　A. 韩国　　　　　　　　　　B. 芬兰
　　C. 法国　　　　　　　　　　D. 巴西

(2) 网速和竞争力有关，不是因为关系到：
　　A. 下载电影　　　　　　　　B. 远程教育
　　C. 通讯　　　　　　　　　　D. 医疗

(3) 美国以前认定网络是否为"高速"，要求的速率是：
　　A. 200kbps　　　　　　　　 B. 768kbps
　　C. 64Kbps　　　　　　　　　D. 1.5Mbps

(4) 新标准和老标准比较，还有以下的不同：
　　A. 不管上行还是下行　　　　B. 追踪下行速率
　　C. 追踪上行速率　　　　　　D. B 和 C

(5) 判断是否宽带的最低标准为 768kbps 的是：
　　A. 参议院　　　　　　　　　B. 美国联邦通信委员会
　　C. 美国电信工会　　　　　　D. A 和 B

(6) 跟别的发达国家比，哪个不是美国的问题：
　　A. 旧的测算方法不科学
　　B. 目前的速率标准低
　　C. 没有用国策来推动宽带的发展
　　D. 通讯技术最落后

3. 简单回答问题

(1) 根据本文，在日本 2 分钟能下载完的文件在美国需要多长时间？＿＿＿＿＿＿。
(2) 美国虽然网速比日本慢，但是上网资费：＿＿＿＿＿＿＿＿＿＿＿＿＿＿＿＿＿。
(3) 在美国，提供宽带服务的公司有：＿＿＿＿＿＿＿＿＿＿＿＿＿＿＿＿＿＿＿＿。

第十五课

一、阅读技能　文言文与白话文(3)

（一）概述

上一课我们说到文言文一个很大的特点就是与口语的距离很大，形式上看就是"言文分离、行文简练"。跟白话文相比，文言文的语法特点主要表现在词类及词序两方面。

一般而言，文言文有比白话更多的词类活用现象，就是指某些词按照一定的语言习惯在句中临时改变了它的基本职能，如名词当动词、当副词，形容词当动词等。一个词类充当了别的词类，不是现代汉语词常见的兼类。兼类是相对固定的，如"我是翻译"、"我翻译了一本书"，"翻译"兼了名词和动词两类；"离开时不要锁上面的锁"中的"锁"兼了动词和名词两类。词类活用是一个词的临时性的功能，是不固定的。

名词活用为动词，这在现代汉语是很少的。如："驴不胜怒，蹄之"（柳宗元《三戒·黔之驴》），名词"蹄"在此做动词，意思是"用蹄踢"。在"士为知己者用，女为悦己者容"（《报任安书》）中，名词"容"就当了动词"打扮"的意思。在现代汉语里也有"手刃劫匪"的说法，名词"刃"就当动词"用刀杀"的意思。

名词活用为副词，这在现代汉语也很少。如："少时，一狼径去，其一犬坐于前。"（蒲松龄《聊斋志异》）名词"犬"在动词"坐"前，当副词，意思是"像犬一样地"。

形容词活用为一般动词，活用后具有动词的功能。如："老吾老，以及人之老；幼吾幼，以及人之幼。"（《孟子梁惠王上》）第一个"老"和"幼"，意思是"照顾老人"、"爱护孩子"的意思。

使动用法也是文言文的一个重要特点，使动用法的意思是指主语使宾语施行谓语所表示的动作这种词类活用现象。翻译过来可以是"使（让，叫）……"，如："齐威王欲将孙膑。"（《史记·孙子吴起列传》）"将"是名词"将军"的意思，这里是当使动用，意思是"齐威王想让孙膑作将"。"作将"这个行为不是齐威王所发出的，而是齐威王让孙膑发出的。

"公能出我，我必厚谢公。"（《史记·范雎蔡泽列传》）"出"是动词，这里是当使动用，意思是"让我出来"。"出我"这个行为不是公发出的，而是公让我发出的。

"天将降大任于是人也，必先苦其心志，劳其筋骨，饿其体肤，空乏其身。"（《孟子二章》）这里用了一连串的使动用法，形容词"苦"、"劳"、"饿"、"空乏"就是"使他苦"、"使他疲劳"、"使他饿"、"使他贫困"，翻译过来就是："所以上天将要降落重大责任在这样的人身上，一定

要先使他的内心痛苦,使他的筋骨劳累,使他经受饥饿,以致肌肤消瘦,使他受贫困之苦。"这个用法在现代汉语中用得很多,如"巩固国防、繁荣经济、密切关系"等。

"今君欲一天下,安诸侯,存危国。"(《战国策·楚策一》)这里的数次词"一"就是"使天下统一"的意思。

除了使动用法,还有意动用法。意动用法是主语在主观上"认为宾语怎么样",或"把宾语看做什么"的意思。使动用法是主语使宾语怎么样,意动用法是主语主观上认为宾语怎么样。前者体现在行动上,后者体现在思想认识上。如我们说统治阶级的"愚民政策"也是这个方法,就是"让人民愚蠢的政策"。

"扁鹊过齐,齐桓侯客之。"(《史记·扁鹊列传》)"客"这个名词就是用做动词。翻译过来就是:"扁鹊经过齐国的时候,齐王把扁鹊当客人来招待。"

"臣闻王者父天母地。"(《后汉书·李固传》)"父"、"母"这个名词就是用做动词。翻译过来就是:"我听说当王的人就是以天地为父母。"

"古之善为道者,非以明民,将以愚之。"(《老子》)"明"、"蠢"这两个形容词就是用做动词。翻译过来就是:"古代善于行道的人,不是让人民聪明,而是让人民淳厚质朴。"

诸葛亮的名篇《出师表》里有这样的话:"亲贤臣远小人,此先汉所以兴隆也;亲小人远贤臣,此后汉所以倾颓也。"意思是说:"亲近贤臣,疏远小人,这是先汉兴旺发达的原因;亲近小人,疏远贤臣,这是后汉倾覆衰败的原因。"这里的形容词"亲"、"近"就是把形容词当了动词的意动用法方法。

词类活用的方法很多,文言文特殊的词序也是一个显著的特点。如在疑问句中,疑问代词放在动词前边:"何以战?"(《曹刿论战》)/"噫!微斯人,吾谁与归?"(《岳阳楼记》)正常的语序是:"以何战?"/"吾与谁归?"

今天我们常常用的成语"时不我待",也是把当宾语的代词"我"放到动词"待"的前边了,这也是文言文的一个特点。

文言文与白话文在语法词汇上都有差异,相对于白话文以双音节词为主,文言文则是以单音节为主。

下面是一篇四百多年前明朝人写的文章。通过与白话译文的对比,我们就更能看到一些文言文的特点,单音节词为主和省略,使得文言文比口语要简练得多,而白话文相对而言要长很多。

> 崇祯五年十二月,余住西湖。大雪三日,湖中人鸟声俱绝。
> 是日,更定矣,余挐一小舟,拥毳衣炉火,独往湖心亭看雪。雾凇沆砀,天与云与山与水,上下一白,湖上影子,惟长堤一痕、湖心亭一点、与余舟一芥、舟中人两三粒而已!

到亭上,有两人铺毡对坐,一童子烧酒炉正沸。见余大喜曰:"湖中焉得更有此人!"拉余同饮。余强饮三大杯而别。问其姓氏,是金陵人,客此。及下船,舟子喃喃曰:"莫说相公痴,更有痴似相公者。"

(节选自张岱《湖心亭看雪》)

【译文】

崇祯五年十二月,我住(在)西湖。(接连下了)三天的大雪,湖中行人、飞鸟的声音都消失了。

这一天凌晨后,我划着一叶扁舟,穿着毛皮衣服、带着火炉,独自前往湖心亭看雪。(湖上)弥漫着水气凝成的冰花,天与云与山与水,浑然一体,白茫茫一片。湖上(比较清晰的)影子,只有(淡淡的)一道长堤的痕迹,一点湖心亭的轮廓,和我的一叶小舟,舟中的两三个人影罢了。

到了亭子上,看见有两个人已铺好了毡子,相对而坐,一个童子正把酒炉里的酒烧得滚沸。(他们)看见我,非常高兴地说:"在湖中怎么还能碰上(您)这样(有闲情雅致)的人呢!"拉着我一同饮酒。我痛饮了三大杯,然后(和他们)道别。问他们的姓氏,得知他们是金陵人,在此地客居。等到(回来时)下了船,船夫嘟哝道:"不要说相公您痴,还有像您一样痴的人呢!"

现代汉语是白话文,但是文言文是现代汉语的基础,书面语中文言文的影响总是存在的,文言文的训练是中国语文的基本训练。在这里,我们不要求学生完全读懂文言文,更不要求写文言文。但是了解一些文言文的基本知识,对提高我们的汉语阅读能力是很重要的。

请看 2008 年 11 月 2 日雅虎中国(yahoo.com.cn)的部分新闻标题:

社会新闻

1. 政法大学男生砍死教授续:警方调查涉风波女生
2. 男模特以死相逼欲娶女模特,认识 5 年不知姓名
3. 少年发小广告被扒光衣服,目击者称系城管所为
4. 学校食堂伙食不好,百余学生集体出逃致停课
5. 广州豪门兄弟打 13 年官司,争讼亿元财产
6. 法大学生砍死教授续,网贴指疑凶性格开朗
7. 蒙面男子再度自缚现闹市,自称曾赚 500 万
8. 任长霞丈夫突发脑出血去世,此前一天仍在上班

"涉"、"欲"、"系"、"致"、"讼"、"指"、"缚"、"突"、"此"等也都是文言色彩很浓的书面语。

（二）技能训练

1. 阅读下列文章片段

> 艰深者，作意遥深，言厄于意之谓，乍看似不通晓，细按则条理分明，虽未必就是第一流，却不失为高等的文学。晦涩者文词芜杂，意厄于言，所谓深入不能显出，一看固然不懂，再看还在渺茫，即算它是文学吧，也绝不是很好的。艰深是一种没奈何，好比文学的本身病；晦涩是可以救药的，类似艰深的一种外感而已。我们没法化艰深为不艰深，应该有法化晦涩为不晦涩，二者性质有别，不是难懂程度深浅的问题。至于没有意思，那就是没有意思，更无第二个说法。左看也不懂，右看也不懂，看杀也不懂，这有什么可说的。他叫它什么，我们跟着叫它什么好了，责任当然由作者自负。

（节选自俞平伯《标语》）

1）选择正确答案

（1）这段文字的体裁是：
  A. 小说　　　　　　　　B. 散文
  C. 科学论文　　　　　　D. 报告书

（2）这段文字是：
  A. 标准现代白话文　　　B. 典型古代文言文
  C. 有点难的白话文　　　D. 浅白的文言文

（3）这段文字主要说的是：
  A. 艰深和晦涩是有区别的　　B. 文章晦涩不好，不应该
  C. 艰深和晦涩是有必要的　　D. 文章艰深不好，不应该

2）翻译下面的句子

（1）艰深者，作意遥深，言厄于意之谓。

（2）乍看似不通晓，细按则条理分明。

2. 将下列报纸标题翻译成白话口语，并解释带点的词语

（1）海上生明月，两岸共此时
（2）俄乌"斗气"，何以柳暗花明

(3)地铁轮椅电梯守空门,市民皆言不识真面目
(4)英国和俄国代表对此均持否定态度
(5)劫匪明日出庭受审
(6)胡锦涛两晤连战
(7)古巴援美共抗飓风
(8)张曼玉刚在北京说年华,旋赴台湾牵金马
(9)伊内政部大楼遭袭
(10)各党派促当局暂缓拆卸钟楼
(11)胡锦涛主席上午离京启程
(12)老汉悠闲空中卧,树木负重苦难言

二、阅读训练

阅读1

朱买臣

且说汉朝一个名臣,当初未遇时节,其妻有眼不识泰山,弃之而去,到后来悔之无及。你说那名臣何方人氏?姓甚名谁?那名臣姓朱,名买臣,表字翁子,会稽郡人氏。家贫未遇,夫妻二口住于陋巷蓬门,每日买臣向山中砍柴,挑至市中卖钱度日。性好读书,手不释卷。肩上虽挑却柴担,手里兀自擎着书本,朗诵咀嚼,且歌且行。市人听惯了,但闻读书之声,便知买臣挑柴担来了,可怜他是个儒生,都与他买。更兼买臣不争价钱,凭人估值,所以他的柴比别人容易出脱。

一般也有轻薄少年及儿童之辈,见他又挑柴又读书,三五成群,把他嘲笑戏侮,买臣全不为意。一日其妻出门汲水,见群儿随着买臣柴担拍手共笑,深以为耻。买臣卖柴回来,其妻劝道:"你要读书,便休卖柴;要卖柴,便休读书。许大年纪,不痴不颠,却做出恁般行径,被儿童笑话,岂不羞死!"

买臣答道:"我卖柴以救贫贱,读书以取富贵,各不相妨,由他笑话便了。"其妻笑道:"你若取得富贵时,不去卖柴了。自古及今,那见卖柴的人做了官?却说这没把鼻的话!"买臣道:"富贵贫贱,各有其时。有人算我八字,到五十岁上必然发迹。常言'海水不可斗量',你休料我。"其妻道:"那算命先生见你痴癫模样,故意耍笑你,你休听信。到五十岁时连柴担也挑

不动,饿死是有分的,还想做官!除是阎罗王殿上少个判官,等你去做!"买臣道:"姜太公八十岁尚在渭水钓鱼,遇了周文王以后,车载之拜为尚父。本朝公孙弘丞相五十九岁上还在东海牧豕,整整六十岁方才际遇今上,拜将封侯。我五十岁上发迹,比甘罗虽迟,比那两个还早,你须耐心等去。"

其妻道:"你休得攀今吊古!那钓鱼牧豕的,胸中都有才学;你如今读这几句死书,便读到一百岁只是这个嘴脸,有甚出息?晦气做了你老婆!你被儿童耻笑,连累我也没脸皮。你不听我言抛却书本,我绝不跟你终身,各人自去走路,休得两相耽误了。"买臣道:"我今年四十三岁了,再七年,便是五十。前长后短,你就等耐也不多时。直恁薄情,舍我而去,后来须要懊悔!"其妻道:"世上少甚挑柴担的汉子,懊悔甚么来?我若再守你七年,连我这骨头不知饿死于何地了。你倒放我出门,做个方便,活了我这条性命。"买臣见其妻决意要去,留他不住,叹口气道:"罢,罢,只愿你嫁得丈夫,强似朱买臣的便好。"其妻道:"好歹强似一分儿。"说罢,拜了两拜,欣然出门而去,头也不回。买臣感慨不已,题诗四句于壁上云:嫁犬逐犬,嫁鸡逐鸡。妻自弃我,我不弃妻。

买臣到五十岁时,值汉武帝下诏求贤,买臣到西京上书,待诏公车。同邑人严助荐买臣之才。天子知买臣是会稽人,必知本土民情利弊,即拜为会稽太守,驰驿赴任。会稽长吏闻新太守将到,大发人夫,修治道路。买臣妻的后夫亦在役中,其妻蓬头跣足,随伴送饭,见太守前呼后拥而来,从旁窥之,乃故夫朱买臣也。买臣在车中一眼瞧见,还认得是故妻,遂使人招之,载于后车。到府第中,故妻羞惭无地,叩头谢罪。

(节选自冯梦龙《喻世明言》,标题为选编者所加)

参考词语

1. 陋巷蓬门	lòuxiàngpéngmén		破败简陋的地方,比喻居住的环境很糟糕
2. 兀自	wùzì	(副)	径自,还
3. 轻薄	qīngbó	(形)	轻浮,不严肃
4. 戏侮	xìwǔ	(动)	戏弄侮辱
5. 八字	bāzì	(名)	把人出生的年、月、日、时各配以干支,合为八字。星相家据此推算人的命运,亦以喻人的身份
6. 判官	pànguān	(名)	官职,这里指阎王殿的人

211

7. 直恁	zhínìn	（副）	竟然如此
8. 薄情	bóqíng	（形）	不珍惜感情
9. 值	zhí	（副）	恰好，正当那个时候
10. 下诏	xiàzhào		诏，皇帝的指令。皇帝发布指令
11. 求贤	qiúxián		寻求有能力的人
12. 待诏公车	dàizhào gōngchē		这里是汉代的官署名。有才能的人有官车接送，住在此地等待皇帝的诏令出任职务
13. 邑人	yìrén	（名）	老乡
14. 拜	bài	（动）	授予官职
15. 驰驿赴任	chíyì fùrèn		驰驿：古代官办的驿站。这里指坐官车快速地去任职的地方
16. 役	yì	（名）	劳役，政府派给百姓做的事情
17. 蓬头跣足	péngtóu-xiǎnzú		蓬：散乱，跣：赤脚。头发散乱，双脚赤裸。形容人衣冠不整，十分狼狈或困苦的样子

专有名词

| 1. 阎罗王殿 | Yánluówáng Diàn | 也叫阎王殿，是佛教里的地狱，恶人死后在此受苦 |
| 2. 甘罗 | Gānluó | 战国时秦国人，十二岁就被封为上卿，与丞相（总理）的官阶差不多 |

1. 文章总体评价

(1) 这篇文章是：
　　A. 记叙文　　　　　　　　　B. 说明文
　　C. 议论文　　　　　　　　　D. 应用文

(2) 这篇文章从语言上来说是：
　　A. 现代白话文　　　　　　　B. 典型文言文
　　C. 文言成分多的白话文　　　D. 白话成分多的文言文

(3) 这篇文章像是一个：
　　A. 故事　　　　　　　　　　B. 传说
　　C. 寓言　　　　　　　　　　D. 童话小说

(4) 这篇文章主要是想说:
   A. 人年纪大了也是能够成功的
   B. 女人没有眼光,看不出谁能成功
   C. 人说不准什么时候就成功了
   D. 男人只要用功读书就一定能成功

2. 文章阅读理解

(1) "性好读书,手不释卷"中的"释"与下列哪个词语中的"释"字最接近?
   A. 注释　　　　　　　　B. 释义
   C. 释疑　　　　　　　　D. 保释

(2) "朗诵咀嚼,且歌且行"中"且歌且行"的意思是:
   A. 而且站着不走了　　　B. 边唱边走
   C. 很慢地走　　　　　　D. 是美好的行为

(3) 朱买臣的妻子觉得没有面子是因为:
   A. 儿童笑他　　　　　　B. 他读着书卖柴
   C. 他没有钱　　　　　　D. A 和 B

(4) 朱买臣的妻子开始时是不希望他:
   A. 卖柴　　　　　　　　B. 读书
   C. 又卖柴又读书　　　　D. 永远当穷人

(5) 哪个不是朱买臣的想法:
   A. 相信自己能成功　　　B. 不成功继续卖柴也没有什么丢脸的
   C. 不觉得自己太老　　　D. 相信算命的说的话

(6) 朱买臣的妻子跟他提出可以不分手的条件是:
   A. 不要被儿童笑　　　　B. 不要再卖柴了
   C. 不要再读书了　　　　D. A 和 B

(7) 妻子离开朱买臣时的表现是:
   A. 高兴　　　　　　　　B. 无奈
   C. 感动　　　　　　　　D. 伤心

(8) 朱买臣再见前妻时,哪个说法不正确?
   A. 前妻正为修路的丈夫送饭
   B. 朱买臣当了家乡的大官
   C. 朱买臣不认识前妻了
   D. 让前妻坐他的车去他家

3. 简单回答问题

(1) 朱买臣的柴火好卖的原因是：_____。
(2) 朱买臣说的两个成功人士是谁？年纪多大？_____。
(3) 朱买臣在妻子离开时写了什么？_____。
(4) 朱买臣的前妻给朱买臣叩头是因为：_____。

 阅读2

思想解放

"曾经圣人手，议论安敢到。"这是韩昌黎极无聊的一句话。圣人做学问，便不是如此。孔子教人择善而从，不经一番择，何由知道他是善？只这个择字，便是思想解放的关目。欧洲现代文化，不论物质方面、精神方面，都从"自由批评"产生出来：对于社会上有力量的学说，不管出自何人，或今或古，总许人凭自己见地所及，痛下批评。批评岂必尽当，然而必经一番审择，才能有这批评，这便开了自己思想解放之路；因这批评又引起别人的审择，这便开了社会思想解放的路。互相启发、互相纠正，真理自然日明，世运自然日进。倘若拿一个人的思想做金科玉律，范围一世人心，无论那人为今人、为古人、为圣人，无论他的思想如何好，总之是将别人的创造力抹杀，将社会的进步勒令停止了。试问那人若非经过一番思想，如何能创造出金科玉律来？我们既然敬重那人，要学那人，第一件便须学他用思想的方法。他必是摆脱了古代思想和并时思想的束缚，独立自由研究，才能建立一家的学说；不然，这学说也算不得他的了。既然如此，我们为什么不学他这一点，倒学他的反面？我国千余年来，学术所以衰落，进步所以停顿，都是为此。

有人说，思想一旦解放，只怕人人变为离经叛道。我说，这个全属杞忧。若使不是经，不是道，离他叛他不是应该吗？若使果是经，果是道，那么，俗语说得好："真金不怕红炉火。"有某甲的自由批评攻击他，自然有某乙某丙的自由批评拥护他，经过一番刮垢磨光，越发显出他的真价。倘若说某家学说不许批评，倒像是这家学说经不起批评了。所以我奉劝国中的老师宿儒，千万不必因此着急，尽可以让青年纵任他们的思想力，对于中外古今学说随意发生疑问，就是闹得过火，"非尧舜，薄汤武"也不要紧。他们的话若没有价值,自然无伤日月,管他做甚?若认为够得上算人心世道之忧,就请痛驳起来呀!只要彼此应用思辨的公共法则,驳得针锋相对,丝丝入扣,谁是谁非,自然见个分晓。若单靠禁止批评,就算卫道,这是秦始皇"偶语弃市"的故伎,有什么用处?

还有几句打破后壁的话,待我说来。思想解放,道德条件一定跟着动摇,同时社会上会发现许多罪恶,这是无可逃的。但说这便是人心世道之忧,却不见得。道德条件,本是适应了社会情形建设起来的。社会变迁,旧条件自然不能适用。不能适用的条件自然对于社会上失去了拘束力,成了一种僵石似的装饰品。旧条件既然不适用,在新社会组织之下适用的新条件却并未建设起来,道德观念的动摇如何能免?我们主张思想解放,就是受了这动摇的刺激,想披荆斩棘求些新条件,给大家安心立命。他们说解放思想便是破坏道德,道德二字做何解释,且不必辩,就算把思想完全封锁起来,试问他们所谓道德是否就人人奉行?旧道德早已成了"僵石",新道德又不许商榷,这才真是破坏道德哩。

(节选自梁启超《欧游心影录》,标题为选编者所加)

参考词语

1. 择善而从	zéshàn'ércóng		选择好的而跟随、接受
2. 何由	héyóu		怎么可以
3. 关目	guānmù	(名)	戏曲术语,情节安排的构思,类似目录、大纲
4. 见地	jiàndì	(名)	意见、看法、观点
5. 审择	shěnzé	(动)	审察选择
6. 金科玉律	jīnkē-yùlǜ		不可更改的法律、规则等
7. 勒令	lèlìng	(动)	命令
8. 离经叛道	líjīng-pàndào		指背叛经典和传统
9. 杞忧	qǐyōu		"杞人忧天"的简缩,担心不可能发生的事情
10. 垢	gòu	(名)	肮脏的东西
11. 磨光	móguāng	(动)	打磨并让它光亮
12. 越发	yuèfā		同"愈发",越来越的意思
13. 宿儒	sùrú	(名)	年老有经验有名望的儒家人物
14. 纵任	zòngrèn		放纵、任由的意思,随便他们怎么做
15. 人心世道	rénxīnshìdào		通常写做"世道人心",人们的思想,社会的风气

16.	痛驳	tòngbó	（动）	狠狠地批评
17.	丝丝入扣	sīsīrùkòu		比喻配合得很好，没有丝毫的差错
18.	卫道	wèidào	（动）	保卫（传统）道德
19.	偶语弃市	ǒuyǔqìshì		偶语：两人讲话；弃市：在大街上被处死。来源于秦始皇时期，指私下议论就要被杀死
20.	故伎	gùjì	（名）	（贬义）伎：伎俩、办法（贬义）。老办法
21.	披荆斩棘	pījīng-zhǎnjí		指克服困难和阻碍，勇敢地前进
22.	安心立命	ānxīn-lìmìng		使身心安定，精神上有所寄托
23.	商榷	shāngquè	（动）	商量、讨论

1. 文章总体评价

（1）这篇文章从体裁上来说应该是：
  A. 记叙文   B. 说明文
  C. 议论文   D. 应用文

（2）这篇文章从语言上来说是：
  A. 口语体的现代白话文   B. 标准的文言文
  C. 文言成分多的白话文   D. 白话成分多的文言文

（3）这篇文章主要是想说解放思想：
  A. 要有独立的精神和思考   B. 要抛弃传统的道德
  C. 就是离经叛道   D. 是金科玉律

2. 文章阅读理解

（1）"曾经圣人手，议论安敢到"的意思就是说：
  A. 以前的圣人现在也可以议论
  B. 虽然圣人是以前的人，现在还是不敢议论
  C. 圣人的做法我们现在要敢于议论
  D. 圣人已经说过那件事了，我们听着就是了

（2）文章的第一段主要说的是：
  A. 要用开放的心态对待各种思想
  B. 批评古人的思想社会就能进步
  C. 中国最近一千多年学术不发达
  D. 尊重古人的思想是一种束缚

(3)"真理自然日明,世运自然日进"中"日"的意思是:
　　A. 更　　　　　　　　　　　B. 太阳
　　C. 一天比一天　　　　　　　D. 还是那样的
(4)"他必是摆脱了古代思想和并时思想的束缚,独立自由研究"中"并时"的意思是:
　　A. 落后的　　　　　　　　　B. 未来的
　　C. 过去的　　　　　　　　　D. 当代的
(5)与"倘若拿一个人的思想做金科玉律,范围一世人心"中"范围"意思接近的是:
　　A. 规模　　　　　　　　　　B. 限制
　　C. 大小　　　　　　　　　　D. 模范
(6)文章第二段主要说的是:
　　A. 解放思想就是离经叛道　　B. 秦始皇很不民主
　　C. 各种思想要允许自由批评　D. 青年人的思想很解放
(7)文章第三段主要说的是:
　　A. 解放思想就是破坏道德　　B. 破坏道德是正确的
　　C. 道德是不断发展变化的　　D. 道德是僵石似的装饰品
(8)"道德二字做何解释,且不必辩"的意思是:
　　A. 不用解释道德这两个,因为不可能解释清楚
　　B. 怎么解释道德这两个字是不需要的
　　C. 解释道德这两个字并不是容易的
　　D. 怎么解释道德这两个字不用争论

3. 简单回答问题

(1)欧洲现代文化,不论物质方面、精神方面,都从哪里产生的?_____。
(2)作者说应该鼓励青年怎么做?_____。
(3)作者说"成了一种僵石似的装饰品"的是:_____。

阅读 3

四川藏区

　　四川藏区的历史、地理特点,使其在文化、政治、经济上均呈现与西藏有显著差异的情形,主要有:

　　1. 社会形态各别:历史上,这里多数为土司制,或"土流兼制",土司虽在其辖区内俨然如土皇帝拥有极大的权威。但他必须由中央政府所封,定期朝贡、纳赋,受地方行政官吏之管束。在承袭上亦有一套严格的管理规

章。且必须随时听从政府的征调。土司与藏传佛教是一种相辅的关系,而不是由一人身兼行政和宗教的领袖,这与西藏地方的政教合一制度有很大差别。因此在四川藏区虽然绝大多数人供奉藏传佛教,但却没有像达赖、班禅那样集地方政教大权为一身的宗教领袖,像木里土司黄教喇嘛那样的仅只在个别的、小的范围内存在。因此,四川藏区长期属于内地一个省的管辖之区。

2. 语言、方言上的差异。四川藏区流行藏语三大方言中的两种方言,即康方言和安多方言。康方言以德格话为代表,主要流行于今甘孜州地区;安多方言主要流行于阿坝州。除此而外,本区一些居民中还使用不少"地角话"(即地方土话),其中较特殊的有嘉戎语、木雅语、扎巴语、贵琼语和曲域语等,操这些语言的人虽系藏族,使用藏文,但从语音和语法结构等看,均与藏语三大方言有明显差异,多数接近羌语支,或介于藏语支与羌语支之间。从这些语言的差异和分析比较,我们可不难发现民族融合的痕迹。

3. 宗教上的兼容并包、同荣共存。本区与西藏和甘、青、滇藏区一样,崇拜藏传佛教。但不像17世纪以来的西藏那样只尊藏传佛教格鲁派,而是对宁玛、萨迦、噶举和苯教等各教派兼容并重。一些在西藏遭到打击甚至消灭的教派,在四川藏区都获得生存的土壤和气候。如颇有盛名的觉囊派,在西藏被视为"外道邪见"遭到禁绝,但在四川藏区的壤塘一带却得到相当大的发展,拥有不少信徒,印刷大量宣扬该派宗义的经籍传播。在西藏式微的苯教和宁玛派,在四川藏区却十分兴盛,信徒和寺庙超过格鲁派。此外,四川藏区还有不少地方流行原始巫教,其宗教活动既有古老本教的色彩,又杂入汉地"端公"、"道士"一类跳神仪执,这与本区邻近汉地受汉文化的某些影响有关。本区还有基督教流行,在康东、康南的一些地方有一些藏族既信仰基督教,又信仰藏传佛教,有的地区举行法会,作法的人中藏传佛教的喇嘛、苯教巫师和端公等同台并坐,各念各的经,群众不以为怪,一律敬信,表现出本区信仰上的多元现象。

4. 地方文化色彩浓厚。四川藏区因历史、地理之原因,保存古文化遗存较多,又因其处于"走廊"之中心,同时接受汉、藏文化之影响,因而其文化上表现出甚重的地方色彩,形成了诸如以德格为中心的康文化圈,以川西北草地为中心的游牧文化圈,以大小金川为中心的嘉戎文化圈,以贡嘎山麓为中心的木雅文化圈,以大渡河中下游河谷为中心的"西番"文化圈等各具地域特色的亚文化圈。

(节选自任新建《略论"汉藏民族走廊"之民族历史文化特点》,标题为选编者所加)

参考词语

1. 土司制	tǔsīzhì	（名）	中国元、明、清时代一种管理制度，政府授予民族首领世袭的官职，让他们管理那个地方
2. 土流兼制	tǔliújiānzhì		土：土司；流：流官。就是朝廷任命的不世袭、有品级、有任期的官员，有土司，也有流官的管理制度
3. 辖区	xiáqū	（名）	管理的地区
4. 俨然	yǎnrán	（副）	看起来像
5. 封	fēng	（动）	政府授予的
6. 朝贡	cháogòng	（动）	给皇帝进献礼物
7. 纳赋	nàfù	（动）	缴税
8. 承袭	chéngxí	（动）	一直延续下来
9. 征调	zhēngdiào	（动）	征集调用
10. 相辅	xiāngfǔ	（动）	辅助
11. 兼容并包	jiānróng-bìngbāo		容纳包含，指各种意见、观点都接受
12. 同荣共存	tóngrónggòngcún		在一起，共同繁荣
13. 外道邪见	wàidàoxiéjiàn		指不正宗、不合法的邪教
14. 式微	shìwēi	（动）	衰落
15. 仪执	yízhí	（名）	宗教的仪式等
16. 多元	duōyuán	（形）	多方面的
17. 游牧	yóumù	（动）	游动放牧

1. 文章总体评价

（1）这篇文章从体裁上来说应该是：
  A. 小说 B. 散文
  C. 论文 D. 新闻

（2）这篇文章从语体上说是：
  A. 政论语体 B. 公文语体
  C. 科技语体 D. 文艺语体

（3）这篇文章主要想说的是：
  A. 各地藏区的风俗不同 B. 四川藏区与西藏的差异
  C. 四川藏区的方言有特点 D. 四川藏区的宗教有特点

219

2. 文章阅读理解

(1) 根据文章,哪个说法不对?
    A. 四川藏区受西藏的管理   B. 四川藏区受中央的直接管理
    C. 四川藏区有土司也有流官   D. 四川藏区多数信藏传佛教

(2) 根据文章我们知道:
    A. 各藏区的文字是统一的   B. 各藏区的语言是统一的
    C. 各藏区的宗教是一致的   D. 各藏区的文化是相同的

(3) 与"这与西藏地方的政教合一制度有很大差别"中"政教合一"的意思最接近的是:
    A. 政府领导就是宗教领导   B. 政府和宗教合作管理
    C. 政治与宗教的关系很融合   D. 政治和宗教各有分工

(4) 有"民族融合的痕迹"的方言是:
    A. 安多方言   B. 德格话
    C. 扎巴语   D. 羌语

(5) 在西藏不受尊重不兴盛而在四川藏区比较兴盛的教派是:
    A. 觉囊派   B. 苯教
    C. 宁玛派   D. 以上全部

(6) 从文章看,西藏和四川藏区都兴盛的教派应该包括:
    A. 噶举派   B. 萨迦派
    C. 格鲁派   D. 以上全部

(7) 没有说到的四川藏区的宗教是:
    A. 藏传佛教   B. 巫教
    C. 天主教   D. 基督教

(8) 关于四川藏区的宗教,哪个说法是不正确的?
    A. 有人同时信仰两种宗教   B. 信仰是多元化的
    C. 不同宗教的活动可以同时进行   D. 喇嘛也是巫师

(9) 四川藏区的文化圈至少可以分为:
    A. 五个   B. 四个
    C. 三个   D. 两个

3. 简单回答问题

(1) 德格为中心的是什么文化? _____。
(2) 讲安多方言的在哪个地区? _____。
(3) 苯教的宗教人士叫做:_____。
(4) 四川藏区在信仰上的表现是:_____。

参考答案

第1课

技能练习
1. (1) B (2) D (3) D
2. (1) B (2) A (3) C
3. (1) D (2) B (3) B
4. (1) A (2) D (3) D

阅读训练

阅读1
1. (1) A (2) B (3) A (4) D
2. (1) D (2) D (3) C (4) B (5) C (6) D
3. (1) 看谁不顺眼就可以辞掉谁
   (2) 三百块
   (3) 痛恨

阅读2
1. (1) B (2) B (3) B
2. (1) C (2) A (3) B (4) D (5) A (6) D
3. (1) 承认个人的思想自由和言论自由
   (2) 有伟大的人格者
   (3) 个人主义

阅读3
1. (1) A (2) D (3) D
2. (1) A (2) C (3) C (4) B (5) B (6) A
3. (1) 省、自治区、直辖市和军队选出的代表
   (2) 不能进行选举的非常情况

第2课

技能练习
1. (1) A (2) B (3) B
2. (1) D (2) A (3) B
3. (1) B (2) C (3) A
4. (1) C (2) A (3) B

阅读训练

阅读1
1. (1) B (2) C (3) C (4) B (5) B

2. (1) D (2) C (3) A (4) C (5) B (6) C
3. (1) 怕羞的姑娘看见生人似的
   (2) 戏的高潮
   (3) 落叶跌在木阁楼房顶上

阅读2
1. (1) A (2) B (3) B (4) D
2. (1) B (2) B (3) A (4) B (5) B (6) B
3. (1) 小孩子脾气
   (2) 看她害羞脸红
   (3) 马塞

阅读3
1. (1) B (2) B (3) B
2. (1) C (2) C (3) A (4) C (5) C
3. (1) 掐了脑袋的苍蝇
   (2) 挨家找
   (3) 黑旋风
   (4) 小偷什么的

第3课

技能练习
1. (1) B (2) C (3) B
2. (1) C (2) D (3) B
3. (1) D (2) C

阅读训练

阅读1
1. (1) B (2) B (3) B
2. (1) D (2) B (3) D (4) D (5) B (6) A
3. (1) 控制糖类食物
   (2) 大脑中缺乏维生素B
   (3) 极易激动,甚至暴跳如雷
   (4) 肉类食物

阅读2
1. (1) B (2) A (3) A
2. (1) B (2) A (3) C (4) A (5) C (6) D

3.（1）签署了解放黑奴宣言
　（2）贫民区和少数民族居住区
　（3）昔日奴隶的儿子和奴隶主的儿子

阅读3
1.（1）C　（2）A　（3）C
2.（1）B　（2）B　（3）D　（4）C　（5）C　（6）D
　（7）A
3.（1）180万户
　（2）"AAA"证书
　（3）压抑通货膨胀
　（4）投资

第4课

技能练习
1.（1）B　（2）C　（3）A
2.（1）A　（2）B　（3）B
3.（1）C　（2）C　（3）D

阅读训练
阅读1
1.（1）A　（2）A　（3）C
2.（1）A　（2）D　（3）A　（4）A　（5）B　（6）C
3.（1）相貌堂堂、品行可靠
　（2）腻
　（3）爹也是举人，还当过漳州那边的知县
　（4）丈夫遇到爱慕者，不再给她写信

阅读2
1.（1）D　（2）C　（3）A
2.（1）C　（2）D　（3）A　（4）C　（5）C　（6）A
3.（1）儒家
　（2）崇尚自然、清静无为
　（3）炼丹、气功
　（4）人有欲望

阅读3
1.（1）D　（2）C
2.（1）D　（2）A　（3）B　（4）D
3.（1）中国公民具有双重国籍
　（2）由其父母或其他法定代理人代为办理申请
　（3）国家工作人员和现役军人

第5课

技能练习
1.（1）A　（2）D　（3）C

2.（1）D　（2）C　（3）A　（4）A
3.（1）B　（2）B　（3）B

阅读训练
阅读1
1.（1）D　（2）C　（3）A
2.（1）D　（2）C　（3）C　（4）A　（5）C
3.（1）法国、瑞典
　（2）俄罗斯
　（3）国际公海
　（4）北极点附近地区

阅读2
1.（1）A　（2）C　（3）C
2.（1）C　（2）B　（3）C　（4）A　（5）A　（6）C
3.（1）穿长衫的
　（2）往酒里羼水
　（3）他姓孔，别人从描红纸取了一句话给他当绰号
　（4）好吃懒做

阅读3
1.（1）C　（2）C　（3）D
2.（1）C　（2）D　（3）C　（4）B　（5）D
3.（1）免办签证
　（2）应申请护照或相应的旅行证件
　（3）国际法原则

第6课

技能练习
（1）对偶　（2）排比　（3）对偶　（4）对偶
（5）排比　（6）顶针　（7）顶针　（8）顶针
（9）顶针　（10）回文　（11）回文　（12）回文
（13）顶针　（14）顶针　（15）排比　（16）对偶
（17）对偶　（18）对偶　（19）对偶　（20）谐音双关　（21）谐音双关　（22）谐音双关　（23）倒装
（24）倒装

阅读训练
阅读1
1.（1）B　（2）C　（3）D
2.（1）D　（2）A　（3）A　（4）C　（5）B　（6）D
3.（1）处理本州范围内的事务
　（2）议员、州长、某些州的法官、重要行政官员
　（3）民主党和共和党

(4) 南北战争后

阅读 2

1. (1) D (2) B (3) C
2. (1) D (2) C (3) C (4) B (5) C
3. (1) 明治维新
   (2) 100 名早稻田大学学生
   (3) 早稻田大学戏剧博物馆门楼上

阅读 3

1. (1) A (2) A (3) C
2. (1) D (2) B (3) D (4) C (5) D
3. (1) 桅杆上的帆
   (2) 皮肤瘤
   (3) 两个人抬着,摇摇晃晃地
   (4) 鲨鱼加工厂

第 7 课

技能练习

1. (1) A (2) B (3) B
2. (1) D (2) A (3) C
3. (1) A (2) B (3) C

阅读训练

阅读 1

1. (1) A (2) C (3) D
2. (1) B (2) D (3) A (4) C (5) D
3. (1) 浆硬的花布衬衫和敞开怀的坎肩
   (2) 他一个星期都不能干活儿
   (3) 这多半是条疯狗

阅读 2

1. (1) C (2) B (3) C
2. (1) D (2) C (3) D (4) C (5) A (6) A
   (7) C (8) C
3. (1) 活人代替了古董
   (2) 煤
   (3) 送来的东西
   (4) 烟枪和烟灯

阅读 3

1. (1) A (2) D (3) C (4) D
2. (1) A (2) D (3) B (4) C (5) D (6) A
3. (1) 洋泾浜以南
   (2) 不希望"我"乡亲说出在哪儿上的车
   (3) 印度人

(4) 大英照会

第 8 课

技能练习

1. (1) D (2) D (3) C
2. (1) C (2) A (3) B
3. (1) A (2) D (3) C

阅读训练

阅读 1

1. (1) A (2) D (3) B
2. (1) A (2) A (3) B (4) D (5) C (6) A
   (7) B
3. (1) 家里没有钱
   (2) 结婚时办个小酒宴
   (3) 破旧的牛仔裤和缺了纽扣的衬衫

阅读 2

1. (1) A (2) D (3) D
2. (1) B (2) D (3) C (4) C (5) D (6) B
3. (1) 卖腌腊的店铺
   (2) 带壳切开
   (3) 端午节

阅读 3

1. (1) B (2) A (3) D (4) C
2. (1) A (2) D (3) D (4) D (5) D
3. (1) 象牙值钱
   (2) 腐食者
   (3) 被豪猪啃噬,也会因炎热、潮湿被腐蚀掉

第 9 课

技能练习

1. (1) C (2) A (3) B (4) B
2. (1) D (2) A (3) D (4) D (5) C
3. (1) B (2) D (3) C
4. (1) A (2) D (3) B

阅读训练

阅读 1

1. (1) A (2) A (3) B
2. (1) A (2) C (3) B (4) D (5) D (6) B
   (7) B (8) B (9) A
3. (1) 民族、文化、经济环境
   (2) 忍耐性、散漫性、老滑性
   (3) 一种特殊文化及特殊环境的结果

阅读 2

1. (1) B (2) B (3) A
2. (1) A (2) C (3) B (4) D (5) D (6) B
   (7) C
3. (1) 生鲜牛奶
   (2) 含乳饮料
   (3) 鲜牛奶

阅读 3

1. (1) B (2) C (3) D
2. (1) C (2) B (3) A (4) A (5) B
3. (1) 奥运会组委会主席和国际奥委会主席
   (2) 放飞鸽子
   (3) 第二名代表团的旗帜

第 10 课

技能练习

1. (1) C (2) D (3) A
2. (1) A (2) C (3) D
3. (1) C (2) C (3) C

阅读训练

阅读 1

1. (1) C (2) B (3) B (4) D
2. (1) B (2) C (3) A (4) B (5) D (6) B
3. (1) 旅人桥
   (2) 河北赵县、北京、福建漳州
   (3) 起重吊装方面

阅读 2

1. (1) A (2) C (3) A
2. (1) A (2) B (3) C (4) B (5) C (6) D
   (7) C
3. (1) 赤壁大战
   (2) 五万
   (3) 黄盖
   (4) 三国鼎立

阅读 3

1. (1) B (2) A (3) C
2. (1) D (2) A (3) A (4) B (5) D (6) A
   (7) C
3. (1) 凤凰
   (2) 秋天
   (3) 南方

第 11 课

技能练习

1. (1) A (2) D (3) C
2. (1) D (2) D (3) A
3. (1) B (2) B (3) C

阅读训练

阅读 1

1. (1) A (2) B (3) D (4) B
2. (1) D (2) D (3) D (4) C (5) A (6) A
   (7) D (8) B
3. (1) 去决一死战
   (2) 米卡尔
   (3) 穿着靴子,肩上披着厚呢上衣

阅读 2

1. (1) B (2) D (3) A (4) B
2. (1) C (2) A (3) C (4) D (5) B (6) A
3. (1) 它的工作就是和很多母猪交配
   (2) 亡命战士和生育机器
   (3) 村寨里的母猪好看一些

阅读 3

1. (1) C (2) B (3) A
2. (1) B (2) B (3) A (4) B
3. (1) 红外线
   (2) 热眼
   (3) 田鼠等

第 12 课

技能练习

1. (1) C (2) D (3) A
2. (1) A (2) D (3) B
3. (1) C (2) D (3) B

阅读训练

阅读 1

1. (1) A (2) D (3) C
2. (1) C (2) A (3) D (4) D (5) B (6) A
   (7) A
3. (1) 静静的,一动不动的
   (2) 整理钓丝
   (3) 落进湖里
   (4) 小鲈鱼和银鱼

阅读2

1. (1) B (2) B (3) A (4) C
2. (1) A (2) C (3) A (4) D (5) C (6) B
   (7) A (8) C
3. (1) 贵庚、高寿、多大年纪
   (2) 言不由衷的恭维话
   (3) 他要借五万块钱

阅读3

1. (1) D (2) B (3) C
2. (1) B (2) B (3) D (4) C (5) B (6) C
3. (1) 风韵犹存,更透出几分撩人的明艳;成熟之中不失端庄
   (2) 旧教国家
   (3) 新教国家
   (4) 单调、浅薄

第13课

技能练习

1. 1) (1) A (2) B (3) D
   2) (1) 就 (2) 就 (3) 于是 (4) 所以
      (5) 等到成人 (6) 在 (7) 这个
2. 1) (1) D (2) D (3) B
   2) (1) 唱完歌 (2) 这里 (3) 什么人
      (4) 我是 (5) 我们
3. 1) (1) D (2) B
   2) 刚从西洋来的人暂时留在广州学习汉语,如果不会汉语,就算到了京城也难用。会说汉语的时候,你给写个报告告诉我

阅读训练

阅读1

1. (1) D (2) A (3) B
2. (1) C (2) A (3) D (4) B (5) D (6) C
   (7) C (8) B (9) B
3. (1) 怜他孤苦
   (2) 脸色微黑,眉目如画
   (3) 逗弄婴儿
   (4) 神情呆滞,面色苍黑

阅读2

1. (1) A (2) D (3) B
2. (1) A (2) B (3) D (4) C (5) D (6) C
3. (1) 端午节

(2) 听说了春香的绝色
(3) 悲喜交集
(4) 民族心理

阅读3

1. (1) A (2) A (3) D
2. (1) C (2) B (3) D (4) B (5) D
   (6) A
3. (1) 张牙舞爪,神态威猛
   (2) 左肩停着一头鹰,腰悬宝剑,背负长弓
   (3) 没打到野猪和獐子之类的大兽

第14课

技能练习

1. 1) (1) A (2) C (3) A
   2) (1) 第二天;报告 (2) 容貌;能够 (3) 给;和 (4) 说 (5) 报告
2. 1) (1) B (2) D (3) A
   2) (1) 是;那个 (2) 他;致使 (3) 而且
      (4) 也;应当
3. (1) 今天取得;到英国 (2) 即将 (3) 没有过
   (4) 计划 (5) 写文章 (6) 没有定 (7) 关在监狱里严惩 (8) 那些 (9) 据说;放弃核武器
   (10) 呼吁 (11) 死亡 (12) 死亡 (13) 去世
   (14) 还在 (15) 到达北京 (16) 到达深圳
   (17) 围攻 (18) 高兴地听说;掉下楼 (19) 停演 (20) 逐渐增多

阅读训练

阅读1

1. (1) D (2) A (3) B
2. (1) A (2) C (3) C (4) C (5) C (6) D
3. (1) 秦始皇的生日酒会上
   (2) 依靠法家的严刑峻法大大提高了它的军事实力和行政效率
   (3) 460人

阅读2

1. (1) A (2) C (3) D
2. (1) B (2) B (3) A (4) B (5) A (6) A
   (7) B
3. (1) 响午
   (2) 初入口时,醇浓好吃,少刻时便倒
   (3) 十八碗

阅读 3

1. (1) A (2) C (3) C
2. (1) D (2) A (3) A (4) D (5) B
   (6) D
3. (1) 2 小时
   (2) 相当
   (3) 有线公司和电话公司

第 15 课

技能练习

1. 1) (1) B (2) C (3) B
   2) (1) 艰深是什么呢,就是意义深远,语言被意义搞得很深奥,难理解。
      (2) 乍一看好像不明白,仔细研究就发现其中的道理还是很清楚的。
2. (1) 这个时候 (2) 怎么可以 (3) 都说
   (4) 都是 (5) 明天 (6) 两次会见 (7) 援助美国 (8) 马上去 (9) 遭遇袭击 (10) 促请当局 (11) 出发 (12) 树木承受重量有苦难说

阅读训练

阅读 1

1. (1) A (2) C (3) A (4) C

2. (1) D (2) B (3) A (4) C (5) B (6) C
   (7) A (8) C
3. (1) 不争价钱,凭人估值
   (2) 姜太公,八十;公孙弘,六十
   (3) 嫁犬逐犬,嫁鸡逐鸡。妻自弃我,我不弃妻
   (4) 羞惭无地

阅读 2

1. (1) C (2) C (3) A
2. (1) D (2) A (3) C (4) D (5) B (6) C
   (7) C (8) D
3. (1) 自由批评
   (2) 让青年纵任他们的思想力
   (3) 道德条件

阅读 3

1. (1) C (2) C (3) B
2. (1) A (2) A (3) A (4) C (5) A (6) D
   (7) C (8) D (9) A
3. (1) 康文化
   (2) 阿坝州
   (3) 巫师
   (4) 兼容并包、共存共荣

词汇总表

A

爱莫能助	àimònéngzhù		4
安心立命	ānxīn-lìmìng		15
安之若素	ānzhīruòsù		11

B

八面玲珑	bāmiànlínglóng		9
八字	bāzì	(名)	15
巴氏杀菌	bāshì shājūn		9
跋涉	báshè	(动)	8
把	bǎ	(动)	14
白蚁	báiyǐ	(名)	8
拜	bài	(动)	15
颁奖	bānjiǎng	(动)	9
斑驳陆离	bānbólùlí		10
邦联制	bāngliánzhì	(名)	6
包办	bāobàn	(动)	6
报应	bàoyìng	(动)	4
暴发	bàofā	(动)	12
暴跳如雷	bàotiàorúléi		3
崩溃	bēngkuì	(动)	10
笔挺	bǐtǐng	(形)	13
闭关	bìguān	(动)	7
闭月羞花	bìyuè-xiūhuā		13
匾额	biǎn'é	(名)	13
镖局	biāojú	(名)	13
镖头	biāotóu	(名)	13
别愁离绪	biéchóu-líxù		2
并吞	bìngtūn	(动)	14
波长	bōcháng	(名)	11
剥夺	bōduó	(动)	6
薄膜	bómó	(名)	11
薄情	bóqíng	(形)	15
不忍卒视	bùrěn zúshì		2
不懈	búxiè		6
不亦乐乎	búyìlèhū		2
不自量	bú zìliàng		9

C

残羹冷炙	cángēng-lěngzhì		7
惨烈	cǎnliè	(形)	14
沧桑	cāngsāng	(名)	12
插队	chāduì	(动)	11
茬	chá	(名)	11
羼水	chànshuǐ		5
绰	chāo	(动)	14
巢穴	cháoxué	(名)	8
朝贡	cháogòng	(动)	15
炒房户	chǎofánghù	(名)	3
撤销	chèxiāo	(动)	1
称道	chēngdào	(动)	8
成风	chéngfēng	(动)	3
丞相	chéngxiàng	(名)	14
诚挚	chéngzhì	(形)	6
承袭	chéngxí	(动)	15
驰骋	chíchěng	(动)	12
驰驿赴任	chíyì fùrèn		15
迟暮	chímù	(名)	12
持	chí	(动)	5
赤幡遍野	chìfānbiànyě		2
崇尚	chóngshàng	(动)	4
重蹈	chóngdǎo	(动)	3

227

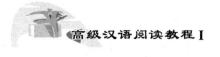

宠儿	chǒng'ér	（名）	11
出尔反尔	chū'ěr-fǎn'ěr		1
锄	chú	（动）	12
传道	chuándào	（动）	7
传讯	chuánxùn	（动）	3
船舷	chuánxián	（名）	12
闯祸	chuǎnghuò	（动）	7
垂钓	chuídiào	（动）	12
绰绰有余	chuòchuòyǒuyú		4
绰号	chuòhào	（名）	5
辍学	chuòxué	（动）	8
雌象	cíxiàng		8
次级贷款	cìjí dàikuǎn		3
从良	cóngliáng	（动）	13
从一而终	cóngyī'érzhōng		13
粗鲁	cūlǔ	（形）	8
摧残	cuīcán	（动）	3

D

打呵欠	dǎ hāqian		7
大抵	dàdǐ	（副）	5
大度	dàdù	（形）	7
大家	dàjiā	（名）	12
大家闺秀	dàjiā guīxiù		2
大陆架	dàlùjià	（名）	5
呆滞	dāizhì	（形）	13
殆尽	dàijìn	（动）	2
待人接物	dàirén-jiēwù		2
待诏公车	dàizhào gōngchē		15
怠惰	dàiduò	（形）	13
胆略	dǎnlüè	（名）	3
道听途说	dàotīng-túshuō		1
低回	dīhuí	（动）	12
抵押	dǐyā	（动）	3
颠覆	diānfù	（动）	4
典章	diǎnzhāng	（名）	6
雕刻	diāokè	（动）	10
雕翎箭	diāolíngjiàn	（名）	13
吊销	diàoxiāo	（动）	5
吊装	diàozhuāng	（动）	10
掉队	diàoduì	（动）	11
定格	dìnggé	（动）	14
定妥	dìngtuǒ		5
东道国	dōngdàoguó	（名）	9
陡坡	dǒupō	（名）	10
堵搡	dǔsǎng	（动）	2
度日	dùrì	（动）	8
端的	duānde	（副）	14
多元	duōyuán	（形）	15
多喒	duōzan	（代）	2

E

额度	édù	（名）	3
恶魔	èmó	（名）	13
恶性循环	èxìng xúnhuán		3

F

发泄	fāxiè	（动）	1
乏善可陈	fáshànkěchén		11
法案	fǎ'àn	（名）	6
法家	fǎjiā	（名）	14
返老还童	fǎnlǎo-huántóng		2
泛滥	fànlàn	（动）	8
泛滥成灾	fànlànchéngzāi		3
方士	fāngshì	（名）	14
放逸	fàngyì	（形）	9
诽谤	fěibàng	（动）	14
废弃	fèiqì	（动）	14
分泌物	fēnmìwù	（名）	9
忿然作色	fènránzuòsè		12
丰盈	fēngyíng	（形）	12
风帆	fēngfān	（名）	10
风流倜傥	fēngliútìtǎng		12
风韵犹存	fēngyùnyóucún		12
封	fēng	（动）	15
敷衍	fūyǎn	（动）	9
怫然	fúrán	（副）	13
浮现	fúxiàn	（动）	3
符号	fúhào	（名）	14

俯	fǔ	（动）	11
辅料	fǔliào	（名）	9
腐蚀	fǔshí	（动）	8
妇孺皆知	fùrújiēzhī		13
覆盖	fùgài	（动）	5

G

钙	gài	（名）	3
感同身受	gǎntóngshēnshòu		6
刚劲非凡	gāngjìnfēifán		13
高潮迭起	gāocháodiéqǐ		13
格局	géjú	（名）	5
隔离	gélí	（动）	3
弓	gōng	（名）	10
功名	gōngmíng	（名）	4
共鸣	gòngmíng	（名）	13
勾兑	gōuduì	（动）	9
垢	gòu		15
古董	gǔdǒng	（名）	7
固不待言	gùbúdàiyán		14
固态	gùtài	（名）	9
固执	gùzhí	（形）	3
故伎	gùjì	（名）	15
梏	gù	（名）	1
瓜分	guāfēn	（动）	5
怪癖	guàipǐ		3
关目	guānmù	（名）	15
关照	guānzhào	（动）	7
冠冕	guànmiǎn	（形）	7
惯例	guànlì	（名）	1
光大	guāngdà	（动）	6
归宿	guīsù	（名）	4
归属	guīshǔ	（动）	5
龟裂	guīliè	（动）	11
鬼哭狼嚎	guǐkū-lángháo		11
国粹	guócuì	（名）	7
国籍	guójí	（名）	4
果腹	guǒfù		13
过滤	guòlǜ	（动）	9
过犹不及	guòyóubùjí		9

H

海岸线	hǎi'ànxiàn	（名）	5
海流	hǎiliú	（名）	6
海域	hǎiyù	（名）	5
骇人听闻	hàiréntīngwén		3
憨厚	hānhòu	（形）	4
焊	hàn	（动）	2
浩浩荡荡	hàohàodàngdàng		2
浩劫	hàojié	（名）	12
合金	héjīn	（名）	5
何由	héyóu		15
和蔼	hé'ǎi	（形）	2
和谐	héxié	（形）	10
和煦	héxù	（形）	10
褐斑	hèbān	（名）	6
黑奴	hēinú	（名）	3
横冲直撞	héngchōng-zhízhuàng		7
红外线	hóngwàixiàn	（名）	11
弧形	húxíng	（名）	10
糊	hú	（动）	8
虎头蛇尾	hǔtóu-shéwěi		3
话茬儿	huàchár	（名）	1
环状	huánzhuàng	（名）	11
幻而似真	huàn'érsìzhēn		12
荒唐	huāngtáng	（形）	2
荒芜	huāngwú	（形）	13
幌子	huǎngzi	（名）	2
挥霍	huīhuò	（动）	3
恢复	huīfù	（动）	4
惠顾	huìgù	（动）	10
荤	hūn	（形）	5
火炬	huǒjù	（名）	9

J

叽里旮旯儿	jīligālar		2
犄角旮旯儿	jījiǎogālár		8
激励	jīlì	（动）	14
极端	jíduān	（形）	4

229

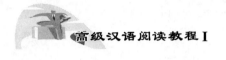

给养	jǐyǎng	(名)	8
枷锁	jiāsuǒ	(名)	1
坚固	jiāngù	(形)	10
兼容并包	jiānróng-bìngbāo		15
检察	jiǎnchá	(动)	1
检省	jiǎnxǐng	(动)	9
见地	jiàndì	(名)	15
间或	jiànhuò	(副)	5
奖赏	jiǎngshǎng	(动)	7
奖章	jiǎngzhāng	(名)	9
桨	jiǎng	(名)	12
交锋	jiāofēng	(动)	10
交配	jiāopèi	(动)	11
娇痴	jiāochī	(形)	2
焦虑	jiāolǜ	(形)	3
嚼	jiáo	(动)	8
角质环	jiǎozhìhuán	(名)	11
接壤	jiērǎng	(动)	11
节制	jiézhì	(动)	12
金科玉律	jīnkē-yùlǜ		15
筋疲力尽	jīnpí-lìjìn		10
锦衣	jǐnyī	(名)	13
尽数	jìnshù	(副)	14
晶莹	jīngyíng	(形)	13
纠集	jiūjí	(动)	1
旧教	jiùjiào	(名)	12
举世瞩目	jǔshìzhǔmù		6
拒发	jùfā		5
据理力争	jùlǐlìzhēng		1
据实相告	jùshíxiānggào		12
聚讼纷纷	jùsòngfēnfēn		12
卷子	juànzi	(名)	8
决一死战	juéyìsǐzhàn		11
决然	juérán	(副)	2
绝技	juéjì	(名)	2
矍铄	juéshuò	(形)	12
均	jūn	(副)	5

K

开了窍	kāileqiào		4
坎肩	kǎnjiān	(名)	7
磕头	kētóu	(动)	7
可人	kěrén	(形)	6
空泡	kōngpào	(名)	11
空腔	kōngqiāng	(名)	11
扣押	kòuyā	(动)	6
酷肖	kùxiào		13
夸大	kuādà	(动)	14
宽带	kuāndài	(名)	14
旷达	kuàngdá	(形)	12
魁梧	kuíwú	(形)	10
阔绰	kuòchuò	(形)	5

L

喇叭口	lǎbakǒu	(名)	11
老猾	lǎohuá	(形)	9
勒令	lèlìng	(动)	15
离经叛道	líjīng-pàndào		15
历历可数	lìlìkěshǔ		14
笠子	lìzi	(名)	7
联程机票	liánchéng jīpiào		5
良性	liángxìng		6
撩人	liáorén		12
镣铐	liàokào	(名)	3
劣处	lièchù		9
烈火燎原	lièhuǒ liáoyuán		2
烈焰	lièyàn	(名)	10
磷	lín	(名)	3
灵妙	língmiào	(形)	2
灵敏	língmǐn	(形)	11
留有余地	liúyǒu yúdì		4
流弊	liúbì	(名)	1
流露	liúlù	(动)	6
瘤	liú	(名)	6
笼罩	lǒngzhào	(动)	10
陋巷蓬门	lòuxiàngpéngmén		15
律令	lǜlìng	(名)	6

230

略谙	lüè'ān		12
略显	lüèxiǎn		14
伦理学	lúnlǐxué	（名）	4
轮回	lúnhuí	（名）	4
论理	lùnlǐ	（动）	7
罗	luó	（名）	8
骡子	luózi	（名）	8
螺蛳	luósī	（名）	13
裸麦	luǒmài	（名）	11

M

蔓延	mànyán	（动）	6
锚	máo	（名）	12
茂密	màomì	（形）	11
美联储	měiliánchǔ	（名）	3
萌芽	méngyá	（动）	6
蒙汗药	ménghànyào	（名）	14
朦胧	ménglóng	（形）	10
懵然	měngrán	（形）	4
面授机宜	miànshòu jīyí		8
面谀	miànyú	（动）	14
蔑视	mièshì	（动）	4
明媚	míngmèi	（形）	12
铭记	míngjì	（动）	6
磨光	móguāng	（动）	15
魔鬼	móguǐ	（名）	7
末梢	mòshāo	（名）	11
莫须有	mòxūyǒu		13
木讷	mùnè	（形）	4
目不暇接	mùbùxiájiē		2

N

纳赋	nàfù	（动）	15
囊萤映雪	nángyíngyìngxuě		8
逆来顺受	nìláishùnshòu		9
匿迹	nìjì		3
腻	nì	（形）	4
念叨	niàndao	（动）	1
涅槃	nièpán	（动）	12
啮噬	nièshì	（动）	8

恁地	níndì	（代）	14
宁死不屈	nìngsǐbùqū		13

O

偶语弃市	ǒuyǔqìshì		15

P

排山倒海	páishān-dǎohǎi		2
派别	pàibié	（名）	12
派头	pàitóu	（名）	11
判官	pànguān	（名）	15
咆哮	páoxiāo	（动）	12
蓬头跣足	péngtóu-xiǎnzú		15
披荆斩棘	pījīng-zhǎnjí		15
疲惫	píbèi	（形）	11
品性	pǐnxìng	（名）	11
凭空	píngkōng	（副）	5
迫害	pòhài	（动）	14

Q

七零八落	qīlíng-bāluò		10
祈福	qífú	（动）	4
乞丐	qǐgài	（名）	7
杞忧	qǐyōu		15
气喘吁吁	qìchuǎnxūxū		2
气节	qìjié	（名）	13
牵制	qiānzhì	（动）	6
签署	qiānshǔ	（动）	3
虔诚	qiánchéng	（形）	4
潜伏	qiánfú	（动）	2
潜在	qiánzài	（形）	14
浅薄	qiǎnbó	（形）	12
嵌刻	qiànkè	（动）	6
襁褓	qiǎngbǎo	（名）	12
翘	qiāo	（动）	11
桥洞	qiáodòng	（名）	10
憔悴	qiáocuì	（形）	6
巧妙绝伦	qiǎomiàojuélún		10
窍门	qiàomén	（名）	7
钦差大臣	qīnchāi dàchén		13

231

侵蚀	qīnshí	(动)	6		神祭坛	shénjìtán	(名)	10
亲属	qīnshǔ	(名)	4		神经质	shénjīngzhì	(名)	3
秦晋之好	qínjìnzhīhǎo		13		神髓	shénsuǐ	(名)	1
轻薄	qīngbó	(形)	15		神游	shényóu	(动)	12
轻狂	qīngkuáng	(形)	9		审择	shěnzé	(动)	15
倾心	qīngxīn	(动)	11		渗透	shèntòu	(动)	6
请愿	qǐngyuàn	(动)	6		胜任	shèngrèn	(动)	1
穷而不酸	qióng'érbùsuān		4		失魂落魄	shīhún-luòpò		13
求贤	qiúxián		15		石拱桥	shígǒngqiáo	(名)	10
泅水	qiúshuǐ	(动)	10		石火风灯	shíhuǒfēngdēng		12
驱魔	qūmó	(动)	4		时辰	shíchen	(名)	12
趋避	qūbì	(动)	7		世交	shìjiāo	(名)	4
全脂奶粉	quánzhī nǎifěn		9		式微	shìwēi	(动)	15
缺陷	quēxiàn	(名)	1		收敛	shōuliǎn	(动)	5
					守己安分	shǒujǐ'ānfèn		9
R					首脑	shǒunǎo	(名)	6
					首饰匠	shǒushìjiàng	(名)	7
人格	réngé	(名)	1		狩猎者	shòulièzhě	(名)	8
人心世道	rénxīnshìdào		15		倏忽	shūhū	(副)	13
忍辱含垢	rěnrǔ-hángòu		9		赎罪	shúzuì	(动)	3
乳品	rǔpǐn	(名)	9		双重	shuāngchóng	(形)	4
乳腺	rǔxiàn	(名)	9		双黄	shuānghuáng		8
乳臭未干	rǔxiùwèigān		12		水平	shuǐpíng	(形)	9
入围	rùwéi	(动)	13		水土不服	shuǐtǔbùfú		10
弱肉强食	ruòròuqiángshí		9		水涡	shuǐwō	(名)	12
					水寨	shuǐzhài	(名)	10
S					说时迟,那时快	shuōshíchí,nàshíkuài		11
腮帮	sāibāng	(名)	6					
散漫	sǎnmàn	(形)	9		丝丝入扣	sīsīrùkòu		15
杀菌	shājūn	(动)	9		斯文	sīwén	(形)	6
筛	shāi	(动)	14		厮	sī	(名)	14
善感	shàngǎn	(形)	12		肃然起敬	sùránqǐjìng		8
擅离职守	shànlí zhíshǒu		8		速率	sùlǜ	(名)	14
商榷	shāngquè	(动)	15		宿儒	sùrú	(名)	15
晌午	shǎngwǔ	(名)	14		所余无几	suǒyúwújǐ		12
上传	shàngchuán	(动)	14		索性	suǒxìng	(副)	11
上行	shàngxíng	(动)	14					
少刻	shǎokè	(副)	14		**T**			
哨棒	shàobàng	(名)	14					
涉嫌	shèxián	(动)	3		钛	tài	(名)	5
摄取	shèqǔ	(动)	3		弹劾	tánhé	(动)	6

坦然赴死	tǎnránfùsǐ		2
探险	tànxiǎn	（动）	12
探险家	tànxiǎnjiā	（名）	8
堂皇	tánghuáng	（形）	7
倘	tǎng	（连）	5
倘或	tǎnghuò	（连）	14
特立独行	tèlìdúxíng		11
天妒	tiāndù		4
天赋	tiānfù	（名）	9
天理	tiānlǐ	（名）	9
天涯海角	tiānyá-hǎijiǎo		11
添加物	tiānjiāwù	（名）	9
听凭	tīngpíng	（连）	12
同荣共存	tóngróng gòngcún		15
痛驳	tòngbó	（动）	15
痛斥	tòngchì	（动）	1
投降	tóuxiáng	（动）	10
土流兼制	tǔliújiānzhì		15
土司制	tǔsīzhì	（名）	15
拖欠	tuōqiàn	（动）	3
拖延	tuōyán	（动）	7
脱脂奶粉	tuōzhī nǎifěn		9
唾面自干	tuòmiànzìgān		9

W

外道邪见	wàidàoxiéjiàn		15
顽皮	wánpí	（形）	2
万籁俱寂	wànlàijùjì		11
网速	wǎngsù	（名）	14
违宪	wéixiàn		6
萎缩	wěisuō	（动）	3
卫道	wèidào	（动）	15
污人清白	wūrénqīngbái		5
无端	wúduān	（副）	1
无精打采	wújīngdǎcǎi		7
兀自	wùzì	（副）	15
物流	wùliú	（名）	6
雾霭	wù'ǎi	（名）	10

X

昔	xī	（名）	13
歔嘘	xīxū	（动）	2
戏侮	xìwǔ	（动）	15
辖	xiá	（动）	5
辖区	xiáqū	（名）	15
下行	xiàxíng	（动）	14
下载	xiàzǎi	（动）	14
下诏	xiàzhào		15
鲜	xiǎn	（形）	13
险恶	xiǎn'è	（形）	7
县治	xiànzhì	（名）	14
现役	xiànyì	（形）	4
相辅	xiāngfǔ	（动）	15
相应	xiāngyìng		5
潇洒	xiāosǎ	（形）	11
携	xié		13
邂逅	xièhòu	（动）	12
心血	xīnxuè	（名）	6
心血来潮	xīnxuèláicháo		13
新教	xīnjiào	（名）	12
兴犹未足	xìngyóuwèizú		13
凶狠	xiōnghěn	（形）	11
雄象	xióngxiàng		8
休	xiū	（副）	14
修道院	xiūdàoyuàn	（名）	12
修养	xiūyǎng	（名）	9
嗅	xiù	（动）	11
须臾	xūyú	（副）	12
宣誓	xuānshì	（动）	9
玄虚	xuánxū	（形）	7
雪中送炭	xuězhōngsòngtàn		1

Y

鸦片	yāpiàn	（名）	7
阉	yān	（动）	11
腌	yān	（动）	8
腌制	yānzhì	（动）	6
延伸	yánshēn	（动）	5

严刑峻法	yánxíng-jùnfǎ		14
言不由衷	yánbùyóuzhōng		12
俨然	yǎnrán	(副)	15
衍生	yǎnshēng	(动)	9
掩埋	yǎnmái	(动)	8
吆喝	yāohe	(动)	11
摇身一变	yáoshēnyíbiàn		3
遥遥相对	yáoyáoxiāngduì		10
野调无腔	yědiàowúqiāng		2
液态奶	yètàinǎi	(名)	9
一望无际	yíwàngwújì		11
一饮而尽	yìyǐn'érjìn		14
一眨眼	yìzhǎyǎn		10
仪式	yíshì	(名)	9
仪执	yízhí	(名)	15
姨太太	yítàitai	(名)	7
遗体	yítǐ	(名)	8
疑惑不解	yíhuòbùjiě		13
疑惧	yíjù	(动)	2
异想天开	yìxiǎngtiānkāi		7
异议	yìyì	(名)	3
抑郁	yìyù	(形)	3
抑郁成疾	yìyùchéngjí		4
邑人	yìrén	(名)	15
役	yì	(名)	15
疫病	yìbìng	(名)	10
奕奕若生	yìyìruòshēng		13
因果	yīnguǒ	(名)	4
阴沉	yīnchén	(形)	11
阴凉	yīnliáng	(形)	11
英悍	yīnghàn	(形)	13
萤火虫	yínghuǒchóng	(名)	8
营生	yíngshēng	(动)	5
慵懒	yōnglǎn	(形)	12
优柔寡断	yōuróuguǎduàn		3
游牧	yóumù	(动)	15
预算	yùsuàn	(名)	1
元首	yuánshǒu	(名)	6
源流	yuánliú	(名)	9
约摸	yuēmo	(副)	10
越发	yuèfā		15
匀称	yúnchèn	(形)	10
允	yǔn	(动)	13

Z

攒	zǎn	(动)	8
赞叹不绝	zàntànbùjué		2
葬礼	zànglǐ	(名)	8
造物主	zàowùzhǔ	(名)	1
择善而从	zéshàn'ércóng		15
贼头贼脑	zéitóu-zéinǎo		11
栅栏	zhàlan	(名)	8
宅第	zháidì	(名)	13
蘸	zhàn	(动)	13
账房	zhàngfáng	(名)	4
真挚	zhēnzhì	(形)	6
振荡	zhèndàng	(动)	11
振作	zhènzuò	(动)	11
征调	zhēngdiào	(动)	15
征税	zhēngshuì	(动)	6
正统	zhèngtǒng	(名)	4
证券	zhèngquàn	(名)	3
支支吾吾	zhīzhīwúwú		10
执照	zhízhào	(名)	8
直斥	zhíchì	(动)	14
直恁	zhínín	(副)	15
值	zhí	(副)	15
职权	zhíquán	(名)	1
指桑骂槐	zhǐsāng-màhuái		1
指责	zhǐzé	(动)	14
至不济	zhìbújì		2
至理名言	zhìlǐmíngyán		9
制衡	zhìhéng	(动)	6
窒息	zhìxī	(动)	8
中古	zhōnggǔ	(名)	12
种猪	zhǒngzhū	(名)	11
种族	zhǒngzú	(名)	3
朱漆	zhūqī	(名)	13
主流	zhǔliú	(名)	6
主权	zhǔquán	(名)	5

主题	zhǔtí	（名）	11	自律	zìlǜ	（动）	1
箸	zhù	（名）	13	自诩	zìxǔ	（动）	7
专属	zhuānshǔ		5	纵任	zòngrèn		15
专政	zhuānzhèng	（动）	1	诹吉纳采	zōujínàcǎi	（动）	12
追捧	zhuīpěng	（动）	3	租界	zūjiè	（名）	7
滋养	zīyǎng	（动）	4	足音	zúyīn	（名）	2
子夜	zǐyè	（名）	12	阻碍	zǔ'ài	（动）	14
自得其乐	zìdéqílè		13				

后 记

本教材是北京大学出版社"北大版长期进修汉语教程"中的一本。丛书由周小兵任总主编,张世涛主编本册。这是一部专门为高级阶段留学生而编写的阅读教材,与已经出版的《初级汉语阅读教程》和《中级汉语阅读教程》形成一个完整的系列,能全面训练和提高留学生的汉语阅读能力。

正如在前言已经说过的,高级阅读有着与初中级阅读不同的特点:它在训练学生准确、快速地理解字、词、句,并从中获取信息外,注重训练学生对整个篇章的把握,培养他们从更高层次理解和鉴赏作品的能力,帮助他们从读懂文章迈向品味文章。

基于这个理念,本教材在练习形式上做了很多尝试,增加了许多感知作品的内容,尝试把感知这个"形而上"的东西落到实处。由于许多能意会的东西并不容易言传,所以要做好并不容易。但是我们依据阅读研究理论,结合外国学生的实际,编写出了这一部与以往阅读教材有所不同的高级阅读教程。

本书的编写一直得到北京大学出版社的热情支持和具体指导,本书编辑吕幼筠女士为本书的编写付出了巨大的努力,提出了很多具体意见;刘若云、徐霄鹰、吴门吉、张念、李英等老师为本书提供了阅读理论的支持,并提供了试用教材的条件;伍立杨、李兰妮、王苑等作家慷慨提供了许多作品;蔡玲、田景彪、黄春涛、周筑斌、边国宾、马喜林、陈爱葵、李笑晗等为本书做了大量材料收集、遴选和文字输入等工作。菲律宾亚典耀大学汉学系庄庄庄、蔡翰霖老师帮助收集本教材在菲律宾大学试用的反馈意见。在此,对他们表示诚挚的谢意。

联系方式:zhangshitao2002@yahoo.com.cn

在此诚恳地希望得到来自各位的反馈和交流。

编 者
2008 年 12 月 8 日

声　明

对于本教材所使用的受著作权保护的材料,尽管本社已经尽了合理的努力去获得使用许可,但由于缺少某些著作权人的具体联系方式,仍有个别材料未能获得著作权人的许可。为满足课堂教学之急需,我们在个别材料未获得许可的情况下出版了本教材,并按照国家相关标准将稿酬先行列支。对此我们深表歉意,并请各位著作权人在看到本教材及本声明后尽快与我们联系,我们将立即奉上稿酬及样书。

联系人:吕幼筠
邮箱:lvyoujun99@yahoo.com.cn
地址:北京市海淀区成府路205号北京大学汉语编辑部
邮编:100871
电话:010－62752028